आज के प्रश्न—18

दलित राजनीति की समस्याएँ

कंवल भारती मस्तराम कपूर प्रफुल्ल कोलख्यान अरुण कुमार त्रिपाठी
विभांशु दिव्याल शंभुनाथ गोपेश्वर सिंह किशन पटनायक राजकिशोर
अंशुमाली रस्तोगी सच्चिदानंद सिन्हा राकेश कुमार

आज के प्रश्न

इस पुस्तक शृंखला का लक्ष्य है समकालीन राजनीतिक, आर्थिक और सामाजिक दृश्यपट की प्रखर, विस्तृत और वस्तुपरक पड़ताल। कम मूल्य पर विचारपूर्ण सामग्री देने की इस योजना के तहत चार महीने के अन्तराल पर दो ऐसी पुस्तकें प्रकाशित की जा रही हैं, जो किसी महत्वपूर्ण घटना, मुद्दे या समस्या से जुड़ी हों। शृंखला सम्पादक हैं प्रसिद्ध लेखक और पत्रकार राजकिशोर।

'आज के प्रश्न' शृंखला में अब तक प्रकाशित पुस्तकें :

1. **अयोध्या और उससे आगे**
2. **भारतीय मुसलमान : मिथक और यथार्थ**
3. **हिन्दू होने का मतलब**
4. **विनाश को निमंत्रण : भारत की नयी अर्थनीति**
5. **कश्मीर का भविष्य**
6. **हरिजन से दलित**
7. **स्त्री के लिए जगह**
8. **भारत का राजनीतिक संकट**
9. **भ्रष्टाचार की चुनौती**
10. **मानव अधिकारों का संघर्ष**
11. **हिन्दुत्व की राजनीति**
12. **अश्लीलता का हमला**
13. **जाति का जहर**
14. **स्त्री, परम्परा और आधुनिकता**
15. **बच्चे और हम**
16. **हिंसा की सभ्यता**
17. **मुस्लिम आतंकवाद बनाम अमेरिका**
18. **दलित राजनीति की समस्याएँ**
19. **नैतिकता के नये सवाल**
20. **माओवाद, हिंसा और आदिवासी**

दलित राजनीति की समस्याएँ

सम्पादक

राजकिशोर

वाणी प्रकाशन

वाणी प्रकाशन

4695, 21-ए, दरियागंज, नयी दिल्ली 110 002

फ़ोन : +91 11 23273167 फ़ैक्स : +91 11 23275710

शाखाएँ

अशोक राजपथ, पटना 800 004, बिहार

कॉफ़ी हाउस कैम्पस, महात्मा गांधी मार्ग, इलाहाबाद 211 001, उत्तर प्रदेश

महात्मा गांधी अन्तरराष्ट्रीय हिन्दी विश्वविद्यालय, वर्धा 442 001, महाराष्ट्र

सुल्तानिया रोड, मोतिया पार्क, भोपाल 462 001, मध्य प्रदेश

www.vaniprakashan.com
marketing@vaniprakashan.in
sales@vaniprakashan.in

Dalit Rajneeti Kee Samasyayen
Edited by Rajkishore

ISBN : 978-93-87024-91-5
Aaj Ke Prashna

पेपरबैक संस्करण 2006, 2008, 2012
पेपरबैक चतुर्थ संस्करण 2021

मूल्य : ₹ 195

थॉमसन प्रेस (इंडिया) लि. में मुद्रित

वाणी प्रकाशन का लोगो मक़बूल फ़िदा हुसेन की कूची से

अनुक्रम

संपादक की बात

रास्ता किधर है

दलित राजनीति को अकसर दलित आन्दोलन का पर्याय मान लिया जाता है। इसमें क्या शक है कि दलित आन्दोलन न होता, तो दलित राजनीति कहाँ से आती। लेकिन इसमें शक है कि दलित राजनीति दलित आन्दोलन को आगे बढ़ा रही है। महाराष्ट्र में डॉ. आम्बेडकर की जुझारू राजनीतिक परम्परा तो खत्म-सी हो ही चली है, उत्तर भारत में बहुजन समाज पार्टी बुरी तरह से नैतिक और वैचारिक क्षय की शिकार है। आत्मसम्मान के लिए संघर्षरत दलित मध्य वर्ग के आन्दोलन से निकली बसपा की आकांक्षा यह थी कि पिछड़ों और अल्पसंख्यकों को अपने भीतर समेटते हुए वह भारत के वंचित-शोषित बहुजन का प्रतिनिधित्व करेगी। लेकिन आज वह न केवल दलितों की पार्टी बन गई है, बल्कि दलित राजनीति को किसी ऊँचाई पर ले जाने में असमर्थ दिखाई देती है। दूसरी ओर, अन्य दलों ने न तो कोई दलित कार्यक्रम बनाया है, न ही उन्हें दलित हितों की कोई चिन्ता है। 'आज के प्रश्न' शृंखला की यह पुस्तक दलित राजनीति के सभी पहलुओं की छानबीन करती है।

उचित था कि इस संग्रह में सभी लेख दलित विचारकों और लेखकों के ही होते। जैसे दलित अपनी समस्याओं को सबसे अच्छे तरीके से समझ सकता है, वैसे ही वह दलित राजनीति का भी अच्छा विश्लेषण कर सकता है। लेकिन हम यह नहीं मानते कि दलितों के संघर्ष में दूसरे लोगों को सहकार नहीं करना चाहिए। सच पूछा जाए, तो अन्य लोगों द्वारा की गई समीक्षा इसमें मदद ही करती है कि दलित समुदाय अपनी राजनीति का या उसके नाम पर की जा रही राजनीति का, वस्तुपरक विश्लेषण कर सके। आशा है, यह पुस्तक इस काम में योगदान करेगी।

—राजकिशोर

दलित राजनीति का संक्षिप्त इतिहास

कंवल भारती

मौजूदा दलित राजनीति की समस्याओं को समझने के लिए हमें दलित राजनीति पर एक विहंगम दृष्टिपात करना होगा। एक सरल दृष्टिपात के लिए कुछ विभाजन करते हैं, जो कम-से-कम तीन हो सकते हैं। (1) दलित राजनीति-स्वतंत्रता पूर्व। यह समय 1930 से 1955 तक का हो सकता है, जिसमें डॉ. आंबेडकर और गांधी जी के नेतृत्व पर विचार किया जा सकता है; (2) स्वतंत्रता के बाद की दलित राजनीति, जिसमें आंबेडकर के बाद हुए परिवर्तनों पर विचार कर सकते हैं। इस काल को हम 1980 तक ले जा सकते हैं; और (3) वर्तमान दलित राजनीति, जो 1980 के बाद अस्तित्व में आई और जिसने दलित से बहुजन तक विकास किया।

चूँकि हमें दलित राजनीति की वर्तमान समस्याओं पर विचार करना है, इसलिए आरंभ के दोनों कालखंडों पर बहुत ही संक्षेप में चर्चा करेंगे। भारतीय समाज में दलित राजनीति की शुरुआत 1930 से होती है, जब डॉ. आंबेडकर ने दलित वर्गों के राजनीतिक अधिकारों का सवाल उठाया था। अस्पृश्यता और जातीय भेदभाव के खिलाफ सामाजिक आंदोलनों की असफलताओं ने राजनीतिक आंदोलन की आधारशिला रखी थी। यहाँ यह माना जा सकता है कि यदि सामाजिक आंदोलन सफल हो गए होते, तो भारतीय राजनीति में जाति की भूमिका संभवतः न होती। पर, धर्म से नियंत्रित और संचालित हिंदू समाज ने खंडित हो कर रहना स्वीकार किया—अपनी जटिलता को नहीं छोड़ा। इसलिए, यह सोच स्वाभाविक थी कि यदि दलित वर्गों की समस्याओं का हल हो सकता है, तो राजनीतिक शक्ति से ही हो सकता है। अतः डॉ. आंबेडकर ने ब्रिटिश सरकार से दलित वर्गों के लिए पृथक् प्रतिनिधित्व की माँग की। इस माँग का मकसद यह था कि दलितों के प्रतिनिधि सत्ता प्रतिष्ठानों में बैठकर दलितों के हित में सोचेंगे और उनकी समस्याओं को हल करेंगे। दलितों को अपनी मुक्ति के लिए सवर्ण प्रतिनिधियों पर निर्भर नहीं रहना पड़ेगा। तत्कालीन ब्रिटिश प्रधान मंत्री ने इस माँग को स्वीकार कर लिया था।

इतिहास में यह निर्णय 'कम्यूनल अवार्ड' के नाम से जाना जाता है।

हम यहाँ कह सकते हैं कि आंबेडकर के नेतृत्व में दलित राजनीति के केंद्र में जाति थी। पर इसके लिए मुख्य रूप से तत्कालीन राष्ट्रीय आंदोलन जिम्मेदार था, जिसका नेतृत्व सामंतों और पूँजीपतियों के हाथों में था। वे दलितों की मुक्ति के सवाल पर कतई गंभीर नहीं थे। वे न ब्राह्मणवाद से टकराने को तैयार थे और न सामाजिक परिवर्तन के पक्षधर थे। लेकिन डॉ. आंबेडकर इस सवाल को हल करना चाहते थे कि स्वतंत्र भारत में दलितों की क्या स्थिति होगी? क्या वे अस्पृश्य ही बने रहेंगे अथवा सामान्य नागरिक के सभी अधिकार प्राप्त करेंगे?

गांधी जी और हिंदू नेताओं ने 'कम्यूनल अवार्ड' में दलितों के राजनीतिक प्रतिनिधित्व को स्वीकार नहीं किया। गांधी जी उसके विरुद्ध आमरण अनशन पर बैठ गए और अंततः भारी सामाजिक दबावों के बीच गांधी जी और डॉ. आंबेडकर के बीच पूना में समझौता हुआ, जिसमें पृथक अधिकारों की माँग समाप्त कर शासन और प्रशासन में कुछ सीटें आरक्षित करने का निर्णय लिया गया। 1932 में हुआ यह समझौता 'पूना पैक्ट' के नाम से जाना जाता है।

पूना पैक्ट ने दलित राजनीति की दिशा बदल दी। आंबेडकर ने वर्गीय प्रतिनिधित्व का सवाल उठाया था, पर गांधी जी और हिंदू नेताओं ने आरक्षण व्यवस्था लागू कर भविष्य की पूरी दलित राजनीति को जाति पर खड़ा कर दिया था। तब कौन जानता था कि यह व्यवस्था इतनी मजबूत होने जा रही है कि पूरा दलित आंदोलन ही उसमें जा कर लुप्त हो जाएगा।

पूना पैक्ट के बाद दलित राजनीति के समानांतर कांग्रेस की 'हरिजन राजनीति' का उभार होता है। गांधी जी के दिशा निर्देशन में 'हरिजन सेवक संघ' का जन्म होता है। दलितों के लिए गांधी जी द्वारा किया गया 'हरिजन' नामकरण दलित आंदोलन के नेताओं को अपमानजनक लगता है, जिसका देश भर में भारी विरोध होता है। संभवतः इसी विरोध के कारण हरिजन उद्धार का कार्य कांग्रेस और गांधी जी ने भंगी समुदाय में आरंभ किया। इसका एक कारण आंबेडकर के आंदोलन से भंगी समुदाय को अलग करना भी था। इसमें कांग्रेस को सफलता मिली। भंगी समुदाय गांधी जी और कांग्रेस का इस कदर अभिन्न अंग बन गया कि 'हरिजन' शब्द भंगी जाति का ही पर्याय बन गया। पर राजनीतिक लाभ उन्हीं जातियों को मिला, जिनकी संख्या ज्यादा थी। अतः महाराष्ट्र में महार और उत्तर भारत में चमार जातियों में ही कांग्रेस ने अपना राजनीतिक आधार खड़ा किया। भंगी समुदाय जनसंख्या में काफी कम था, इसलिए उसका राजनीतिक शोषण भी सबसे ज्यादा हुआ।

पूना पैक्ट कांग्रेस के लिए वरदान बन गया। यदि वर्गीय प्रतिनिधित्व को स्वीकार किया जाता, तो दलित वर्गों को सबसे ज्यादा और ब्राह्मणों को सबसे कम

प्रतिनिधित्व मिलता। लेकिन कांग्रेस ने इसके विपरीत कार्य किया। उसने 1937 के आम चुनावों में सर्वाधिक टिकट ब्राह्मणों, वैश्यों, व्यापारियों और जमींदारों को दिए और सत्ता के शीर्ष पर ब्राह्मण शासक वर्ग को बैठाया। उसने इससे भी बढ़ कर जो घातक कार्य किया, वह यह था कि उम्मीदवारों के चुनावों के लिए जो नीति बनाई, उसके अनुसार उच्चतम श्रेणी की शैक्षणिक योग्यताप्राप्त ब्राह्मण को प्राथमिकता मिलती थी और गैरब्राह्मण तथा दलित जातियों के उन उम्मीदवारों को प्राथमिकता दी जाती थी, जो कम-से-कम योग्यता प्राप्त हों।[1] इसका उद्देश्य, आंबेडकर के अनुसार, गैरब्राह्मणों और दलित वर्गों को कांग्रेस मंत्रिमंडल में शामिल होने से रोकना था। आंबेडकर कहते हैं कि इसके दो लाभ थे। एक यह कि अशिक्षित गैरब्राह्मण शिक्षित गैरब्राह्मण की अपेक्षा कांग्रेस हाई कमान का अधिक वफादार और कृतज्ञ होगा तथा कांग्रेस में शिक्षित गैरब्राह्मणों से मिल कर शासक वर्ग के कांग्रेसी मंत्रिमंडल के प्रति विद्रोह न कर सकेगा।[2] इस नीति के तहत कांग्रेस ने दलित जातियों में अशिक्षित और सबसे कम योग्यतावाले व्यक्तियों को संसद और विधान मंडलों में भेजा। सत्ता-स्वार्थ ने उन्हें कांग्रेस हाई कमान और शासक वर्ग का 'यस मैन' बना दिया और वे अपने वर्ग के प्रति अपने दायित्व को भूल गए।

पूना पैक्ट के इस परिणाम ने डॉ. आंबेडकर के चिंतन में अंतर्द्वंद्व पैदा कर दिया। वे इस निष्कर्ष पर पहुँचे कि आरक्षण और प्रतिनिधित्व की व्यवस्था से सामाजिक परिवर्तन नहीं किया जा सकता। उनके अनुसार यह व्यवस्था ब्राह्मणवाद और पूँजीवाद को ही मजबूत करनेवाली है। वे स्वयं देख रहे थे कि असमानता पर आधारित ब्राह्मणवाद दलित वर्गों में भी पैदा होने लगा था। शिक्षित और नौकरियाँ पानेवाले दलितों का एक बड़ा हिस्सा अवसरवादी होता जा रहा था, जो अपने निजी हितों की पूर्ति के लिए शोषक वर्ग की तरह ही शोषण के हथकंडे अपना रहा था।

इस समय, हम डॉ. आंबेडकर के राजनीतिक विचारों में एक बड़ा परिवर्तन देखते हैं। वे जातीय संघर्ष से वर्ग संघर्ष पर आते हैं। वे साम्राज्यवाद, ब्राह्मणवाद और पूँजीवाद के खिलाफ खड़े होते हैं और इंडिपेंडेंट लेबर पार्टी (1937) बना कर दलित वर्गों को वर्ग हित और वर्ग चेतना के आधार पर संगठित करने का काम करते हैं। 12 और 13 फरवरी 1938 को मनमाउ में जी.आई.पी. रेलवे के एक दलित सम्मेलन में अध्यक्ष के आसन से जो भाषण उन्होंने दिया था, वह दलित राजनीति के लिए आज भी महत्वपूर्ण है। उन्होंने कहा था कि दलितों को अब वर्ग हित और वर्ग चेतना पर आधारित राजनीतिक पार्टी में शामिल होना चाहिए। इंडिपेंडेंट लेबर पार्टी के समर्थन में दिए गए इस भाषण में उन्होंने कहा कि यह पहला अवसर है, जब दलित अपनी आर्थिक समस्याओं पर विचार करने के लिए मजदूरों के रूप में एकत्र हुए हैं। उन्होंने आगे कहा कि इस देश के मजदूरों के सिर्फ दो ही शत्रु हैं—एक, ब्राह्मणवाद और दूसरा पूँजीवाद। उन्होंने ब्राह्मणवाद को परिभाषित करते

हुए कहा कि इसका अर्थ ब्राह्मणों के विशेषाधिकार और उनकी सत्ता नहीं है, बल्कि यह स्वतंत्रता, समानता और बंधुता के सिद्धांत को न मानना है। इस अर्थ में, उन्होंने कहा कि यह सभी वर्गों में व्याप्त है, सिर्फ ब्राह्मणों तक सीमित नहीं है, हालाँकि वे इसके उद्भावक हैं।[3]

इस भाषण में डॉ. आंबेडकर ने कई महत्वपूर्ण सवाल उठाए थे। जैसे दलित कैसे स्वयं को मजदूर के रूप में संगठित करें, कैसे मजदूरों के बीच एकता कायम हो। उन्होंने कहा कि एकता लाने के लिए मजदूरों को यह बताया जाए कि जो लोग सामाजिक भेदभाव रखते हैं, वे सैद्धांतिक रूप से गलत हैं और मजदूरों के संगठन के लिए घातक हैं। दूसरे शब्दों में, उन्होंने कहा कि मजदूरों को संगठित होना है, तो उन्हें अपने बीच से ब्राह्मणवाद यानी, असमानता की भावना को जड़ से मिटाना होगा।[4]

उन्होंने श्रमिक राजनीति के रूप में दलित राजनीति की परिकल्पना की और उसे सामाजिक परिवर्तन के लक्ष्य पर आधारित किया। दरअसल, उन्होंने उन्हीं दिनों दलित जातियों में शोषक श्रेणी के उभार को देख लिया था और यह अनुभव कर लिया था कि दलित जातियों की यह श्रेणी उनके परिवर्तन के आंदोलन का समर्थन नहीं करेगी। इसलिए उन्होंने शोषित और मजदूर वर्ग को राजनीतिक रूप से संगठित करना आवश्यक समझा। उन्होंने अपने समय के सोशलिस्ट नेताओं के साथ काम किया और अमृत डांगे जैसे वामपंथी नेताओं के साथ भी वे रहे। पर उनके साथ काम करने के उनके अनुभव अच्छे नहीं रहे। वे पूँजीवाद के साथ-साथ ब्राह्मणवाद के खिलाफ भी संघर्ष चाहते थे, जबकि सोशलिस्ट और कम्युनिस्ट नेता ब्राह्मणवाद के खिलाफ संघर्ष में उतरना नहीं चाहते थे। वे वर्ग संघर्ष के तो पक्ष में थे, पर जाति के राक्षस को नहीं देख पा रहे थे, जो वर्ग संघर्ष में मुख्य बाधा था। अतः शीघ्र ही आंबेडकर उनसे अलग हो गए।

डॉ. आंबेडकर की सबसे बड़ी चिंता थी अपने समय का स्वराज आंदोलन, जो ब्राह्मणों और पूँजीपतियों के हाथों में था। स्वराजियों के लिए स्वराज महत्वपूर्ण नहीं था, महत्वपूर्ण यह था कि स्वराज किन के हाथों में होगा। आंबेडकर स्वतंत्र भारत की बागडोर मजदूर वर्ग के हाथों में देखना चाहते थे। उनका कहना था कि इंग्लैंड में लोकतंत्र इसलिए विफल हो गया था, क्योंकि वह अनुदार लोगों (टोरियों) के हाथों में था। यदि भारत में पूँजीपतियों और ब्राह्मणवादियों के हाथों में स्वराज आएगा, तो वह भी विफल हो जाएगा। इसलिए उन्होंने मजदूर नेताओं से अपील की थी कि वे भारतीय मजदूरों के हाथों में स्वराज लाने का प्रयास करें।[5] इसके लिए वे चाहते थे कि दलित वर्ग आंदोलन अन्य समुदायों के मजदूर वर्गों के साथ मिल कर ब्राह्मणवाद, पूँजीवाद और सामंतवाद के खिलाफ एक संयुक्त (साझा) मोर्चा बनाए।[6] इंडिपेंडेंट लेबर पार्टी के नेता के रूप में डॉ. आंबेडकर ने सोशलिस्टों,

वामपंथियों और अन्य संगठनों से मिल कर साझा मोर्चा बनाने की हर संभव कोशिश की, पर ब्राह्मणवाद के राक्षस ने मजदूरों में एकता नहीं होने दी। दुनिया के मजदूर भले ही एक हों, पर भारत के मजदूर ब्राह्मणवाद के रहते एक नहीं हो सके।

यह मोर्चा इसलिए भी सफल नहीं हो सका, क्योंकि पूँजीवादी ताकतों ने इसे सफल होने नहीं दिया। उन ताकतों ने डॉ. आंबेडकर की पृथक राजनीतिक माँग में ही पूँजीवादी और ब्राह्मणवादी व्यवस्था के खिलाफ भयानक आग देख ली थी। पूना पैक्ट उसी आग को ठंडा करने की एक प्रतिगामी कार्यवाही थी। इसके बाद गांधी जी और कांग्रेस द्वारा सुनियोजित ढंग से अपनाई गई आरक्षण नीति और कल्याणकारी योजना आधारित व्यवस्था ने दलित वर्गों को ज्यादा लुभाया। अतः कांग्रेस की हरिजन राजनीति, जिसका संचालन ब्राह्मणों और पूँजीपतियों के हाथों में था, सफल हुई और डॉ. आंबेडकर को विफलता हाथ आई। यदि उस समय सोशलिस्ट और वामपंथी ताकतें ब्राह्मणवाद के खिलाफ संघर्ष को अपने एजेंडे में रखतीं, तो दलित वर्गों का संगठन पूँजीवाद के खिलाफ एक बड़ी क्रांति को अंजाम दे सकता था और तब स्वतंत्र भारत की बागडोर मजदूरों के हाथों में ही होती।

यहाँ यह कहना कदाचित गलत न होगा कि पूना पैक्ट के बाद से ही दलित वर्गों को राजनीतिक रूप से संगठित करने की शक्ति डॉ. आंबेडकर के हाथों से निकल गई थी। दूसरे शब्दों में, दलित राजनीति की क्रांतिकारी धारा को विकसित होने से पहले गर्भ में ही कांग्रेस ने मार दिया था। पूना पैक्ट के बाद 1956 तक के इस कालखंड में हम आंबेडकर को सिर्फ एक अकादमिक स्तर के प्रगतिशील राजनीतिज्ञ, विद्वान और ईमानदार सामाजिक कार्यकर्ता के रूप में देखते हैं। वे 1956 में ऐतिहासिक धर्मांतरण (दीक्षा समारोह) के सिवाय कोई बड़ा राजनीतिक आंदोलन नहीं कर सके। यह धन और सिद्धांत का खेल था, जिसमें कांग्रेस विजयी हुई और आंबेडकर हारे।

लेकिन भारतीय राजनीति में डॉ. आंबेडकर ऐसे पहले विद्वान राजनीतिज्ञ थे, जो निम्न वर्ग से आए थे, निम्न वर्ग के लिए कर्म क्षेत्र में उतरे थे, निम्न वर्ग की मुक्ति जिनके चिंतन के केंद्र में थी और जिन्होंने लोकतंत्र के हर सिद्धांत को निम्न वर्ग की दृष्टि से देखा था। वे समाजवाद के पक्षधर थे और वैसी ही व्यवस्था स्वतंत्र भारत में चाहते थे। पूँजीवाद और ब्राह्मणवाद के खिलाफ संघर्ष में उन्होंने कभी समर्पण नहीं किया। प्रतिगामी शक्तियों ने निम्न वर्गों को अशिक्षित और गरीब बनाए रखने की कार्य योजना पर अमल करके डॉ. आंबेडकर के मिशन को विफल जरूर कर दिया था, पर कांग्रेस और पूँजीवादी शक्तियाँ उन्हें न खरीद सकी थीं और न भटका सकी थीं। यही उनकी सबसे बड़ी जीत थी।

इंडिपेंडेंट लेबर पार्टी को भंग करने के बाद डॉ. आंबेडकर ने सामाजिक क्षेत्र में काम करने के उद्देश्य से 'शेड्यूल्ड कास्ट फेडरेशन' का गठन किया। इसके

माध्यम से उन्होंने राजनीतिक गतिविधियाँ भी आरंभ कीं। अब तक उन्हें यह अनुभव हो गया था कि सुरक्षित सीटों की राजनीति दलित वर्ग के लिए घातक है, इसे समाप्त होना चाहिए। अक्टूबर 1955 में उन्होंने शेड्यूल्ड कास्ट फेडरेशन के नासिक सम्मेलन में अनुसूचित जातियों के लिए सुरक्षित सीटों को समाप्त करने की माँग की थी। उन्होंने कहा कि अब समय आ गया है कि ये सीटें खत्म होनी चाहिए।[7] पर फेडरेशन के समानांतर कांग्रेसी नेता बाबू जगजीवन राम का 'दलित वर्ग संघ' ज्यादा ताकतवर संगठन था। उसका मकसद ही दलित वर्गों को कांग्रेस और गांधीवाद से जोड़ना था। उसने डॉ. आंबेडकर की माँग का समर्थन नहीं किया। आरक्षण व्यवस्था कांग्रेस की राजनीतिक आवश्यकता बन गई थी, जिसे समाप्त करने का अर्थ था दलितों को कांग्रेस से अलग करना। कांग्रेस यह आत्मघात कभी नहीं करती।

इसी समय डॉ. आंबेडकर ने नई राजनीतिक पार्टी बनाई, जिसका नाम 'रिपब्लिकन पार्टी ऑफ इंडिया' था। पर वे अपने समय में इसका गठन नहीं कर सके थे। कहा जाता है कि पार्टी का संविधान और कार्यक्रम उन्होंने अपनी मृत्यु (1956) से पहले ही तैयार कर लिया था।

दलित राजनीति 1960 से 1980 तक

दलित राजनीति का दूसरा काल 1960 से 1980 तक का है। इसे हम साठोत्तरी और उत्तर-आंबेडकर काल भी कह सकते हैं। हालाँकि समग्र दलित राजनीति पर आंबेडकर का दबाव उनके समय में नहीं था, तथापि दलित आंदोलन के एक उन्नायक की छवि दलित वर्गों में बनी हुई थी। लेकिन इस प्रश्न पर गौर नहीं किया गया कि जो डॉ. आंबेडकर अपने समाजवादी विचारों के घेरे में दलित वर्गों को संगठित करने में सफल नहीं हो सके, वे 1956 में (14 अक्टूबर) बौद्ध धर्म में दीक्षा के लिए नागपुर में लगभग दस लाख दलितों को इकट्ठा करने में कैसे सफल हो जाते हैं? क्या यह इसलिए हो सका कि आंबेडकर का दलित आंदोलन ब्राह्मणवाद और पूँजीवाद के लिए घातक था, दीक्षा समारोह घातक नहीं था? कम-से-कम इस घटना से हम उन परिस्थितियों को समझ सकते हैं, जिनसे दलित आंदोलन को गुजरना पड़ा।

साठ के दशक में डॉ. आंबेडकर के दलित आंदोलन की जमीन पर भारतीय रिपब्लिकन पार्टी को व्यापक सफलता हुई। नीली टोपी, नीला झंडा और हाथी निशान इस पार्टी की पहचान बन गया था। इसी समय 'जय भीम' के नारे ने क्रांतिकारी असर दिखाया। उसका जनाधार महाराष्ट्र के साथ-साथ उत्तर प्रदेश में भी खड़ा हो गया। 1962 के आम चुनावों में उत्तर प्रदेश से विधान सभा में 11 तथा लोक सभा में चार रिपब्लिकन पार्टी के सदस्य चुने गए। रिपब्लिकन पार्टी ने जाति की

बुनियाद पर राजनीति नहीं की, वरन उसने दलित-मजदूर और किसानों की समस्याओं को उठाया। 1964 में उसने पूरे देश में भूमि सत्याग्रह किए, जो दो महीने तक चले। इस सत्याग्रह में पार्टी की मुख्य माँग भूमि का राष्ट्रीयकरण करने और बेकार पड़ी भूमि को भूमिहीन किसानों को देने की थी। केंद्र सरकार ने राष्ट्रीयकरण की माँग को स्वीकार नहीं किया, पर बेकार पड़ी भूमि भूमिहीन किसानों को देने के निर्देश उसे सभी राज्य सरकारों को देने के लिए बाध्य होना पड़ा। पार्टी की यह एक बड़ी उपलब्धि थी। इतने कम समय में ही वह दलित-मजदूर वर्ग के हितों की पार्टी बन गई थी।

रिपब्लिकन पार्टी की सफलता का मुख्य कारण था कि उसने डॉ. आंबेडकर के पूँजीवाद और ब्राह्मणवाद के खिलाफ संघर्ष को अपना आधार बनाया था और समाजवाद उसका लक्ष्य था। इसके पहले राष्ट्रीय अध्यक्ष दादासाहेब गायकवाड़ थे, जो डॉ. आंबेडकर के विश्वसनीय साथी और अनुयायी थे। इसका संपूर्ण नेतृत्व अधिकांश रूप से उन दलितों के हाथों में था, जो आंबेडकर विचारों के जानकार और समर्थक थे। हिंदी भाषी क्षेत्र में इसके नेता बुद्धप्रिय मौर्य और संघप्रिय गौतम थे, जो अपने निर्भीक विचारों और सामाजिक सरोकारों के कारण दलित वर्गों में इतने लोकप्रिय थे कि वे लोकगीतों के विषय बन गए थे। पर यही नेता सबसे ज्यादा भटके और पार्टी छोड़कर कांग्रेस और भाजपा के साथ चले गए।

रिपब्लिकन पार्टी का पतन उसके उभार के दस साल बाद ही शुरू हो गया था। समाजवाद के जिस लक्ष्य को ले कर पार्टी चल रही थी, वह कांग्रेस के लिए खतरनाक था। कांग्रेस जिस ब्राह्मणवाद और पूँजीवाद को संरक्षण दे रही थी—दूसरे शब्दों में ब्राह्मणवाद और पूँजीवाद जिस कांग्रेस को चला रहा था, वह रिपब्लिकन पार्टी के उभार से संकट में पड़ गया था। इसलिए कांग्रेस ने रिपब्लिकन पार्टी के प्रभावशाली नेताओं को सत्ता का प्रलोभन देकर पार्टी को विभाजित कर दिया। कुछ नेता पूरी तरह कांग्रेस में चले गए और कुछ ने कांग्रेस से गठबंधन कर लिया। खंड-खंड रिपब्लिकन पार्टी का हर खंड कांग्रेस का पिछलग्गू बन गया। दादासाहेब गायकवाड़ की मृत्यु के बाद पार्टी राजनीतिक अवसरवाद की भेंट चढ़ गई और दलित राजनीति का सारा लक्ष्य, जो उसके मूल में था, बिखर गया। उत्तर प्रदेश में वह निष्प्राण हो चुकी है, हालाँकि कुछ लोग उसमें प्राण फूँकने की असफल कोशिश कर रहे हैं, पर महाराष्ट्र में उसके कुछ गुट अभी भी अपने अस्तित्व के लिए लड़ रहे हैं।

रिपब्लिकन पार्टी एक बड़ा राजनीतिक लक्ष्य हासिल कर सकती थी, क्योंकि दलित वर्गों में उसने अपना व्यापक जनाधार बना लिया था। डॉ. आंबेडकर द्वारा संस्थापित पार्टी होने की वजह से दलित वर्गों के लोग उससे भावनात्मक रूप से भी जुड़ गए थे। यह जुड़ाव आज भी पुराने लोगों में देखा जाता है। लेकिन पार्टी

नेतृत्व डॉ. आंबेडकर के विचारों के अनुरूप अन्य मजदूर संगठनों और दलों के साथ मिलकर साझा मंच नहीं बना सका। उसके नेता अपने तक सीमित रहे। वे भूल गए कि अकेले चलकर कोई वर्ग या समुदाय मुक्ति नहीं पा सकता। दूसरी तरफ, यह विडंबना भी रही कि मजदूर और सर्वहारा वर्ग की सत्ता कायम करने का कार्यक्रम ले कर चलनेवाले वामपंथी नेताओं ने भी रिपब्लिकन पार्टी से जुड़ने की कोशिश नहीं की। वे लकीर के फकीर बने रहे और उन्होंने जाति संघर्ष को अपने कार्यक्रम में शामिल नहीं किया। डॉ. आंबेडकर के बाद वामपंथ के लिए यह दूसरा बड़ा अवसर था, जो उन्होंने गँवा दिया। जिस दिशाहीनता और विचारहीनता की वजह से रिपब्लिकन पार्टी भटकी और टूटी, यदि वामपंथी नेता चाहते, तो अपनी विचारधारा से दलित वर्गों को जोड़ने की एक बड़ी कोशिश उसके साथ साझा मोर्चा बना कर कर सकते थे। यदि वे ऐसा करते, तो कांग्रेस कभी की कमजोर हो गई होती और भारत की शासन सत्ता समाजवादियों के हाथों में होती।

रिपब्लिकन पार्टी के पतन के बाद कांग्रेस पुनः दलित वर्गों को अपने साथ जोड़ने में सफल हो गई। 1971 में इंदिरा गांधी ने जगजीवन राम को कांग्रेस का अध्यक्ष बनाया। उसी वर्ष मध्यावधि चुनाव हुए और कांग्रेस 'गरीबी हटाओ' के नारे पर पुनः सत्ता में वापस आई। बीस सूत्री कार्यक्रम और हदबंदी कानून लागू कर कांग्रेस ने दलित वर्गों को लुभाया और दलित राजनीति अपना वजूद खो कर इसी प्रतिक्रांति की सहयोगी बन गई। दूसरे शब्दों में, कांग्रेस से लाभान्वित दलित राजनीति का बिका हुआ नेतृत्व दलित वर्गों को वहाँ ले गया, जहाँ से उसे आगे जाने का रास्ता आंबेडकर ने दिखाया था।

इसके बाद की स्थिति यह है कि 1980 तक दलित राजनीति का कोई वजूद दिखाई नहीं देता है। दलित वर्ग कांग्रेस का समर्थक और वोट बैंक बन जाता है और कांशीराम के उभार तक दलित राजनीति और आंदोलन की मृतप्रायः स्थिति बनी रहती है।

दलित राजनीति 1980 से अब तक

1980 में दलित आंदोलन के एक नए नायक के रूप में कांशीराम का उदय हुआ। उन्होंने 1978 के अंतिम महीने में बामसेफ (बैकवर्ड एंड मॉइनोरिटी कम्युनिटीज इम्पलाईज फेडरेशन) की स्थापना की, जो 1980 तक दलित, पिछड़े और अल्पसंख्यक समुदाय के कर्मचारियों का विशाल संघ बन चुका था। बामसेफ ने कांशीराम का आर्थिक आधार मजबूत किया। इससे उत्साहित हो कर उन्होंने 1981 में अपने राजनीतिक कार्यक्रम को लागू करने के उद्देश्य से डी.एस-4 अर्थात 'दलित शोषित समाज संघर्ष समिति' का गठन किया। इसी संगठन से उन्होंने हरियाणा में 1982

में विधान सभा चुनाव में अपने प्रत्याशी खड़े किए। इस चुनाव में उसे 57,588 (1.19 प्रतिशत) वोट मिले। यह एक प्रयोग था, जिसमें वे सफल हुए। इसके दो साल बाद 1984 में उन्होंने बाकायदा नई राजनीतिक पार्टी 'बहुजन समाज पार्टी' (बसपा) बनाई।

कांशीराम ने 1988 में बसपा की ओर से सामाजिक परिवर्तन और आर्थिक मुक्ति के आंदोलन चलाए इनमें स्वाभिमान आंदोलन, किसान मजदूर आंदोलन, सफाई मजदूर आंदोलन, दस्तकार आंदोलन, शरणार्थी आंदोलन और भागीदारी आंदोलन मुख्य थे।[8]

कांशीराम ने पूना पैक्ट के 50 वर्ष पूरे होने पर, 24 सितंबर 1982 से अपने राजनीतिक अभियान की शुरुआत की थी। इस वर्ष देश के चारों कोनों से पूना पैक्ट धिक्कार रैली निकाली गई, जो पूना में जा कर समाप्त हुई। इस रैली ने दलित वर्गों में ब्राह्मणवाद के खिलाफ उस चेतना को उभार दिया, जिसे समय और तात्कालिक राजनीतिक दबावों ने दबा दिया था। 50 साल पहले जो पैक्ट गांधी और आंबेडकर के बीच हुआ था, ऐतिहासिक दृष्टि से उस पर राजनीतिक बहस हमेशा हो सकती है, पर लोकतंत्र में उसे नकारने का कोई अर्थ नहीं है। अब कोई दूसरा पैक्ट हो नहीं सकता था और न पृथक निर्वाचन की पद्धति की माँग करने का कोई औचित्य था। पर कांशीराम इसके माध्यम से घोर दलितवाद उभारना चाहते थे, जो सीधे-सीधे कांग्रेस के खिलाफ हो। उनका मकसद कांग्रेस के खिलाफ दलित वर्गों में गुस्सा उतारना था, जिससे कांग्रेस का दलित वोट बैंक खत्म हो सके। उनका राजनीतिक लक्ष्य कांग्रेस को कमजोर कर रिपब्लिकन पार्टी का विकल्प खड़ा करना था।

महाराष्ट्र के दलित वर्गों ने कांशीराम को स्वीकार नहीं किया। पर उत्तर प्रदेश में उन्हें सफलता मिल गई। उत्तर प्रदेश के पूर्वी जनपदों में सामंती समाज व्यवस्था मौजूद होने की वजह से कांशीराम के दलित आंदोलन ने पीड़ित दलित वर्गों में आसानी से अपनी जगह बना ली। इधर रिपब्लिकन पार्टी के पतन के बाद आए राजनीतिक शून्य को बसपा ने भर दिया। सामाजिक और राजनीतिक दोनों आंदोलनों की जमीन पहले से तैयार थी। दलित वर्ग के लोग न नीला झंडा भूले थे और न हाथी के निशान को। बसपा ने इसी का लाभ उठाते हुए न सिर्फ पार्टी के झंडे का रंग नीला रखा, बल्कि चुनाव निशान भी हाथी रखा।

कांशीराम ने अपने राजनीतिक आंदोलन को तीन सिद्धांतों पर विकसित किया। पहला जातीय सम्मान, दूसरा भागीदारी और तीसरा वोट को लुटने और बिकने से बचाना। जाति उन्मूलन को उन्होंने अपना ध्येय नहीं बनाया, वरन जाति के उभार को अपनी राजनीति के केंद्र में रखा। सामाजिक परिवर्तन और नवजागरण के जन नायकों को उन्होंने जातीय सम्मान और स्वाभिमान आंदोलन से जोड़ने की

मुहिम चलाई। शाहू महाराज, महात्मा ज्योतिबा फुले, नारायण स्वामी, पेरियार रामास्वामी नायकर, डॉ. आंबेडकर, भगवान बुद्ध, कबीर, रैदास, झलकारी बाई, बिजली पासी, सावित्री बाई फुले, इत्यादि विभूतियों को उन्होंने दलित वर्गों का नायक बना दिया। इसका सकारात्मक परिणाम यह हुआ कि नवजागरण के ये महानायक, जो राष्ट्रीय चिंतन में हाशिए पर थे मुख्य धारा में आ गए। इन पर व्यापक चर्चा होने लगी। जिन्हें दलित वर्गों में भी ठीक से नहीं जाना जाता था, उन्हें भारी जनता जान रही थी। यह दलित वर्गों के उदय का इतिहास संधान भी था और इतिहास का निर्माण भी। पर इसका नकारात्मक पक्ष यह रहा कि इसे जाति की बुनियाद पर विकसित किया गया। इसलिए इस संधान और निर्माण ने नायकों का जातीयकरण करने के सिवाय परिवर्तन की कोई क्रांतिकारी भूमिका नहीं निभाई।

भागीदारी आंदोलन के तहत कांशीराम ने नारा दिया—*वोट हमारा राज तुम्हारा—नहीं चलेगा, नहीं चलेगा।* यह कांग्रेस के लिए चेतावनी थी। कांग्रेस दलितों, पिछड़ों और मुसलमानों के वोट पर राज कर रही थी। इस वोट बैंक को कांग्रेस से अलग करने के लिए उन्होंने भागीदारी का सवाल उठाया। उन्होंने यह समझाया कि बहुजन समाज की संख्या 85 प्रतिशत है, पर 15 प्रतिशत अल्प आबादी वाला सवर्ण वर्ग उस पर राज कर रहा है। उन्होंने 'जिसकी जितनी संख्या भारी, उतनी उसकी भागीदारी' का तर्क देते हुए आबादी के अनुपात से बहुजन समाज की भागीदारी की माँग की। पिछड़ी जातियों के लिए मंडल आयोग की सिफारिशों को लागू करने की माँग को भी उन्होंने अपने आंदोलन में शामिल किया और रैलियाँ कीं, जिसे लागू करने का श्रेय 1990 में विश्वनाथ प्रताप सिंह को मिला।

भागीदारी आंदोलन ने एक तरह से जातीय तुष्टिकरण की राजनीति विकसित की। यह नई तरह का जातीय जागरण था, जिसने दलित जातियों में जातीय ध्रुवीकरण की चेतना पैदा की। इस क्रम में कांशीराम ने चमार जाति को छोड़कर, चूँकि उसका ध्रुवीकरण हो चुका था, पासी, वाल्मीकि, धोबी, कोरी आदि अन्य जातियों के अलग-अलग सम्मेलन किए।

तीसरे सिद्धांत के तहत कांशीराम ने दलित वर्गों को वोट की कीमत का बोध कराया। उन्होंने कहा कि लोकतंत्र में वोटों की ताकत से शासक पैदा होता है। उन्होंने कहा कि दलित वर्ग इसलिए शासक नहीं बन सका, क्योंकि उसने अपने वोट की ताकत को नहीं पहचाना। उसने उसका सही इस्तेमाल नहीं किया। उसका वोट खरीदा जाता रहा और लूटा जाता रहा। उन्होंने बताया कि कांग्रेस का लंबा राज दलित वर्ग के वोट पर ही चलता रहा है। उन्होंने यह एहसास पैदा किया कि यदि दलित वर्ग को शासक वर्ग बनना है, तो उसे अपने वोट को न लुटने देना है, न बेचना है। उसे उसका उपयोग बहुजन समाज पार्टी के उम्मीदवारों को दे कर अपनी ताकत बनाना है।

90 का दशक आरंभ हो गया था। कांशीराम के राजनीतिक आंदोलन ने उत्तर प्रदेश में दलित वर्गों में नया उत्साह भर दिया था। सत्ता परिवर्तन की लहर से बसपा की रैलियों को अभूतपूर्व सफलता मिल रही थी। दलित वर्गों का इतना विशाल ध्रुवीकरण इससे पहले नहीं देखा गया। बामसेफ के समय से कांशीराम के सहयोगी राजबहादुर, दीनानाथ भास्कर, आर.के. चौधरी और मायावती लोकप्रिय नेता बन चुके थे। 1993 में कांशीराम ने समाजवादी पार्टी के मुखिया मुलायम सिंह यादव से राजनीतिक गठबंधन किया और उसी वर्ष के विधान सभा चुनाव सपा-बसपा गठबंधन ने मिल कर लड़े। इस संघर्ष को दूसरी आजादी की लड़ाई का नाम दिया गया। इस लड़ाई में सपा-बसपा गठबंधन को आश्चर्यजनक सफलता मिली। पर अनेक ग्रामीण अंचलों में इस चुनाव में दलितों पर अत्याचार हुए और वोट देने की कीमत उन्हें जान दे कर चुकानी पड़ी।

1993 में सपा-बसपा गठबंधन की उत्तर प्रदेश में पहली सरकार बनी और मुलायम सिंह यादव उसके मुख्यमंत्री बने।

चूँकि यह जातिवाद का विस्फोट था, इसलिए उसकी प्रतिक्रिया में एक अन्य राजनीतिक ध्रुवीकरण भी हुआ। दलित, पिछड़ी जातियाँ और मुसलमानों के इस राजनीतिक ध्रुवीकरण से सबसे बड़ी चुनौती राजनीति में द्विज शासक वर्ग को मिली। ब्राह्मणवाद के तो अस्तित्व पर ही संकट खड़ा हो गया था। इसे ब्राह्मणों ने साफ-साफ देख लिया था। पूँजीवाद इसलिए सुरक्षित था, क्योंकि वह जाति का नहीं, शोषण का तंत्र है। पर, चूँकि भारतीय पूँजीवाद का सामंतवाद और ब्राह्मणवाद से गठजोड़ है, इसलिए पूँजीवादी शक्तियाँ भी अपने लिए खतरा अनुभव करने लगी थीं। इसकी प्रतिक्रिया दलित उभार के विरुद्ध द्विज गठजोड़ के रूप में हुई, जिसके तहत कांग्रेस के द्विज भाजपा के साथ लामबंद हो गए। यही कारण रहा कि 1993 के विधान सभा चुनावों में कांग्रेस को सबसे बड़ी पराजय का सामना करना पड़ा और भाजपा को 177 सीटें प्राप्त हो गईं।

जाति की राजनीति में यह स्वाभाविक प्रतिक्रिया है, जिसे रोका नहीं जा सकता। जातीय समाजशास्त्र में उच्च जातियाँ कभी भी अपने विशेषाधिकार खोना नहीं चाहेंगी। इसलिए राजनीति में दलित जातियों के उभार ने उच्च जातियों को ध्रुवीकृत होने का अवसर दिया। इस समाजशास्त्र को तभी तोड़ा जा सकता है, जब सामाजिक परिवर्तन और राजनीतिक क्रांति वर्गीय चेतना के आधार पर हो।

कांशीराम ने बसपा का विकास जाति के उभार, जातीय अस्मिता और जाति की राजनीति पर किया। इस राजनीति का लक्ष्य था, कांग्रेस को कमजोर करना, जिसमें बसपा को सफलता मिली। पर इससे कट्टरवादी ताकतों को जो मजबूती मिली, उससे यह कहा जा सकता है कि भाजपा के लिए बसपा का उदय वरदान बन गया। यह एक ऐसी गुत्थी थी, जो दलित आंदोलन के चिंतक वर्ग में विशेष

चिंता पैदा कर रही थी। यह उनके लिए उलझन-भरी गुत्थी थी। वह यह तो चाहता था कि दलित राजनीति कांग्रेस की पिछलग्गू न बने, वरन अपनी पृथक ताकत विकसित करे। पर यह उसे पसंद नहीं था कि वह भाजपा जैसी सांप्रदायिक पार्टी की मजबूती का कारण बने।

लेकिन यह गुत्थी धीरे-धीरे सुलझती गई। जैसे-जैसे कांशीराम और मायावती की राजनीतिक गतिविधियाँ बढ़ती गईं, वैसे-वैसे यह स्पष्ट होता गया कि उनका राजनीतिक मकसद कांग्रेस को कमजोर करने का नहीं, वरन ब्राह्मणवाद और पूँजीवाद के खिलाफ दलित आंदोलन के मूल संघर्ष को खत्म करना था।

सरकार बनने के बाद से ही सपा-बसपा गठबंधन को तोड़ने की कोशिशें शुरू हो गई थीं। भाजपा ने मायावती को मुख्य मंत्री बनाने का लोभ दे कर सत्ता का सूत्र अपने हाथों में रखने में सफलता हासिल कर ली। 1993 से मई 1995 तक कांशीराम और मायावती ने मुलायम सिंह यादव और उनकी सरकार के प्रति अनर्गल टिप्पणियाँ करके राजनीतिक तनाव पैदा कर दिया था। परिणामतः गठबंधन टूटा और जून 1995 में मायावती भाजपा के समर्थन से मुख्य मंत्री बन गईं। अब कांशीराम और मायावती का राजनीतिक खेल पूरी तरह खुल कर सामने आ गया था। 1932 में पूना पैक्ट ने जो भूमिका निभाई थी, वही भूमिका बसपा और भाजपा के पैक्ट ने 1995 में ब्राह्मणवाद के डूबते जहाज को ऊपर लाने में निभाई।

1995 से अब तक इन दस सालों में कांशीराम और मायावती ने हर राजनीतिक कदम भाजपा की नीतियों के समर्थन में उठाया है। कहीं मौन रहकर और कहीं बोलकर उन्होंने भाजपा का पक्ष लिया। वे संविधान समीक्षा के मुद्दे पर मौन रहे और गुजरात में हुए नरसंहार का समर्थन किया। मायावती गुजरात में नरसंहार के बाद हुए चुनावों में भाजपा के लिए वोट माँगने गईं। दूसरी बार 1997 में और तीसरी बार 2002 में मायावती भाजपा के सहयोग और समर्थन से ही मुख्य मंत्री बनीं। उनके पास अपना न कोई राजनीतिक कार्यक्रम था और न आर्थिक दर्शन—सिवाय मनुवाद-मनुवाद चिल्लाकर जातीय संघर्ष का वातावरण पैदा करने के। इसलिए उन्होंने भाजपा के एजेंडे को ही पूरी तरह लागू किया।

आज भी उत्तर प्रदेश में मायावती पीड़ित और शोषित वर्ग को संगठित करने के बजाय, जो दलित आंदोलन और राजनीति का मूल एजेंडा है, भाजपा और संघ परिवार के सामाजिक समरसता के कार्यक्रम पर चलते हुए दलित-ब्राह्मण सम्मेलन करा रही हैं। इस सम्मेलन के द्वारा पूँजीपति और ब्राह्मणवादी प्रवृत्ति के दलित और ब्राह्मण सत्ता में अपना स्थान बनाने के लिए हाथ मिला रहे हैं।

दिशाहीनता और नकारा नेतृत्व के कारण जो अंजाम रिपब्लिकन पार्टी का हुआ, वही भविष्य और परिणाम बसपा का दिखाई दे रहा है। पूँजीवादी और ब्राह्मणवादी शक्तियाँ भी यह अच्छी तरह अनुभव कर रही हैं कि बसपा का जितना

उपयोग वे कर सकती थीं, उतना कर चुकी हैं। अब उसका टूटना और बिखरना जरूरी है। उसके रिक्त स्थान को कोई रेडिकल राजनीतिक विकल्प न भर दे, इसलिए पूँजीवादी और ब्राह्मणवादी शक्तियों ने भी दलितों के बीच कई विकल्प खड़े कर उन्हें संरक्षण देना शुरू कर दिया है, जिनमें अनेक दलित चिंतक-पत्रकार, सामाजिक और राजनीतिक संगठन काम कर रहे हैं। वे अलग-अलग विचारधारा से अलग-अलग काम कर रहे हैं, पर सामान्य रूप से वे नव आर्थिक उदारवाद और नव साम्राज्यवाद के साथ हैं। पूना पैक्ट के बाद से ही दलित राजनीति ब्राह्मणवाद और पूँजीवाद से नियंत्रित और संचालित हो रही है। यही उसकी सबसे बड़ी समस्या है।

संदर्भ

1. बाबा साहेब डॉ. आंबेडकर संपूर्ण वाङ्मय, खंड 16, डॉ. आंबेडकर प्रतिष्ठान, सामाजिक न्याय और अधिकारिता मंत्रालय, भारत सरकार, नई दिल्ली, संस्करण, अगस्त 2000, पृष्ठ 228
2. वही, पृष्ठ 230
3. सोर्स मेटीरियल ऑन डॉ. बाबासाहेब आंबेडकर एंड दि मूवमेंट ऑफ अनटचेबिल्स, वाल्यूम 1, एजुकेशन डिपार्टमेंट, गवर्नमेंट ऑफ महाराष्ट्र, मुंबई, पहला संस्करण, दिसंबर 1982, पृष्ठ 165
4. वही, पृष्ठ 166
5. वही, पृष्ठ 271
6. वही, पृष्ठ 253
7. वही, पृष्ठ 425-26
8. कांशीराम के दो चेहरे—कंवल भारती, बोधिसत्व प्रकाशन, रोशन बाग, सिविल लाइंस, रामपुर, प्रथम संस्करण, 1996, पृष्ठ 14
9. वही, पृष्ठ 26 से 30

दलित राजनीति के भटकाव

मस्तराम कपूर

एक

दलित आंदोलन की स्थिति इस समय मृगमरीचिका के पीछे भागनेवाले आदमी की हो गई है। जितना वह अपनी मंजिल की ओर बढ़ता है, मंजिल उतनी ही दूर होती जा रही है। इसका लक्ष्य तो था जाति व्यवस्था का उन्मूलन लेकिन वह जातियों की गुलामी को शाश्वत बनाने की प्रक्रिया में योग दे रहा है। आधी सदी के जाति-उन्मूलन कार्यक्रमों का कुल परिणाम जाति-निष्ठाओं को मजबूत करने में हुआ है। इसके कारणों की खोज निर्मम और तकलीफदेह होगी।

इसका सर्वप्रथम कारण उस इतिहास दृष्टि में दीखता है जो हमें विदेशियों ने दी और हमने 'गुलाम दिमाग के छेद' के कारण उसे बिना तर्क किए स्वीकार कर लिया। पश्चिमी विद्वानों ने अपनी साम्राज्यवादी सोच के कारण हमें बताया कि भारत में कुछ जातियाँ बाहर से आईं और उन्होंने यहाँ की मूल जातियों को गुलाम बनाया जो कालांतर में शूद्र-दलित जातियाँ कहलाईं। अमेरिका की मूल जातियों को समूल नष्ट कर या गुलाम बना कर 'नई दुनिया' बसानेवाले लोग सारे विश्व में इतिहास की इसी प्रक्रिया को लागू सिद्ध करना चाहते थे। हमने उनकी इस प्रस्थापना को बिना तर्क किए स्वीकार कर लिया, हालाँकि हमारे विशाल साहित्य में अमेरिका में हुए जनसंहारों जैसी किसी घटना के प्रमाण नहीं मिलते। हमारे तमाम इतिहासकारों ने जो अंग्रेजी के माध्यम से शिक्षित हुए, इसी इतिहास दृष्टि को अपनाया और आज भी इस पर अड़े हुए हैं। यदि एडवर्ड सईद जैसे कुछ लेखकों ने उनकी इस दृष्टि पर अँगुली उठाई तो वे उन्हें भी गलत सिद्ध करने में लगे हैं।

डॉ. भीमराव आंबेडकर ने इस इतिहास दृष्टि पर संदेह व्यक्त किया, विशेषकर जाति प्रथा के निर्माण की प्रक्रिया को समझने-समझाने में, किंतु उन्होंने इसका स्पष्ट प्रतिवाद नहीं किया और कालांतर में दलित आंदोलन से जुड़े सभी विद्वानों

में इस इतिहास दृष्टि ने ही घर कर लिया। इस प्रकार विजेता-विजित के 'सिंड्रोम' ने जाति-व्यवस्था को ऐसा रूप दे दिया कि उसका उन्मूलन केवल प्रतिशोध के रास्ते ही संभव दीखने लगा।

उन्नीसवीं शताब्दी के समाज सुधार आंदोलनों के समय जहाँ हमने अपनी बुराइयों को पहचाना और जन्मना जाति को ईश्वरकृत या वेद-सम्मत मानने से इनकार किया, वहीं हमने विदेशी विद्वानों की इतिहास दृष्टि को भी अस्वीकार किया। इससे जाति प्रथा के खिलाफ जबरदस्त माहौल बना। इससे हिंदू समाज के कट्टर तत्व (जो उस समय सनातनी कहलाते थे) इतने घबरा गए कि उन्होंने समाज सुधार आंदोलनों के खिलाफ जबरदस्त आंदोलन छेड़ दिया। भारतीय राष्ट्रीय कांग्रेस, जो प्रमुख रूप से समाज सुधार कार्यक्रमों के लिए बनी थी, समाज सुधार विरोधी सनातनी तत्वों के कारण (जिनका नेतृत्व बाल गंगाधर तिलक कर रहे थे) दोफाड़ हो गई और उस पर समाज सुधार विरोधी तत्वों का कब्जा हो गया। चूँकि इससे राष्ट्रीय आंदोलन हिंदू पुनरुत्थान में बदल गया, उससे अल्पसंख्यक भी कट गए और समाज सुधार विरोधी रूप हो जाने के कारण दलित-पिछड़े वर्ग भी अलग हो गए। 1906 में मुस्लिम लीग और 1907 में डिप्रेस्ड क्लासेस लीग की स्थापना हुई। यदि हमारे राष्ट्रीय आंदोलन में यह भटकाव न आया होता, तो शायद हम जाति प्रथा के उन्मूलन की दिशा में काफी आगे बढ़ गए होते।

इसके बाद डॉ. भीमराव आंबेडकर अकेले बड़े नेता हुए, जिन्होंने जाति उन्मूलन को राष्ट्रीय एजेंडे का हिस्सा बनाने की लगातार कोशिश की। उनका गांधी जी से टकराव हुआ, जो उन दिनों वर्ण व्यवस्था को उचित मानते थे। ब्रिटिश सरकार ने इस टकराव का भी उसी तरह फायदा उठाना चाहा जिस प्रकार वह कांग्रेस और मुस्लिम लीग के टकराव का फायदा उठा रही थी। गोल मेज सम्मेलन के बाद ब्रिटिश प्रधान मंत्री द्वारा दिए गए फैसले (कम्यूनल अवार्ड) से दलितों और गैरदलितों के बीच गहरी खाई बनने की स्थिति पैदा हुई तो गांधी जी ने आमरण अनशन कर उसे टाला तथा पूना समझौते से ऐसा रास्ता निकल आया जिस पर चल कर हम जाति प्रथा की बुराई से मुक्त हो सकते थे। पूना समझौते को दलित बुद्धिजीवी और दलित आंदोलन के पैरोकार कुछ सवर्ण बुद्धिजीवी भी, आंबेडकर के साथ गांधी के छल के रूप में देखते हैं। लेकिन यह बहुत बड़ी भूल है। यदि यह समझौता न हुआ होता तो उसका परिणाम भी वही होता जो कांग्रेस मुस्लिम लीग टकराव का अंततः हुआ और उस सूरत में दलित वर्गों को कितनी यातनाओं से गुजरना पड़ता, इसकी कल्पना सहज ही की जा सकती है।

बहरहाल, पूना समझौते ने एक रास्ता बनाया। दलित वर्गों को विशेष अवसर दे कर ऊपर उठाने का जिससे समाज में समता स्थापित हो। किंतु कांग्रेस के नेताओं ने इस समझौते पर ईमानदारी से अमल नहीं किया, जिससे आंबेडकर को बड़ी

निराशा हुई। यहाँ इस बात का उल्लेख करना जरूरी है कि हमारे राष्ट्रीय आंदोलन में आजादी के साथ-साथ समता के लक्ष्य को जोड़ने का श्रेय डॉ. आंबेडकर को ही जाता है। यह हमें उन्हीं ने सिखाया कि समता के बिना स्वतंत्रता अधूरी है। हमने अपने संविधान का लक्ष्य समतामूलक समाज बनाया और उसके लिए कुछ विशेष उपबंध भी किए। इन उपबंधों के अंतर्गत विभिन्न प्रकार के आरक्षणों की व्यवस्था हुई। दलित वर्गों और आदिवासी वर्गों को तो ये आरक्षण तुरंत लागू हो गए, किंतु अन्य पिछड़े वर्गों के लिए आयोग नियुक्त करने का प्रावधान किया गया। एक आयोग काका कालेलकर की अध्यक्षता में बना, जिसने 1955 में स्त्रियों सहित सभी पिछड़े वर्गों को 70 प्रतिशत आरक्षण सेवाओं और पदों पर, देने की सिफारिश की। दूसरा आयोग 70 के दशक में विंधेश्वरी प्रसाद मंडल की अध्यक्षता में बना, जिसने पिछड़े वर्गों को 27 प्रतिशत आरक्षण देने की सिफारिश की। चूँकि ये सिफारिशें सदियों से चली आ रही जाति व्यवस्था की गैरबराबरी पर चोट करती थीं और सवर्ण जातियों के हितों को नुकसान पहुँचाती थीं, इनका विरोध कांग्रेस ने भी किया और सवर्ण जातियों की राजनीति करनेवाली हिंदूवादी पार्टी जनसंघ/भाजपा ने भी। केवल लोहिया की सोशलिस्ट पार्टी ने दलित, पिछड़े, आदिवासी और स्त्रियों के लिए 60 प्रतिशत आरक्षण को अपना एक प्रमुख कार्यक्रम बनाया। एक विचित्र बात यह भी हुई कि पिछड़े वर्गों के आरक्षणों का विरोध दलित वर्गों ने भी किया—संभवतः ईर्ष्या या भय के कारण। जब मंडल कमीशन की सिफारिशें लागू हुईं और सवर्ण जातियों ने उनके खिलाफ भयानक आंदोलन छेड़ा, तब जा कर दलित वर्ग मंडल की सिफारिशों के बचाव में खड़े हुए—संभवतः इस डर से कि कहीं इस तूफान में उन्हें मिली रियायतें भी न खत्म हो जाएँ।

यदि ये आरक्षण संविधान लागू होने के साथ ही लागू हो जाते और इन पर ईमानदारी से अमल होता तो आज हम सामाजिक गैरबराबरी को दूर करने के लक्ष्य के करीब होते। लेकिन एक तो ये आरक्षण 40 साल देर से लागू हुए और दूसरे, इन्हें लागू करने वालों की नीयत ठीक नहीं रही। उन्होंने आरक्षणों को समता स्थापित करने के लक्ष्य से अलग कर राजनीतिक सत्ता के लक्ष्य से जोड़ दिया। विधान मंडलों में दलित-आदिवासी वर्गों को जो आरक्षण मिले, उनका लाभ सवर्ण जातियों की राजनीति करनेवाली पार्टियों, कांग्रेस और भाजपा ने उठाया। सवर्ण मतों के बल पर कमजोर और दब्बू दलित-आदिवासी उम्मीदवारों को जिता कर जिन्होंने सत्ता के लालच में दलित आदिवासी आंदोलनों से विश्वासघात किया। डॉ. आंबेडकर ने इसे 'राजनीतिक डकैती' कहा था और यह राजनीतिक डकैती 1945-46 से लेकर आज तक चल रही है। नौकरियों आदि में जो आरक्षण लागू हुए, उन से दलित-आदिवासी और पिछड़े वर्गों में चिकनी परतवाली नई जातियों का निर्माण हुआ जिनकी रुचि अपने दूसरे भाइयों को उठाने में नहीं रही, वे केवल अपनी

सुविधाओं की सुरक्षा में लगे रहे। गैरबराबरी को दूर करने का लक्ष्य बिसर ही गया, सिर्फ सत्ता का लक्ष्य रह गया। आरक्षण लागू करनेवाली संवैधानिक संस्थाओं ने भी आरक्षणों को सामाजिक न्याय का कार्यक्रम बना दिया अर्थात सदियों के अन्याय के मुआवजे का कार्यक्रम, जिससे समाज में जलन और प्रतिशोध की भावनाएँ प्रबल हुईं। यदि हम समता के लक्ष्य को सामने रखते तो हमारा जोर समाज के साधनों के समान वितरण पर होता और जलन एवं प्रतिशोध की भावनाएँ पैदा न होतीं। समाज के साधनों के समान वितरण का मतलब है समाजवादी आर्थिक नीतियाँ, जिनमें किसी को भी एक निश्चित मात्रा से अधिक धन-संपत्ति संग्रह करने का अधिकार न हो। जब यह अधिकार नहीं होगा, तब अपने लिए अधिक-से-अधिक सहेजने की प्रवृत्ति खत्म होगी और जलन-ईर्ष्या तथा प्रतिशोध के कारणों का भी शमन होगा। आश्चर्य यह भी है कि हमारी न्यायपालिका ने संविधान के एक मूल्य, स्वतंत्रता की रक्षा के लिए जिस प्रकार कुछ अभूतपूर्व निर्णय दिए, संविधान के उतने ही महत्वपूर्ण मूल्य समता की रक्षा के लिए उसने आमदनी और खर्च की सीमा निर्धारित करना भी आवश्यक नहीं समझा। समता के उद्देश्य से संविधान में किए गए एकमात्र ठोस उपबंध [अनुच्छेद 16(4)] में आए शब्द 'पर्याप्त प्रतिनिधित्व' को न तो उसने व्याख्यायित किया और न प्रतिनिधित्व की स्थिति का पता लगाने के लिए जातियों की स्थिति के आँकड़े जमा करने का निर्देश सरकार को दिया। इसका परिणाम यह हुआ कि आरक्षणों की सारी योजना लक्ष्य से भटक कर राजनीतिक दलों के सत्ता-स्वार्थ का साधन बन गई। अब तो आरक्षणों की संकल्पना को ही विकृत किया जा रहा है, कभी आर्थिक आधार पर अगड़ों को आरक्षण देने की वकालत कर, कभी महिलाओं को विधानमंडलों में आरक्षण की मुहिम चला कर और कभी धर्म के आधार पर अल्पसंख्यकों को आरक्षण देने की बातें कर, गोया आरक्षण स्वतंत्रता और समता के जीवन की जरूरी शर्त नहीं, राजा द्वारा दी जानेवाली भीख है। यह सब इसलिए ताकि आरक्षण शब्द ही बदनाम हो जाए। महिलाओं को नौकरियों में आरक्षण की व्यवस्था मंडल रिपोर्ट के अंतर्गत है किंतु इसके लिए महिला-संस्थाएँ भी माँग नहीं कर रही हैं किंतु विधान मंडलों में आरक्षण के लिए सब उतावले हो रहे हैं जो स्वयं स्त्री-आंदोलनों की धार कुंठित करनेवाले हैं, उसी प्रकार जैसे इन आरक्षणों ने दलित और आदिवासी आंदोलनों की धार कुंठित की है।

दलित आंदोलनों का पहला कर्त्तव्य होना चाहिए था, संविधान के साथ हो रही इस धोखाधड़ी के खिलाफ संघर्ष। लेकिन आंदोलन के नेता सवर्ण जातियों के इस षड्यंत्र को न तो समझ पा रहे हैं और न समझना चाहते हैं। वे सत्ता की बंदरबाँट में हिस्सा पाने के लिए दलित आंदोलनों के प्राथमिक मूल्यों को भी बेच रहे हैं और उन मूल्यों के प्रणेता डॉ. भीमराव आंबेडकर के नाम को भी।

जहाँ तक साहित्यिक आंदोलनों का सवाल है, इन आंदोलनों की सही दिशा बनी ही नहीं। मराठी के दलित साहित्य आंदोलन ने सवर्ण जातियों में कुछ खलबली पैदा करने के सिवा कुछ नहीं किया। इसका सारा जोर अपनी हीनता की मुखर स्वीकृति और गुस्से की अभिव्यक्ति रहा। इससे सवर्ण जातियों को पैशाचिक सुख भी मिला तथा उनमें सामाजिक प्रतिहिंसा की भावना भी प्रबल हुई। आज महाराष्ट्र की सवर्ण जातियाँ 50 साल पहले की तुलना में अधिक दलित-विरोधी हैं। उधर जिन दलित वर्गों में दलित साहित्य को नई जीवन शक्ति भरनी चाहिए थी, वे उस साहित्य को पढ़ना ही नहीं चाहते, क्योंकि उन्हें इसमें हीनता बोध और नपुंसक क्रोध के सिवाय कुछ मिलता ही नहीं। हिंदी का दलित साहित्य तो मराठी के दलित साहित्य की तरह सशक्त और समृद्ध भी नहीं है। दिशा उसकी भी वही है—यह सवर्णों को संबोधित है, दलितों को नहीं। सवर्णों का श्रेष्ठ साहित्य आजादी की छटपटाहट से निकला है। दलित साहित्य (और स्त्री साहित्य भी) समता की छटपटाहट का साहित्य है। स्वतंत्रता की तरह समता भी जीवन का श्रेष्ठतम मूल्य है जिसका संघर्ष अनेक कष्टों के बावजूद अत्यंत सुंदर और आनंददायक होता है। इस साहित्य की अपनी मिठास और गरिमा होनी चाहिए। यह गरिमा और मिठास साहित्य में तब आती है जब साहित्य के सभी रसों के मूल में (चाहे रस क्रोध, भय या जुगुप्सा के हों) करुणा का भाव हो। आश्चर्य है महात्मा बुद्ध से प्रेरित होने के बावजूद यह मूल भाव दलित साहित्य में व्याप्त ही रहा। यह गुण न तो मराठी के दलित साहित्य में आया न हिंदी के दलित साहित्य में। साहित्यकारों की सारी शक्ति सवर्णों की नजर में स्वीकृति पाने में या उनके साहित्य को फूँककर उन्हें चिढ़ाने में लगी रही।

साहित्य और कलाओं में सवर्ण-दलित का भेद नहीं होना चाहिए, क्योंकि साहित्य के शाश्वत मूल्य स्वतंत्रता और समता हैं, जिनकी जरूरत सवर्ण-अवर्ण दोनों को है। इन्हें एक-दूसरे का पूरक बनना चाहिए—उसी तरह जैसे सवर्ण समाज और दलित समाज को एक-दूसरे का पूरक बनना चाहिए। लेकिन हम सब उलटी दिशा में भागे जा रहे हैं मृगमरीचिका के पीछे।

दो

मार्क्स मार्क्सवादियों के प्रति और गांधी गांधीवादियों से शंका ग्रस्त रहे। इसी प्रकार डॉ. भीमराव आंबेडकर भी आंबेडकरवादियों के प्रति शंकालु अवश्य रहे होंगे। इसका कारण यह है कि हर युगद्रष्टा अपने अनुयायियों से परास्त हुआ है।

कुछ दिन पहले दलित-राजनीति की प्रमुख पार्टी बसपा के मंच से ब्राह्मण सम्मेलन का आयोजन हुआ और अब उसी मंच से कायस्थों के सम्मेलन की खबर आई है। इससे पहले यादव, कुर्मी आदि जातियाँ और अल्पसंख्यकों के सम्मेलन

बसपा के मंच से हो चुके हैं। दलित राजनीति ने बहुजन को छोड़ सर्वजन को अपना लक्ष्य बना लिया है, यह जानते हुए भी कि 'सर्वे भवंतु सुखिनः' का नारा देनेवाली संस्कृति ने ही सदियों तक दलितों को गुलामी की जिंदगी दी थी। क्या डॉ. आंबेडकर ने कभी इस बात की कल्पना की होगी कि दलितों का उत्थान वर्ण व्यवस्थावादी ताकतों के सहयोग से संभव होगा? भेड़िए और मेमने की दोस्ती की कल्पना क्या उन्होंने की होगी?

समाजवादी नेता श्रीधर महादेव जोशी ने अपनी आत्मकथा 'यादों की जुगाली' में एक स्थान पर डॉ. आंबेडकर से हुई बातचीत का उल्लेख किया है। 1952 के प्रथम आम चुनाव के समय सोशलिस्ट पार्टी और डॉ. आंबेडकर की शेड्यूल्ड कास्ट फेडरेशन के बीच तालमेल की बातचीत चली। एस.एम. जोशी ने डॉ. आंबेडकर से पूछा कि क्या आपकी पार्टी अकेले दम सत्ता हाथ में ले सकती है, तो डॉ. आंबेडकर ने इसके उत्तर में निम्नलिखित शब्द कहे :

> 'तुम्हारा कहना सही है। परंतु जब मैं लोकतंत्र की बात करता हूँ और संसदीय लोकतंत्र के रास्ते आगे बढ़ने की बात पर जोर देता हूँ तब शेड्यूल्ड कास्ट फेडरेशन तक ही मेरी दृष्टि सीमित नहीं रहती। इसमें दो मत हो ही नहीं सकते कि इस देश में जो सबसे अधिक पिस रहे हैं, वे अनुसूचित जातियों के ही लोग हैं। अगर उनकी पिसाई को रोकना है तो शेड्यूल्ड कास्ट फेडरेशन का रूपांतरण बैकवर्ड क्लास फेडरेशन में होना चाहिए। वैसा होने पर अपने-आप बहुमत हमारे साथ हो जाएगा। मार्क्स श्रमिकों की जैसी क्रांति चाहता था, वैसी क्रांति हमारे देश में होने की संभावना मुझे नहीं दिखाई देती। इसका कारण यह है कि यहाँ के समाज और यूरोप के समाज में बहुत अंतर है। यूरोप में केवल वर्गीय समाज है, यहाँ वर्ग के साथ वर्ण भी है।'

इस बातचीत के परिणामस्वरूप प्रथम आम चुनाव के समय डॉ. आंबेडकर की पार्टी शेड्यूल्ड कास्ट फेडरेशन ने सोशलिस्ट पार्टी के साथ मिल कर चुनाव लड़ा। बाद में जब सोशलिस्ट पार्टी में आचार्य कृपलानी के नेतृत्व वाली किसान मजदूर प्रजा पार्टी का विलय हुआ तो डॉ. आंबेडकर ने सोशलिस्ट पार्टी से अपनी पार्टी के संबंध तोड़ दिए, क्योंकि उनकी नजर में आचार्य कृपलानी की पार्टी में सामाजिक रूढ़िवादी तत्व थे, जिन्होंने हिंदू कोड बिल जैसे समाज-सुधारों का विरोध किया था। लेकिन जब सोशलिस्ट पार्टी का विभाजन हुआ और डॉ. राममनोहर लोहिया ने अलग सोशलिस्ट पार्टी बनाई तो डॉ. आंबेडकर न केवल उससे सहयोग के लिए तैयार हुए, बल्कि उन्होंने रिपब्लिकन पार्टी और सोशलिस्ट पार्टी को मिला कर एक नई पार्टी बनाने का निश्चय भी कर लिया। इस समझौते पर सिर्फ दस्तखत होने बाकी थे। इसी बीच डॉ. आंबेडकर का निधन हो गया।

डॉ. लोहिया ने डॉ. भीमराव आंबेडकर को पहला पत्र 10 दिसंबर 1955 को हैदराबाद से लिखा। इसमें उन्हें सोशलिस्ट पार्टी का एक फोल्डर भेजते हुए अपने पत्र 'मैनकाइंड' के लिए उनसे लेख लिखने का अनुरोध किया। उन्होंने लिखा :

> हमारे देश की जाति प्रथा के किसी भी पहलू पर आप अगर लिखना पसंद करें तो मैं चाहूँगा कि आप कुछ ऐसा लिखें कि हिंदुस्तान की जनता न सिर्फ क्रोधित हो, बल्कि आश्चर्य भी करे। मैं नहीं जानता कि मध्य प्रदेश में लोक सभा के चुनाव-भाषणों में आपके बारे में जो कहा, उसे आपके अनुयायी ने, जो मेरे साथ रहा, आपको बताया नहीं। अब भी मैं बहुत चाहता हूँ कि क्रोध के साथ करुणा भी छोड़नी चाहिए और कि आप न सिर्फ अनुसूचित जातियों के नेता बनें, बल्कि पूरी हिंदुस्तानी जनता के भी नेता बनें।
>
> हमारे क्षेत्रीय शिविर में यदि आप आ सकें तो हमें बड़ी खुशी होगी। यह सोच कर इसके साथवाली विषय-सूची सहायक होगी, उसे भेजा जा रहा है। यदि आप अपने भाषण का सार पहले ही भेज दें तो बाद में इसे प्रकाशित करना अच्छा होगा। हम चाहते हैं कि एक घंटे के भाषण के बाद उस पर एक घंटे तक चर्चा भी हो।
>
> मैं नहीं जानता कि समाजवादी दल के स्थापना सम्मेलन में आपको दिलचस्पी होगी या नहीं। आप पार्टी के सदस्य नहीं हैं, लेकिन फिर भी सम्मेलन में आप विशेष आमंत्रित हो कर आ सकते हैं। अन्य विषयों के अलावा सम्मेलन में खेत मजदूरों, कारीगरों, औरतों और संसदीय काम से संबंधित समस्याओं पर भी विचार होगा और इनमें से किसी एक पर आपको महत्वपूर्ण बात कहनी ही है। किसी बात को बतलाने के लिए यदि आप सम्मेलन की कार्यवाही में हिस्सा लेना चाहें तो मैं समझता हूँ कि सम्मेलन विशेष रूप से अनुमति देगा।
>
> सप्रेम अभिवादन सहित,
>
> आपका
>
> राममनोहर लोहिया

डॉ. लोहिया द्वारा गठित सोशलिस्ट पार्टी का स्थापना सम्मेलन 30-31 दिसंबर, 1955 और 1-2 जनवरी, 1956 को हैदराबाद में हुआ। डॉ. आंबेडकर उसमें तो नहीं जा सके लेकिन उन्होंने इस नई पार्टी की घोषणाओं तथा कार्यक्रमों में दिलचस्पी लेनी शुरू की। कुछ समय बाद डॉ. लोहिया की तरफ से विमल मेहरोत्रा और धर्मवीर गोस्वामी डॉ. आंबेडकर से मिले। डॉ. आंबेडकर ने इस मुलाकात के बाद डॉ. लोहिया को 24 सितंबर, 1956 को यह पत्र लिखा :

प्रिय डॉक्टर लोहिया,

आपके दो मित्र मुझसे मिलने आए थे। मैंने उनसे काफी देर तक बातचीत की, हालाँकि हम लोगों में आपके चुनाव कार्यक्रमों के बारे में कोई बात नहीं हुई।

अखिल भारतीय परिगणित संघ की कार्य समिति की बैठक 30 सितंबर, 1956 को होगी और मैं समिति के सामने आपके मित्रों का प्रस्ताव रखूँगा। कार्य समिति की बैठक के बाद मैं चाहूँगा कि आपकी पार्टी के प्रमुख लोगों से बातचीत हो ताकि हम लोग अंतिम रूप से तय कर सकें कि साथ होने के लिए हम लोग क्या कर सकते हैं। मुझे बहुत खुशी होगी अगर आप दिल्ली में मंगलवार 2 अक्तूबर, 1956 को मेरे यहाँ आ सकें। अगर आप आ रहे हों तो कृपया तार से मुझे सूचित करें, ताकि मैं कार्य समिति के कुछ लोगों को भी आप से मिलने के लिए रोक सकूँ।

आपका

बी.आर. आंबेडकर

डॉ. आंबेडकर से मिलने के बाद विमल मेहरोत्रा और धर्मवीर गोस्वामी ने डॉ. लोहिया को इस मुलाकात की जानकारी 27.9.56 के पत्र में दी जिसमें कहा गया :

जब आप दिल्ली में हों, डॉ. आंबेडकर आपसे जरूर मिलना चाहते हैं। वे वृद्ध हैं और उनकी तबीयत ठीक नहीं है। वे सहारा लेकर चलते-फिरते हैं।

वे पार्टी का पूरा साहित्य चाहते हैं और 'मैनकाइंड' के सभी अंक। वे इसका पैसा देंगे (विधान, नीति और कार्यक्रम भी)।

वे हमारी राय से सहमत थे कि श्री नेहरू हर एक दल को तोड़ना चाहते हैं और कि विरोधी पक्ष को मजबूत होना चाहिए।

वे मजबूत जड़ोंवाले एक राजनीतिक दल के पक्ष में हैं।

वे नहीं समझते कि मार्क्सवादी ढंग का साम्यवाद यानी समाजवाद हिंदुस्तान के लिए लाभदायक होगा, लेकिन जब हम लोगों ने अपना दृष्टिकोण रखा तो उनकी दिलचस्पी बढ़ी।

हम लोगों ने उन्हें कानपुर के आम क्षेत्र से लोक सभा का चुनाव लड़ने का न्यौता दिया। इस खयाल को उन्होंने नापसंद नहीं किया, लेकिन कहा कि वे आप से पूरे हिंदुस्तान के पैमाने पर बात करना चाहते हैं। हम लोगों ने यह साफ कर दिया कि हम लोग अपनी नीति से कोई समझौता नहीं कर सकते। ऐसा लगा कि वे अनुसूचित जाति संघ से बहुत मोह नहीं रखते। कार्यकारिणी की बैठक दिल्ली में 30 को हो रही

है। श्री नेहरू के बारे में जानकारी प्राप्त करने में उन्हें बहुत दिलचस्पी थी। (सिनेमा आउटफिट आदि की 'मैनकाइंड' वाली चर्चा), उन्होंने कहा कि इन बातों का यथेष्ट प्रचार होना चाहिए। वे दिल्ली से एक अंग्रेजी दैनिक भी निकालना चाहते हैं।

वे हम लोगों के दृष्टिकोण को बहुत सहानुभूति, तबीयत और उत्सुकता के साथ पूरे विस्तार में समझना चाहते थे। उन्होंने थोड़े विस्तार में इंग्लैंड की प्रजातांत्रिक प्रणाली की चर्चा की, जिससे उम्मीदवार चुने जाते हैं और लगता है कि जनतंत्र में उनका हद विश्वास है।

यह बातचीत का सार है। हम लोग खुद नहीं आ सके, क्योंकि यह पता नहीं था कि आप कहाँ हैं और हमारे पास पैसा नहीं था। 23.9.56 को हैदराबाद दफ्तर में टेलीफोन से बात करने की कोशिश की, कोई जवाब नहीं मिला, क्योंकि वहाँ पर किसी ने टेलीफोन ही नहीं उठाया।

डॉ. आंबेडकर का पता : 26, अलीपुर रोड, नई दिल्ली।

डॉ. आंबेडकर का पत्र मिलने के बाद डॉ. लोहिया ने उन्हें 1 अक्तूबर, 1956 को निम्नलिखित पत्र लिखा :

प्रिय डॉक्टर आंबेडकर,

आपके 24 सितंबर के पत्र के लिए बहुत धन्यवाद। हैदराबाद लौटने पर मैंने आज आपका पत्र पढ़ा और इसलिए आपके सुझाए समय पर दिल्ली पहुँच सकने में बिलकुल असमर्थ हूँ। फिर भी जल्दी-से-जल्दी मैं आपसे मिलना चाहूँगा। मैं उत्तर प्रदेश में अक्तूबर के बीच में रहूँगा और आपसे दिल्ली में 19 या 20 अक्तूबर को मिल सकूँगा। यदि आप 29 अक्तूबर को बंबई में हों, तो वहाँ भी आपसे मिल सकता हूँ। कृपया मुझे तार से सूचित करें कि इन दो तारीखों में कौन-सी आपको ठीक रहेगी। अन्य मित्रों से आपकी सेहत के बारे में जानकर चिंता हुई। आशा है आप आवश्यक सावधानी बरत रहे होंगे।

मैं अलग से 'मैनकाइंड' के तीन अंक आपको भिजवा रहा हूँ। विषय का सुझाव देने का मेरा मन हो रहा था, लेकिन मैं ऐसा नहीं करूँगा। 'मैनकाइंड' के तीनों अंक आपको विषय चुनने में मदद करेंगे। मैं केवल इतना ही कहूँगा कि हमारे देश में बौद्धिकता निढाल हो चुकी है। मैं आशा करता हूँ कि यह वक्ती है और इसलिए आप जैसे लोगों का बिना रोक के बोलना बहुत जरूरी है।

आपका

राममनोहर लोहिया

डॉ. आंबेडकर ने 5 अक्तूबर, 1956 को लोहिया को लिखा :

प्रिय डॉ. लोहिया,

आपका एक अक्तूबर, 1956 का पत्र सं. 8821 मिला। अगर आप 20 अक्तूबर को मुझसे मिलना चाहते हैं तो मैं दिल्ली में रहूँगा, आपका स्वागत है। समय के लिए टेलीफोन कर लें।

आपका

बी.आर. आंबेडकर

दोनों नेताओं के बीच मुलाकात हो इससे पहले ही अनुसूचित जाति संघ की कार्यसमिति ने कुछ ऐसे फैसले कर लिए जिससे अनुसूचित जाति संघ और सोशलिस्ट पार्टी के मिलन की कोशिशों में बाधा उपस्थित हुई। अनुसूचित जाति संघ की कार्य समिति ने रिपब्लिकन पार्टी ऑफ इंडिया बनाने का फैसला ले लिया। इस पार्टी की नीति और कार्यक्रम जल्दबाजी में बनाए गए जो काफी अस्पष्ट और संदेह जगानेवाले थे। लगता था कि डॉ. आंबेडकर के गिरते स्वास्थ्य के मद्‌दे नजर कुछ लोगों ने जल्दी से पार्टी बना लेने का काम पूरा कर लेना चाहा। चुनाव समझौते के संबंध में जो नीति घोषित की गई वह असमंजस में डालने वाली थी। उत्तर प्रदेश शेड्यूल्ड कास्ट फेडरेशन (अनुसूचित जाति संघ) के संसदीय बोर्ड के प्रवक्ता का बयान आया कि संघ किसी वामपंथी दल से समझौता नहीं चाहता, जबकि अखबार में छपी खबरों के अनुसार फेडरेशन की केंद्रीय समिति ने चुनाव समझौते या इसी तरह के किसी गठबंधन के पक्ष में राय व्यक्त की थी। ऐसा लगता था कि फेडरेशन के कुछ पदाधिकारियों पर कांग्रेस का दबाव पड़ने लगा था। स्वेज नहर के बारे में कार्य समिति ने ऐसा प्रस्ताव पास कर दिया था, जो चौंकानेवाला था। इसका मतलब था कि हिंदुस्तान में लगी विदेशी पूँजी का राष्ट्रीयकरण भी उन देशों की सहमति के बिना नहीं किया जाएगा। जिन देशों के पूँजीपतियों का पैसा लगा है। इन सब बातों का उल्लेख करते हुए डॉ. लोहिया की तरफ से विमल मेहरोत्रा ने 15 अक्तूबर, 1956 को डॉ. आंबेडकर को पत्र लिखा, जिसमें अनुरोध किया गया था कि वे फेडरेशन के दफ्तर से उपर्युक्त प्रस्तावों की प्रतियाँ भिजवाएँ ताकि उन पर और विचार किया जा सके। पत्र में संभावी मुलाकात को कुछ समय टालने का भी संकेत किया गया था। पत्र में यह भी कहा गया कि फेडरेशन की कार्य समिति के प्रस्तावों पर अभी राय कायम करना संभव नहीं होगा, 'हालाँकि देश उत्सुकता के साथ मौजूदा दोषों को दूर करने के इलाज के लिए आपके जैसी विद्वत्ता वाले पुरुष के विचार जानना चाहता है।'

यह स्पष्ट था कि फेडरेशन की कार्य समिति द्वारा तुरत-फुरत पास किए गए प्रस्तावों से दोनों नेताओं के बीच सीधी बातचीत में व्यवधान पड़ा। लगता है इसके पीछे कांग्रेस का खेल था, जिसकी पुष्टि आगे चल कर कांग्रेस और

रिपब्लिकन पार्टी के संबंधों को देख कर हुई।

इस सबके बावजूद डॉ. लोहिया आंबेडकर से मिलने और उनसे सीधे बातचीत करने के लिए उत्सुक रहे लेकिन 6 दिसंबर को डॉ. आंबेडकर के अकस्मात निधन से उनकी सारी आशाएँ धराशायी हो गईं।

कुछ समय बाद, 1.7.1957 को डॉ. लोहिया ने डॉ. आंबेडकर से हुए सारे पत्र व्यवहार की प्रतियाँ मधु लिमये को सँभालकर रखने के लिए भेजते हुए पत्र में लिखा :

> तुम समझ सकते हो कि डॉ. आंबेडकर की अचानक मृत्यु का दुःख मेरे लिए थोड़ा-बहुत व्यक्तिगत रहा है और अब भी है। मेरी बराबर आकांक्षा थी कि वे हमारे साथ आएँ, केवल संगठन में ही नहीं बल्कि पूरी तौर से सिद्धांत में भी और वह मौका करीब मालूम होता था। मैं एक पल के लिए भी नहीं चाहूँगा कि तुम इस पत्र व्यवहार को हम लोगों के व्यक्तिगत नुकसान की नजर से देखो। मेरे लिए डॉ. आंबेडकर हिंदुस्तान की राजनीति के एक महान आदमी थे और गांधी जी को छोड़कर बड़े-से-बड़े सवर्ण हिंदुओं के बराबर। इससे मुझे बराबर संतोष और विश्वास मिला है कि हिंदू धर्म की जाति प्रथा एक-न-एक दिन खत्म की जा सकती है।
>
> अनुसूचित जाति संघ चलाने वालों को मैं अब नहीं जानता। लेकिन मैं चाहता हूँ कि हिंदुस्तान की अनुसूचित जातियों के लोग देश की पिछली चालीस साल की राजनीति के बारे में विवेक से सोचें। मैं चाहूँगा कि श्रद्धा और सीख के लिए वे डॉ. आंबेडकर को प्रतीक मानें, डॉ. आंबेडकर की कटुता को छोड़कर उनकी स्वतंत्रता को लें; एक ऐसे डॉ. आंबेडकर को देखें जो केवल हरिजनों के ही नहीं, बल्कि पूरे हिंदुस्तान के नेता बनें।

अनुसूचित जातियों को सोशलिस्ट पार्टी से जोड़ने का डॉ. लोहिया का प्रयास इस प्रकार परिस्थितियों के कारण प्रताड़ित हुआ।

लेकिन पिछड़े वर्गों को सोशलिस्ट पार्टी से जोड़ने में उन्हें कुछ सफलता मिली। अखिल भारतीय पिछड़ा वर्ग संघ (जिसके अध्यक्ष केंद्र की कांग्रेस सरकार के मंत्री पंजाब राव देशमुख थे) से छिटक कर भारतीय पिछड़ा वर्ग संघ बना था जिसके प्रमुख पदाधिकारी रामलखन चंदापुरी, केशरी सिंह, ब्रजमोहन लाल, चंद्रिका प्रसाद जिज्ञासु आदि थे। डॉ. लोहिया का इनसे पत्र व्यवहार हुआ और आखिर इस संस्था का सोशलिस्ट पार्टी में विलय हुआ। डॉ. लोहिया ने तमिलनाडु के नेता पेरियार रामास्वामी नायकर से भी जेल में जा कर मुलाकात की (श्री नायकर को जवाहरलाल नेहरू की सरकार ने जेल में बंद किया था) और उनसे सोशलिस्ट पार्टी से मिल कर काम करने का अनुरोध किया। उनके घोर उत्तर विरोधी और हिंदी विरोधी रवैये

के कारण बात बनी नहीं लेकिन लोहिया को विश्वास था कि एक दिन द्रविड़ आंदोलन भी वर्ण व्यवस्था के विरुद्ध अखिल भारतीय आंदोलन का हिस्सा बनेगा।

तीन

डॉ. लोहिया ने सदियों की वर्ण व्यवस्था द्वारा उपेक्षित शोषित सभी तबकों को समाजवादी आंदोलन से जोड़कर इस व्यवस्था को तोड़ने का सपना देखा जो भारतीय समाज के लिए कोढ़ बनी हुई है। अपनी सोशलिस्ट पार्टी के लिए उन्होंने जो जाति तोड़ो कार्यक्रम बनाया उसका एक मुख्य नारा था कि दलित, पिछड़े, आदिवासी, पिछड़े अल्पसंख्यक और सब वर्गों की महिलाओं को साठ प्रतिशत आरक्षण मिलें। यदि उनका यह प्रयास सफल हो जाता तो अब तक वर्ण व्यवस्था काफी हद तक टूट चुकी होती। उनके कार्यक्रम की आंशिक सफलता ने ही (जो मंडल आयोग की रिपोर्ट में रूपायित होती है) इस व्यवस्था को संकट में डाल दिया है और उसे बचाने के लिए भाजपा और कांग्रेस जैसी वर्णवादी पार्टियाँ कभी धर्म का जुनून पैदा कर, कभी सांप्रदायिकता बनाम धर्म निरपेक्षता की बहस चला कर और कभी भूमंडलीकरण की चमक-दमक से लोगों को भरमा कर—जनता का ध्यान उस लड़ाई से हटा रही हैं जो वर्ण व्यवस्था के खिलाफ शुरू हुई है। जिन तबकों को यह लड़ाई लड़नी है वे आपस में ही लड़ रहे हैं। दलित पिछड़ों के साथ मिल कर काम नहीं कर सकते और पिछड़े दलितों के साथ। आदिवासी अलग-थलग रहना चाह रहे हैं। स्त्रियों में छोटी और बड़ी जातियों का भेद बना हुआ है। दलित-पिछड़े और आदिवासी अपनी महिलाओं को आगे नहीं आने दे रहे हैं। अल्पसंख्यक अपने धार्मिक नेताओं के चंगुल से ही बाहर नहीं निकल रहे हैं। उन्हें सिर्फ अपनी धार्मिक पहचान की चिंता हो रही है और अपने पिछड़ेपन की तरफ उनका ध्यान ही नहीं है। वे यह भी नहीं समझते कि उनकी धार्मिक पहचान का संकट इस वर्ण व्यवस्था के कारण बना है क्योंकि इस व्यवस्था को बचाने के लिए ही भाजपा जैसी पार्टियाँ धर्म का जुनून पैदा कर रही हैं। कांग्रेस भी बीच-बीच में सांप्रदायिक दंगे कराकर सवर्ण जातियों में अपनी पकड़ बनाए रखती है।

हमारे देश का दुर्भाग्य रहा है कि यहाँ जितने भी बड़े आंदोलन चले, वे एक व्यक्ति की शक्ति और प्रभाव पर निर्भर रहे और उस व्यक्ति की मृत्यु के बाद आंदोलन निष्प्राण होते गए। गांधी, आंबेडकर और लोहिया तीनों पर यह बात घटती है। इन तीनों महापुरुषों के अनुयायी निकम्मे सिद्ध हुए। गांधी और लोहिया के आंदोलनों की तरह ही आंबेडकर के आंदोलन की ऊर्जा उनकी मृत्यु के बाद खत्म हो गई और उसकी दिशा भी भटक गई। डॉ. आंबेडकर अपने जीवन के अंतिम 6 वर्षों में ऐसा राजनीतिक समीकरण बनाने की कोशिश करते रहे जिसमें वर्ण व्यवस्था के सताए सभी वर्ग एक मंच पर हों और अन्य तबकों में जो संवेदनशील,

प्रगतिशील और समाज के बदलाव के प्रति समर्पित लोग हों उनका सहयोग भी प्राप्त किया जाए। संसदीय लोकतंत्र के रास्ते (जिस पर डॉ. आंबेडकर बार-बार जोर देते थे) जाति-उन्मूलन तथा समता की स्थापना का यही एकमात्र रास्ता उन्हें लगता था। लेकिन उनके अनुयायियों ने उनके बताए रास्ते को छोड़कर व्यक्तिगत स्वार्थों को साधने का रास्ता अपनाया। रिपब्लिकन पार्टी के आधा दर्जन धड़े इसलिए हुए कि हर नेता अपनी शक्ति और अपना वैभव बढ़ाने की कोशिश में लगा रहा। इस उद्‌देश्य के लिए वे कभी कांग्रेस की गोद में खेलते रहे, कभी भाजपा और शिव सेना जैसी रूढ़िवादी और सांप्रदायिक पार्टियों का खिलौना बने रहे। उत्तर भारत की दलित राजनीति में भी यही हुआ। बसपा के संस्थापक कांशीराम जो कभी खड़ी व्यवस्था को पड़ी व्यवस्था बनाने की बात करते थे और तिलक-तराजू और तलवार के खिलाफ मोर्चा लेने का संकल्प व्यक्त करते थे, सिद्धांतहीन और बेमेल समझौतों के रास्ते सिर्फ सत्ता हथियाने की राजनीति का समर्थन करने लगे। उनके अनुयायी उन्हें आंबेडकर से भी बड़ा दलित नेता सिद्ध करने के लिए यह तर्क देने लगे कि आंबेडकर जो काम नहीं कर सके (अर्थात दलित सरकार नहीं बना सके) वह उन्होंने कर दिखाया। मायावती ने सोचा कि यदि वे राजसी ठाठ-बाट में वसुंधरा राजे जैसी महारानियों को मात दे देंगी तो दलित समाज अपने आप उठ जाएगा। इसलिए उन्होंने पार्टी के पद और टिकट बेचकर अपने लिए धन संपत्ति जुटाने तथा भाजपा एवं कांग्रेस जैसी रूढ़िवादी पार्टियों से समझौता कर सत्ता में आने का जुगाड़ ही किया। इन पार्टियों द्वारा बार-बार दुत्कारे जाने पर भी उन्होंने अपना रास्ता नहीं बदला।

बिहार में रामविलास पासवान दलित नेता के रूप में उभरे। वे समाजवादी आंदोलन से उभरे थे, इसलिए बहुत लोगों ने उनसे यह उम्मीद लगा रखी थी कि वे दलित राजनीति को सकारात्मक दिशा देंगे जो डॉ. लोहिया के विचारों के अनुरूप भी होगी और डॉ. आंबेडकर के विचारों के अनुरूप भी। आखिर, यही दो महापुरुष हैं जिन्होंने दलितों की समस्या पर वैज्ञानिक एवं तार्किक ढंग से सोचा और लगभग एक जैसे निष्कर्षों पर पहुँचे। लेकिन उन्होंने भी मायावती जी के ही पद चिह्नों पर चलने का फैसला किया। असामाजिक तत्वों तथा दलित-विरोधी मानसिकता वाले धनी लोगों को पार्टी के पद और टिकट बेचने और फिर उनकी मदद से सत्ता में ज्यादा-से-ज्यादा हिस्सा प्राप्त करने के उद्‌देश्य पर ही वे चल रहे हैं। इस क्रम में वे उस प्रतिष्ठा को भी खोते जा रहे हैं जो समाजवादी आंदोलन से जुड़ने के कारण उन्हें मिली थी।

डॉ. आंबेडकर युगद्रष्टा थे। उन्होंने विषमता पर आधारित जड़ समाज को बदलने का और समता पर आधारित समाज के निर्माण का सपना देखा। उन्होंने संविधान में इस नए समाज के निर्माण का सम्यक प्रारूप भी प्रस्तुत किया। संविधान

में उल्लिखित उनके एजेंडे को विफल करने के लिए वर्ण व्यवस्थावादी ताकतों द्वारा षड्यंत्र किए जाते रहे लेकिन आंबेडकर के अनुयायियों ने उनकी तरफ ध्यान देने की जरूरत नहीं समझी। वे अपनी शक्ति और वैभव बढ़ाने का ही प्रयास करते रहे। आज समता पर आधारित नए समाज का सपना हमसे और दूर चला गया है। इतना ही नहीं, हम ऐसे आर्थिक-सांस्कृतिक साम्राज्यवाद के चंगुल में फँस गए हैं जिसमें समाज के उपेक्षित तबकों को नरक के सिवा कुछ मिलने वाला नहीं है। डॉ. आंबेडकर के सपनों की हत्या के लिए उनके अनुयायी कम जिम्मेदार नहीं हैं। लेकिन सारा दोष उन्हीं के मत्थे नहीं मढ़ा जा सकता। बाकी सब लोग भी जो अपने को राष्ट्रवादी मानते हैं, इसके दोषी हैं क्योंकि डॉ. आंबेडकर का सपना सारे राष्ट्र का सपना था।

स्मरणीय है कि कुछ साल पूर्व जब डरबन में संयुक्त राष्ट्र संघ का सम्मेलन हुआ जिसमें नस्लगत और जातिगत भेदभावों पर विचार होना था तो भारत की संस्थाओं ने जो सामाजिक समता को समर्पित थीं, उसमें जातिगत भेदभाव को उठाने की कोशिश की। इसमें समाजवादी, वामपंथी और दलित संस्थाएँ एकजुट हुईं लेकिन हमारी भाजपा सरकार ने उसका विरोध किया और उनके सहयोगी बसपा नेताओं ने भी अपना मुँह नहीं खोला। लेकिन भाजपा और कांग्रेस के विरोध तथा बसपा की तटस्थता के बावजूद संयुक्त राष्ट्र संघ ने अब जातिगत भेदभाव पर रिपोर्ट तैयार करने के लिए कुछ व्यक्तियों को यह काम सौंपा है। वे उन देशों का दौरा करेंगे जहाँ जाति के आधार पर अब भी भेदभाव होता है। भारत के अलावा एक दर्जन से अधिक देश इस समय ऐसे हैं जहाँ यह भेदभाव होता है। जातिगत भेदभाव को नस्लगत भेदभाव की तरह ही अंतर्राष्ट्रीय मुद्दा पहली बार बनाया गया है। जाहिर है, हमारे देश की वर्णवादी पार्टियाँ, कांग्रेस और भाजपा, इसका विरोध करेंगी। लेकिन इसके समर्थन के लिए सभी दलितों, पिछड़ों, आदिवासियों, अल्पसंख्यकों के साथ-साथ सभी समाजवादी और साम्यवादी ताकतों को एकजुट होना पड़ेगा। यह बहुत अच्छा मौका है जब जाति व्यवस्था के विरुद्ध संयुक्त राष्ट्र संघ के अंतर्राष्ट्रीय मंच से लड़ाई चलाई जा सकती है। इस दृष्टि से भी सामाजिक समता के लिए व्यापक मंच का निर्माण आवश्यक है।

दलित राजनीति की समस्याएँ

प्रफुल्ल कोलख्यान

> मेरे विचार से इस देश के दो दुश्मनों से कामगारों को निपटना होगा। ये दो दुश्मन हैं, ब्राह्मणवाद और पूँजीवाद...। ब्राह्मणवाद से मेरा आशय स्वतंत्रता, समता और बंधुत्व की भावनाओं के निषेध से है। यद्यपि ब्राह्मण इसके जनक हैं, लेकिन यह ब्राह्मणों तक ही सीमित नहीं हो कर सभी जातियों में घुसा हुआ है। *—डॉ. आंबेडकर*

दलित एक विशुद्ध भारतीय स्थिति है और इसीलिए 'दलित राजनीति की समस्या' अपने मूल चरित्र में बिलकुल भारतीय यथार्थ है। दलित का अर्थ और अभिप्राय सिर्फ भारतीय संदर्भ से हासिल किए जा सकते हैं। दलित समस्याओं से मिलती-जुलती समस्याएँ अन्य समाजों में भी हो सकती हैं, लेकिन उन पर प्रसंगवश ही चर्चा की जा सकती है। उनके साथ दलित समस्याओं को समीकृत करना समस्या के मूल से भटकाव की आशंकाओं को सघन करता है। कहना न होगा कि यह भटकाव मूल समस्या को उलझाव में डाल देता है और उसके चरित्र को समझने में बाधा उत्पन्न करता है। ऐसा कई बार शरारतन किया जाता है, तो कई बार अनजाने ही हम उस उलझन में फँस जाते हैं। कोशिश की जा सकती है कि उलझाव और भटकाव के ऐसे संदर्भों से बचा जाए। भारत बहुत बड़ा देश है। भौगोलिक रूप से ही नहीं, सामाजिक-सांस्कृतिक दृष्टि से भी इतना वैविध्य है कि कई बार इसके देश नहीं 'महादेश' होने का भ्रम होता है। 'महादेश' न हो, तो भी इतना तो है कि कोई भी 'भारतीय स्थिति' अपनी सामाजिकता में एकार्थी नहीं हो सकती है और न पूरे भारत पर एक ही अर्थ में लागू हो सकती है। उत्तर और दक्षिण भारत की या फिर पूर्व और पूर्वोत्तर की 'दलित राजनीति' से हिंदी क्षेत्र की दलित राजनीति भिन्न हो सकती है। इस भिन्नता के कारण वहाँ की सामाजिक-आर्थिक संरचना, समकालीन राजनीतिक, सांस्कृतिक स्थिति आदि में निहित हैं। कहना

न होगा कि 'दलित राजनीति की समस्या' का अपना क्षेत्रीय प्रसंग भी है। जाहिर है कि 'दलित राजनीति की समस्या' पर विचार करते हुए यहाँ व्यापक और सामान्य नजरिया ही अपनाना बेहतर होगा। विशिष्ट क्षेत्र की 'दलित राजनीति की समस्या' पर केंद्रित अध्ययन में विशिष्ट नजरिया अपनाया जा सकता है।

1.1 राजनीति क्या है : राजनीति मूलतः 'सत्ता-विमर्श' है। जीवन के प्रत्येक क्षेत्र में 'सत्ता' की व्याप्ति होती है। यह व्याप्ति कई बार दृश्य होती है, तो कई बार अदृश्य भी रहती है। दृश्य हो या अदृश्य, किंतु 'सत्ता' की उपस्थिति वहाँ होती जरूर है। तात्पर्य यह कि सत्ता राजनीति का केंद्रीय विधान है। कहना न होगा कि राजनीतिक आंदोलन का मकसद 'सत्ता की संरचना' में परिवर्तन कर 'समाज की संरचना' में परिवर्तन करना होता है और सामाजिक आंदोलन का मकसद 'सामाजिक संरचना' में परिवर्तन कर 'सत्ता की संरचना' में परिवर्तन करना होता है। दोनों एक-दूसरे के पूरक भी हैं और एक-दूसरे से टकराते भी हैं। यहीं पर यह स्मरण कर लेना जरूरी है कि 'सत्ता' का मतलब होता है, इच्छित परिणाम पाने की क्षमता। 'इच्छा' क्या है और इच्छा का निर्माण कैसे होता है, इस पर ध्यान देना जरूरी है। 'इच्छा' उपलब्ध विकल्पों में से किसी एक के चयन में अभिव्यक्त होता है। विकल्पों का चयन प्राथमिक रूप से आर्थिक और उसके साथ-साथ सांस्कृतिक, सामाजिक, ऐतिहासिक, भौतिक आदि कारणों पर अर्थात 'जीवन-स्थितियों' पर निर्भर करता है। इस प्रसंग में, यह भी ध्यान में रखने की जरूरत है कि आर्थिक आधार को विकसित करने के भी कई विकल्प हो सकते हैं। इन विकल्पों में से किसी एक के चयन का आधार प्रमुख रूप से आर्थिक स्थिति ही मुहैया कराती है। बच्चा स्कूल जाने के 'काम' के बदले स्कूल के सामने की चाय दुकान में प्याला धोने का 'काम' चुनता है, तो 'विकल्प के इस चयन' में उसकी 'जीवन-स्थितियों' की भूमिका को समझना मुश्किल काम नहीं है। इस चयन से भी 'जीवन-स्थितियाँ' बदलती हैं। 'स्कूल जानेवाला बच्चा' 'प्याला धोनेवाले बच्चे' से अधिक सामाजिक सम्मान की दृष्टि से देखा जाता है। इन्हें परस्पर जुड़ी कड़ियों के रूप में समझा जा सकता है। 'समझने के बाद' हमारे पास भी कई विकल्प होते हैं—बच्चों के माता-पिता को भला-बुरा कहना, दुकानदार को फटकारना, व्यवस्था को दोष देना, तत्काल कुछ व्यवस्था करना या कूल्हे मटका कर चल देना—जिनमें से हम अपनी 'जीवन-स्थितियों' के अनुसार चुनते हैं। कहना न होगा कि 'जीवन-स्थितियों' में 'व्यक्तित्व के गुण' शामिल हैं। तात्पर्य यह कि 'जीवन-स्थितियों' की सामाजिकता और राजनीति से 'अर्थ' का गहरा संबंध है।

(i) सत्ता का सबसे अधिक सुपरिभाषित, स्वीकृत और प्रभावी रूप 'अर्थ' होता है। कहना न होगा कि 'इच्छा' और 'विकल्पों' के चयन की 'स्वतंत्रता' का अधिकार और 'इच्छित परिणाम' पाने का सीधा संबंध 'अर्थ' से है। 'अर्थ' का प्रवाह 'रोजगार'

से होता है। बीसवीं सदी का बीज शब्द था 'स्वतंत्रता' और इक्कीसवीं सदी का बीज शब्द है 'रोजगार'। मानव विकास का महत्वपूर्ण आधार है–आजीविका। अधिकतर लोगों के लिए इसका अर्थ है, रोजगार। लेकिन, परेशान करनेवाला तथ्य यह है कि औद्योगिक और विकासशील देशों की आर्थिक वृद्धि से रोजगार के पर्याप्त अवसर नहीं बन पा रहे हैं। इसके अलावा आजीविका से वंचित रह जाने की स्थिति रोजगारविहीन लोगों की योग्यताओं के विकास, महत्व और आत्मसम्मान को भी नष्ट कर देती है।...तेजी से आर्थिक वृद्धि कर रही अर्थव्यवस्था में भी रोजगार के पर्याप्त अवसर नहीं बन रहे हैं।[1] 'राजनीति' का संबंध 'सत्ता' के अर्जन की 'स्वतंत्रता' से है। 'स्वतंत्रता' का संबंध 'रोजगार' और रोजगार के 'उपलब्ध विकल्पों' में से किसी विकल्प को चुनने की स्वतंत्रता और आधिकारिकता से है। मतलब यह कि 'राजनीति' का संबंध 'स्वतंत्रता' और 'स्वतंत्रता' का संबंध 'रोजगार' से है। राजनीति को समझने के लिए रोजगार के रूप और प्रकार पर ध्यान देना जरूरी है। रोजगार उत्पादन के बाद वस्तु के बढ़े हुए महत्व के कारण उसकी कीमत में हुई बढ़ोतरी से उत्पन्न होता है। कीमत में बढ़ोतरी का संबंध 'बाजार' और 'इजारेदारी' से होता है। बढ़ी हुई कीमत के कारण प्राप्त अतिरिक्त धन के वितरण में सम्यक संतुलन के अभाव से धन एक जगह जमा होने लगता है। यह धन जब-जब फिर 'अतिरिक्त धन' का सृजन करता है, तब वह 'पूँजी' में बदल जाता है। जो व्यवस्था वितरण के सम्यक संतुलन में अभाव उत्पन्न करने की पद्धतियों को अपनाती है, समाज के हाथ के बदले व्यक्ति के हाथ में अतिरिक्त धन के जमाव और उसके पूँजी में अंतरण को अपना लक्ष्य बनाती है, वह व्यवस्था 'पूँजीवादी व्यवस्था' कहलाती है।

(ii) 'पूँजीवाद' का जन्म अतिरिक्त धन के सम्यक वितरण में असंतुलन से होता है और यह असंतुलन अंततः सामाजिक विषमता में परिणत होता है। सम्यक वितरण के अभाव से उत्पन्न असंतुलन का दुष्प्रभाव पूँजीवाद की कतिपय विकृतियों में अभिव्यक्त होता है। 'सामाजिक विषमता' पूँजीवाद से पैदा होती है और पूँजीवाद को पोसती है। 'सामाजिक विषमता' का यह मुख्य कारण है। मुख्य कारण मानने से ही यह बात स्पष्ट है कि कारण अन्य भी हैं। इन 'अन्य' कारणों को भी समझना बहुत जरूरी है, खासकर भारतीय परिप्रेक्ष्य में इन्हें समझना बहुत जरूरी है। भारतीय परिप्रेक्ष्य में 'धन की अतिरिक्तता' के जमाव का मुख्य रूप से हिंदू धर्म के ब्राह्मणवादी गर्भ से निकले जातिवाद की सामाजिक पदानुक्रमता से और इसीलिए सामाजिक विषमता से भी गहरा रिश्ता है। कहना न होगा कि विषमताओं को प्रोत्साहन 'पूँजीवाद' से तो मिलता ही है, भारतीय परिप्रेक्ष्य में यह प्रोत्साहन 'ब्राह्मणवाद से व्युत्पन्न जातिवाद' से भी मिलता है। एक बात और जिस पर हमारा ध्यान सहज ही नहीं जा पाता है–पुराने समय का 'ब्राह्मणवाद' ही आज

के समय में अपने को 'हिंदुत्व' के रूप में अभिव्यक्त कर रहा है। ध्यान रखना चाहिए कि 'हिंदुत्व' धर्म नहीं, धर्म पर आधारित एक राजनीतिक विचारधारा है। 'हिंदुत्व' को विषमतापोषक चरित्र धर्म के विषमताकारी चरित्र से विरासत में मिला है। ऐसी हालत में किसी भी कारण से और किसी भी आधार पर गठित 'जातिवाद' की प्रेरणाएँ 'हिंदुत्व' के किसी भी रूप से निर्णायक लड़ाई नहीं लड़ सकती हैं। बल्कि कहना यह चाहिए कि 'जातिवाद' की राजनीतिक सिद्धांतिकी अंततः 'हिंदुत्व' की ही सेवा करती है। 'पूँजीवाद' अपने मूल चरित्र में ही सामाजिक-विषमताओं को बढ़ावा देनेवाला होता है, इसलिए ऐसी कोई भी सिद्धांतिकी, जो सामाजिक-विषमताओं को किसी भी रूप में बढ़ावा देती हैं, उसकी मित्र सिद्धांतिकी ही होती है। स्वाभाविक ही है कि 'पूँजीवाद की सिद्धांतिकी' अंतर्राष्ट्रीय स्तर पर 'धर्म' की और राष्ट्रीय स्तर पर 'हिंदुत्व' की सिद्धांतिकी से अपना गठबंधन करती है। इस गठबंधन को 'धर्म' और 'बाजार' के संश्रय में पढ़ा जा सकता है।

(iii) 'स्वतंत्रता, समता और बंधुत्व' की आकांक्षा रखनेवाली किसी भी सिद्धांतिकी को भारतीय परिप्रेक्ष्य की विशिष्टता के कारण 'पूँजीवाद और हिंदुत्व' से एक साथ लड़ना पड़ेगा। अलग-अलग नहीं। डॉ. आंबेडकर के विचार महत्वपूर्ण हैं, 'मेरे विचार से इस देश के दो दुश्मनों से कामगारों को निपटना होगा। ये दो दुश्मन हैं, ब्राह्मणवाद और पूँजीवाद...। ब्राह्मणवाद से मेरा आशय स्वतंत्रता, समता और बंधुत्व की भावनाओं के निषेध से है। यद्यपि ब्राह्मण इसके जनक हैं, लेकिन यह ब्राह्मणों तक ही सीमित नहीं हो कर सभी जातियों में घुसा हुआ है।'[2] 'दलित राजनीति' की समस्या यह भी है कि इस 'एक साथ' लड़ने की जरूरत को समझते हुए भी यह इसे अपने राजनीतिक बरताव में अपना नहीं पाती है।

(iv) 'दलित राजनीति' की समस्याओं को समझने के लिए यह एक महत्वपूर्ण सूत्र है। इसे खोलें तो कुछ बातें समझ में आती हैं। (I) देश के दो दुश्मन हैं—ब्राह्मणवाद और पूँजीवाद। ये दोनों अंतर्गुंफित[3] हैं। ये ऊपर से दो दिखते हैं, लेकिन असल में एक ही हैं, इसलिए इनसे एक साथ निपटना होगा। (II) 'ब्राह्मणवाद' के जनक ब्राह्मण हैं, लेकिन यह ब्राह्मणों तक सीमित नहीं है, यह सभी जातियों में घुसा हुआ है—दलितों में भी यह घुसा हुआ हो सकता है। इस मुहिम का लक्ष्य सिर्फ 'ब्राह्मण' ही नहीं हो सकते हैं। (III) इनसे कामगार ही निपट सकता है। संसदीय राजनीति, बुद्धिजीवी आदि इसमें सहायक तो हो सकते हैं, लेकिन निपटना तो कामगारों को ही होगा। इसके लिए कामगारों को संगठित होना होगा। कामगारों को ऐसे संगठनों का लक्ष्य सिर्फ रोजी-रोटी से सीधे जुड़े सवालों को ही नहीं 'ब्राह्मणवाद' से निपटने से जुड़े सवाल को भी अपने एजेंडा में स्पष्ट तौर पर शामिल करना होगा। (IV) 'ब्राह्मणवाद' से लड़ने का मतलब, स्वतंत्रता, समता और बंधुत्व की भावनाओं के निषेध से लड़ना है, अर्थात स्वतंत्रता,

समता और बंधुत्व की बहाली करना है।

(v) सर्वविदित ही है कि 'स्वतंत्रता, समता, बंधुत्व' की सामाजिक आकांक्षा 1979 की 'फ्रांसीसी क्रांति' के दौरान एक विशेष राजनीतिक संदर्भ में अपनी पूरी ताकत के साथ उभर कर सामने आई थी। बाद के दिनों में ये आकांक्षाएँ उस राजनीतिक संदर्भ से विच्छिन्न हो गईं, तो इसका मतलब यह नहीं कि ये आकांक्षाएँ पूरी या बेमानी हो गईं। इसका सीधा-सा मतलब यह है कि इन आकांक्षाओं को उभारनेवाली राजनीतिक शक्ति को उसमें अपने लिए कोई लाभजनक स्थिति नहीं दिख रही थी। यह अवसर तो 'फ्रांसीसी क्रांति' के 'पहले और बाद' के मूल्यांकन का नहीं है, लेकिन यह देखने का अवसर जरूर है कि 'दलित राजनीति' के संदर्भ में 'स्वतंत्रता, समता, बंधुत्व' का कुछ अपना अलग और विशिष्ट अर्थ भी है। 'दलित राजनीति' के संदर्भ में इस विशिष्टता को ठीक से स्थिर नहीं कर पाना 'दलित राजनीति' की कतिपय समस्याओं के मूल में हो सकता है। डॉ. आंबेडकर के मंतव्य का अर्थ समझने के लिए 'दलित राजनीति' के ऐतिहासिक संदर्भ को याद कर लेना जरूरी है।

1.2 दलित राजनीति का ऐतिहासिक संदर्भ : 'दलित राजनीति' समस्याओं को समझने के लिए इसके ऐतिहासिक संदर्भ को समझना जरूरी है। ऐतिहासिक संदर्भ में यह देखने की भी खास जरूरत है कि 'दलित राजनीति' की समस्याओं का कितना संबंध इतिहास से है और कितना संबंध 'मुख्य धारा की राजनीति' की अंतर्बाधाओं से है। ऐतिहासिक संदर्भ में देखा जाए तो, आधुनिक अर्थ में भारतीय राजनीति की शुरुआत अंग्रेजों के औपनिवेशिक वर्चस्व से बाहर निकलने की छटपटाहट के साथ शुरू हुई और उसी छटपटाहट की मति-गति से जुड़ी रही। 'अंग्रेजों के औपनिवेशिक वर्चस्व' से कौन-सा दुख जनमा था, यह एक बार ध्यान में लाने की जरूरत है। वह दुख था धन के विदेश चले जाने का दुख—*अंग्रेज राज सुख साज सजे सब भारी, पै धन विदेश चलि जात इहै अति ख्वारी*।[4] किसका धन? इस धन में दलितों की साझीदारी कितनी थी? अगर 'बहुत' नहीं थी तो 'धन के विदेश चले जाने' का 'बहुत' दुख दलितों को क्यों होना चाहिए था? आजादी के आंदोलन के दौरान 'आजादी' का क्या अर्थ बन रहा था, इसे ठीक से नहीं समझा जाए तो 'दलित राजनीति' का आजादी के आंदोलन से कैसा संबंध हो सकता था, इसका अनुमान भी सहज ही नहीं लगाया जा सकता है।

(i) 'दलित राजनीति की समस्याओं' को समझने के लिए आजादी के आंदोलन की मुख्य धारा से 'दलित राजनीति' के द्वंद्वात्मक रिश्ते की ऐतिहासिकता को कोरी भावुकता से ऊपर उठ कर समझना जरूरी है। आजादी के आंदोलन की मुख्य धारा से 'दलित राजनीति' के द्वंद्वात्मक रिश्ते में यह बात निहित थी कि 'दलित राजनीति' का लक्ष्य अंग्रेजों के बाह्य औपनिवेशिक शक्ति से मुक्ति के

साथ ही, वर्णव्यवस्था के वर्चस्व के साथ आंतरिक उपनिवेश को मजबूत करनेवाली शक्तियों के द्वारा निर्मित आजादी के आंदोलन की मुख्य धारा के भावुकतापूर्ण राष्ट्रवाद के प्रपंच से, अर्थात 'आंतरिक उपनिवेश' से भी मुक्त होना था। आजादी के आंदोलन की मुख्य धारा सिर्फ बाहरी औपनिवेशिकता से लड़ रही थी, जबकि 'दलित राजनीति' के सामने 'आंतरिक औपनिवेशिकता' का सवाल अधिक मुखर था। तात्पर्य यह कि 'आजादी के आंदोलन की मुख्य धारा' की तुलना में 'दलित राजनीति' का संघर्ष दोहरा और अधिक पूर्ण होने के कारण कठिन भी था। जाहिर है कि 'दलित राजनीति' का टकराव आजादी के आंदोलन की मुख्य धारा से भी होता था। मुख्य धारा की राजनीति दलितों के दुख के प्रति इतनी संवेदनशील नहीं थी कि वह इस टकराव की तह में जाकर इसके वास्तविक कारणों को समझती और इसके औचित्य का प्रतिपादन करती। मुख्य धारा की राजनीति उलटे 'दलित राजनीति' पर मन से आजादी के आंदोलन की भागीदार नहीं बनने या रोड़ा अटकाने जैसे मिथ्या मनोभाव से ग्रस्त हो जाती थी।

(ii) आजादी के आंदोलन की 'मुख्य धारा' के न सिर्फ नैसर्गिक नेता थे गांधी जी, बल्कि वे उसके प्रतीक पुरुष भी थे। 'दलित राजनीति' और 'मुख्य धारा' के अंतःसंबंध को जानने के लिए गांधी जी के दृष्टिकोण को जानना आवश्यक है। गांधी जी न सिर्फ महात्मा के रूप में जाने जाते हैं, बल्कि वे महात्मा थे भी। उनकी यह बद्धमूल धारणा थी कि 'अस्पृश्यता जैसे ही खत्म होगी, स्वयं जाति प्रथा भी शुद्ध हो जाएगी, अर्थात मेरे स्वप्नों के अनुसार शुद्ध हो जाएगी। यह सच्ची वर्णाश्रम व्यवस्था बन जाएगी, जिसके अंतर्गत समाज चार भागों में विभाजित होगा और प्रत्येक भाग एक-दूसरे का पूरक होगा, कोई छोटा या बड़ा नहीं होगा। हिंदू धर्म के समग्र अंग के लिए प्रत्येक भाग समान रूप से आवश्यक होगा या एक भाग उतना ही आवश्यक होगा जितना दूसरा।'[5] गांधी जी की इस धारणा को थोड़ा खोलें तो कुछ बातें साफ होती हैं : (I) सच्ची 'वर्ण व्यवस्था' अच्छी है। (II) इसके अंतर्गत समाज चार भागों में (श्रम के आधार पर) विभाजित होता है। (III) सच्ची 'वर्ण व्यवस्था' के अंतर्गत ये चारों विभाग एक-दूसरे से छोटे या बड़े नहीं होते, एक-दूसरे के पूरक होते हैं। (IV) इन चारों विभागों के सदस्यों की सामाजिक समता का सवाल गांधी जी की नजर से ओझल रहता है। (V) इन चारों विभागों के सदस्यों की आर्थिक समता का सवाल भी गांधी जी की नजर से ओझल रहता है। (VI) गांधी जी 'वर्ण व्यवस्था' को 'हिंदू धर्म' का आंतरिक मामला मानते थे और इसकी 'विकृतियों' को 'सामाजिक-धार्मिक मामला' मानते हुए इन विकृतियों को 'धर्म में निहित करुणा' के बल पर सामाजिक आंदोलन से दूर कर 'सच्ची वर्ण व्यवस्था' को कायम करना चाहते थे। (VII) गांधी जी 'दलित समस्या' को 'राजनीति' से काटते थे तथा 'धर्म' और 'समाज' से जोड़ते थे। (VIII) 'दलित समस्या' को

'राजनीति' से काटने तथा 'धर्म' और 'समाज' से जोड़ने के लिए गांधी जी के द्वारा की गई 'राजनीतिक कार्रवाइयों' का गांधी जी के 'महात्मापन' से गहरा संबंध है। (IX) गांधी जी की इन मान्यताओं को 'मुख्य धारा की राजनीति' से अनुमोदन और समर्थन प्राप्त था।

(iii) इसका नतीजा यह था कि 'मुख्य धारा की राजनीति' के अंतर्मन में यह बात बनी हुई थी कि 'दलित समस्या' का 'राजनीतिक जनतांत्रिकता' से कोई सरोकार नहीं है अतः राजनीतिक नेताओं को इससे दूर ही रहना चाहिए; इसका सरोकार 'धर्म' से है, अतः धार्मिक नेता, पंडा, पुजारी, संत, महात्मा को ही 'दलित समस्या' पर कुछ सोचना और करना चाहिए। 'दलित राजनीति' इन बातों से घोर असहमत थी। 'दलित राजनीति' के अनुसार (I) 'वर्ण व्यवस्था' अपने किसी भी रूप में अच्छी नहीं हो सकती है। (II) 'वर्ण व्यवस्था' में 'श्रम' का नहीं, जन्म के आधार पर 'श्रमिकों' का विभाजन होता है। (III) 'वर्ण व्यवस्था' के विभाग अनिवार्यतः एक-दूसरे से बड़े या छोटे होते हैं, एक-दूसरे के पूरक नहीं, 'स्वामी' या 'सेवक' होते हैं। (IV) 'दलित राजनीति' में सामाजिक समता मूल और मानवाधिकार का सवाल बन कर उभरता है। (V) 'दलित राजनीति' मूल प्रश्न के उलझावों में पड़ कर आर्थिक समता का सवाल पूरी तत्परता से नहीं उठाता है, हालाँकि मुख्य धारा की राजनीति भी आर्थिक समता का सवाल नहीं उठाती है। (VI) 'दलित राजनीति' किसी भी रूप में 'वर्ण व्यवस्था' को 'हिंदू धर्म' का आंतरिक मामला नहीं मानती थी। 'धर्म में निहित करुणा' पर उसे कतई विश्वास नहीं था, वह 'राजनीति में निहित अधिकार चेतना' को महत्त्व प्रदान करती थी। 'वर्ण व्यवस्था' के सभी रूपों को समूल उखाड़ फेंकना चाहती थी। (VII) 'दलित राजनीति' अपने 'राजनीतिक एजेंडे' में 'दलित समस्या' को पूरे आग्रह के साथ समेटती थी, 'धर्म' और 'समाज' से जोड़ कर देखने का दौर सामाजिक आंदोलन के प्रथम चरण में पूरा हो चुका था। (VIII) 'दलित समस्या' को 'राजनीति' से काटने तथा 'धर्म' और 'समाज' से जोड़ने के लिए गांधी जी ने जो कार्रवाइयाँ कीं, उन कार्रवाइयों को 'दलित राजनीति' शंका की नजर से देखती थी। इसलिए गांधी जी का 'महात्मपन' 'दलित राजनीति' को ढोंग सरीखा लगता था। (XI) 'दलित राजनीति' की इन मान्यताओं को 'मुख्य धारा की राजनीति' से अनुमोदन और समर्थन प्राप्त नहीं होता था। (X) 'मुख्य धारा की राजनीति' से पूरी तरह असहमत होते हुए 'दलित राजनीति' 'दलित समस्या' को 'राजनीतिक जनतांत्रिकता' के सरोकारों से जोड़ती थी और राष्ट्रीय स्तर के अपने राजनीतिक नेतृत्व के विकास की गहरी आकांक्षा रखती थी। 'दलित राजनीति' धार्मिक नेता, पंडा, पुजारी, संत, महात्मा को 'दलित समस्या' का कारण मानती थी और स्वभावतः इसके 'निदान' के लिए उन पर जरा भी भरोसा नहीं करती थी।

(iv) इतिहास बताता है कि गांधी जी ने जान-बूझकर हरिजन आंदोलन को सामाजिक सुधार (हरिजनों के लिए सार्वजनिक कुओं, सड़कों, और विशेष रूप से मंदिरों को खुलवाना, साथ में मानवतावादी कार्य) तक सीमित रखा था (यद्यपि अनेक हरिजन खेतिहर मजदूर थे), साथ ही उन्होंने समग्र रूप से जाति-व्यवस्था की भर्त्सना करने से इनकार कर दिया। उन्होंने रोटी-बेटी के व्यवहार में सावधानी बरतने की सलाह दी और मूल वर्णाश्रम धर्म की हिमायत की, जिसका परिणाम यह हुआ कि आंबेडकर ने साप्ताहिक *हरिजन* के लिए यह कहते हुए संदेश देने से इनकार कर दिया कि 'जाति-व्यवस्था को नष्ट किए बिना अछूतों का उद्धार संभव नहीं है।'[6] (देखें 1.2 का ii) याद रखना चाहिए कि जुलाई 1933 और फरवरी 1934 के बीच थोड़े समय के लिए जब नेहरू जेल के बाहर रहे तब *ह्विदर इंडिया?* शीर्षक से प्रकाशित अपने पत्रों एवं लेखों में उन्होंने गांधी जी से अपने सैद्धांतिक मतभेदों को स्पष्ट रूप से प्रस्तुत किया। उन्होंने राष्ट्रीय लक्ष्यों को जुझारू सामाजिक एवं आर्थिक कार्यक्रमों के साथ जोड़ने की आवश्यकता पर बारंबार बल दिया और 'हिंदू संप्रदायवाद की कड़ी आलोचना' की।[7] जाहिर है कि 'आजादी के आंदोलन की मुख्य धारा' और 'दलित राजनीति' में टकराव के कई बिंदु थे।

1.3 मुख्य धारा का भारतीय राष्ट्रवाद और दलित राजनीति : यह सच है कि मुख्य धारा के भारतीय राष्ट्रवाद का विकास आधुनिक चेतना के आग्रहों के अंतर्गत हुआ, लेकिन यह आधा सच है। भारतीय राष्ट्रवाद की आधुनिक चेतना ने न तो कभी आधुनिकता को पूरी तरह अपनाया न आधुनिकता की परियोजनाओं को पूरा करने में ही कोई वास्तविक दिलचस्पी दिखलाई। इस राष्ट्रवाद के नायक महात्मा गांधी थे, संभवतः इसी अर्थ में उन्हें 'राष्ट्रपिता' कहा जाता है। गांधी जी के राजनीतिक उपकरण मध्यकालीन चेतना से निर्मित थे—महात्मा गांधी की मूल्य-चेतना का शरणागति, करुणा, हृदय-परिवर्तन, धार्मिकता से जितना गहरा संबंध था उतना गहरा संबंध सामाजिक अंतर्निर्भरताओं, अधिकारिकताओं, परिस्थिति-परिवर्तन आदि से नहीं था। तात्पर्य यह कि 'भारतीय आधुनिकता बोध' के ऊपर पूर्वआधुनिकताओं का बोझ पूरी तरह से लदा हुआ था। पूर्वआधुनिकताओं में जो कर्त्तव्य राजा के थे, उन कर्त्तव्यों को 'मुख्य धारा के भारतीय राष्ट्रवाद के विकास की राजनीति' ने, अपनी तमाम सदाशयताओं के बावजूद, अपने राजनीतिक एजेंडे में स्वीकार लिया। राजा के कर्त्तव्य को देखें तो, 'ईसा की दूसरी शताब्दी के अभिलेख बताते हैं कि राजा वर्ण व्यवस्था का पोषक और संरक्षक है। इसके बाद राजा के इस कर्त्तव्य की चर्चा अभिलेखों में आम तौर पर होने लगी। कलियुग का सामाजिक संकट आरंभ होने के बाद राजा के इस दायित्व पर सबसे अधिक बल दिया जाने लगा। ईसा के बाद की तीसरी शताब्दी के अंतिम चतुर्थांश से चौथी शताब्दी के प्रथम चतुर्थांश के पौराणिक पाठ्यांशों से पता चलता है कि आंतरिक

संकट के कारण वर्ण व्यवस्था बिखरने लगी। इस अवस्था को कलियुग की संज्ञा दी गई। कलि से लोगों का उद्धार करना राजा का पुनीत कर्त्तव्य बन गया। ईसा के बाद की 4-6 शताब्दियों के अभिलेखों में स्पष्ट रूप से और बाद के पुरा लेखों में पारंपरिक रूप से राजा को वर्णधर्म का पोषक बतलाया गया है।'[8] कहना न होगा कि 'कलि से लोगों का उद्धार करना' वर्ण व्यवस्था को बिखराव से बचाना है। जाहिर है कि महात्मा गांधी जब 'सच्ची वर्ण व्यवस्था' की बात करते थे, तो उसके पीछे 'राजा के कर्त्तव्य' को 'मुख्य धारा के राष्ट्रवाद की राजनीति' के द्वारा आत्मार्पित करने की ऐतिहासिकता को 'दलित राजनीति की समस्या' के संदर्भ में सचेत हो कर पढ़ने की जरूरत है (देखें 1.2 का ii)।

(i) जवाहरलाल नेहरू यद्यपि सोच के स्तर पर गांधी जी से सहमत नहीं थे, लेकिन अपनी असहमति के राजनीतिक बरताव का साहस या समझ कभी दिखा नहीं पाए। राष्ट्रीय लक्ष्यों को जुझारू सामाजिक एवं आर्थिक कार्यक्रमों के साथ जोड़ने की आवश्यकता पर बल देने और 'हिंदू संप्रदायवाद की कड़ी आलोचना' करने के बावजूद नेहरू महात्मा गांधी के हरिजन आंदोलन को भटकाव मानते थे, इसलिए नहीं कि गांधी जी के हरिजन आंदोलन के औजार 'हिंदू संप्रदायवाद' की वर्णवादी समझ से बने थे। 'गांधी जी के अन्य अनेक कार्यक्रमों की भाँति उनके हरिजन आंदोलन के कार्यक्रमों में भी लक्ष्यों और महत्त्व को ले कर अनेक अस्पष्टताएँ देखने में आती हैं। जवाहरलाल जैसे जुझारू लोगों का विचार था कि यह कार्यक्रम साम्राज्यवाद-विरोधी संघर्ष के मुख्य कार्य से हानिकर भटकाव है; यह धारणा इस बात से भी पुष्ट होती थी कि ब्रिटिश सरकार जेल में गांधी जी को हरिजन कार्यक्रम सहर्ष चलाने देती थी। साथ ही, कांग्रेस के भीतर रूढ़िवादी हिंदुओं को यह नई बात अधिकाधिक खल रही थी। उदाहरण के लिए, मालवीय, जो 1920 के दशक के मध्य में गांधी जी के अत्यंत निकट रहे थे, अब उनसे दूर जाने लगे थे। हिंदू संप्रदायवादियों में इस बात से भी क्षोभ बढ़ा कि गांधी जी ने मैकडोनल्ड एवार्ड की अन्य बातों से कोई सरोकार रखना अस्वीकार कर दिया था जिसके अनुसार पंजाब में मुसलमानों को 49 प्रतिशत और बंगाल में 48.6 प्रतिशत प्रतिनिधित्व दिया गया था (अर्थात यूरोपियन सदस्यों के साथ मिल कर इन प्रांतों में उनका बहुमत हो जाता था)। बंगाल के रूढ़िवादी हिंदुओं को इस बात पर आपत्ति थी कि पूना समझौते ने सदा के लिए सवर्ण हिंदुओं को अल्पसंख्यकों की हैसियत प्रदान कर दी थी। किंतु जून 1934 में कांग्रेस वर्किंग कमेटी ने एक समझौतापूर्ण 'न स्वीकार न इनकार' का उपाय अपनाया, जिसके फलस्वरूप मालवीय ने एक अलग नेशनलिस्ट पार्टी बनाई। अप्रैल और जुलाई 1934 में बक्सर, जसीडीह और अजमेर में सनातनियों ने गांधी जी की हरिजन सभाओं को भंग किया, और पूना में 25 जून को उनकी कार पर बम से हमला भी किया गया। अंग्रेज सरकार भी आधुनिकीकरण

का प्रभाव डालने का दावा तो करती थी, किंतु वह भी रूढ़िवादी जनमत को विरोधी नहीं बनाना चाहती थी। अतः अगस्त 1934 में सरकारी सदस्यों ने लेजस्लेटिव असेंबली में टेंपल एंट्री बिल को पराजित करने में सहायता की।'[9] इस लंबे उद्धरण से यह बात समझ में आती है कि हरिजन की सामाजिक स्थितियों को ले कर 'मुख्य धारा के भारतीय राष्ट्रवाद' का नजरिया कैसा था। न तो मदनमोहन मालवीय जैसे 'रूढ़िवादी' लोगों के मन में 'दलित प्रश्न' को महसूस करने की संवेदनशीलता थी और न ही नेहरू जैसे 'प्रगतिशील' लोगों को 'आंतरिक औपनिवेशिकता' से संघर्ष करने की राजनीतिक फुर्सत थी। 'मुख्य धारा के भारतीय राष्ट्रवाद' के चाल-चरित की 'स्थानापन्नता' को देखते हुए ही रवींद्रनाथ ठाकुर ने 'राष्ट्रवाद की सर्वोच्चता की धारणा' से अपने को मुक्त करना जरूरी समझा होगा! 'भारत ने कभी भी सही अर्थों में राष्ट्रीयता हासिल नहीं की। मुझे बचपन से ही सिखाया गया कि राष्ट्र सर्वोच्च है, ईश्वर और मानवता से भी बढ़ कर। आज मैं इस धारणा से मुक्त हो चुका हूँ और दृढ़ता से मानता हूँ कि मेरे देशवासी देश को मानवता से भी बड़ा बतानेवाली शिक्षा का विरोध करके ही सही अर्थों में अपने देश को हासिल कर पाएँगे।'[10] रवींद्रनाथ ठाकुर की इस घोषणा के बावजूद बंगाल में 'भारतीय राष्ट्रवाद' के साथ और सहमेल में 'बांग्ला-राष्ट्रवाद' का विकास भी बहुत तेजी से हुआ, सिर्फ विकास ही नहीं हुआ बल्कि रवींद्रनाथ ठाकुर को ही उसके केंद्रीय व्यक्ति-प्रतीक के रूप में अपनाया भी गया।

(ii) पूँजीवाद की साम्राज्यवादी आकांक्षा ने 'राष्ट्रवाद' नाम के ऐसे नुस्खे का आविष्कार किया था जो हर 'मर्ज' की दवा थी—'राष्ट्रवाद' के नाम पर राष्ट्र के अंदर के किसी भी विभेद, विषमता और असहमति को नजरअंदाज करते हुए पूँजी के प्रच्छन्न-हित में सभी राष्ट्रवासियों को जान देने तक के लिए 'पूँजीवाद' आसानी से प्रोत्साहित करता था। 'राष्ट्रवाद' मानवता से ऊँचा मूल्य बन कर शोषण और युद्ध की पीठिका तैयार करता था। 'राष्ट्रवाद' ऐसा दुधारी कटार था जिससे पूँजी देश के अंदर भी अपना हित साधता था और बाहर भी। 'राष्ट्रवाद' मनुष्य को अंधा बनाने का ही उपाय था। जो दूसरे को अंधा बनाने की 'परियोजनाओं' पर काम करता है, उसके खुद के अंधा बनते ही कितनी देर लगती है! जल्द ही 'राष्ट्रवाद' अंधा हो गया। अंधराष्ट्रवाद ने जो गुल खिलाए वह तो विदित ही है। यह 'दलित राजनीति' का राजनीतिक कौशल ही था कि वह 'मुख्य धारा के भारतीय राष्ट्रवाद' के अंधत्व से बहुत हद तक अपने को बचाए रखा।

(iii) गांधी जी के लिए तो हरिजन आंदोलन 'सच्ची वर्ण व्यवस्था' की बहाली का ही उपाय था। 'अगस्त 1932 में मैकडोनल्ड ने सांप्रदायिक मामले में जो निर्णय दिया था, उसमें हरिजनों के लिए अलग से निर्वाचक मंडल बनाने की बात भी थी। इससे गांधी जी को यह बात सूझी कि वे अपना ध्यान मुख्य रूप से हरिजन कल्याण

पर केंद्रित करें। 20 सितंबर को गांधी जी ने हरिजनों के लिए अलग निर्वाचक मंडल के मुद्दे के विरुद्ध 'आमरण अनशन' आरंभ कर दिया, और अंत में सवर्ण हिंदू एवं हरिजन नेताओं के बीच एक समझौता (पूना समझौता) कराने में सफल हुए। इस समझौते के अनुसार मैकडोनल्ड के प्रस्ताव में परिवर्तन किए गए। हिंदुओं के लिए संयुक्त निर्वाचक मंडल बने रहे, जिनमें अछूतों के लिए आरक्षित सीटें रखी गईं और मैकडोनल्ड की तुलना में उन्हें अधिक प्रतिनिधित्व भी दिया गया। यही व्यवस्था मूलतः 1947 के बाद भी बनी रही। अब हरिजनों का उत्थान गांधी जी का मुख्य सरोकार हो गया। एक अखिल भारतीय छुआछूत विरोधी लीग की स्थापना की गई। सितंबर (1932) और गांधी जी के रिहा होने के पूर्व ही साप्ताहिक *हरिजन* (जनवरी 1933) का प्रकाशन प्रारंभ किया गया (देखें 1. 2 का iv)। नवंबर 1933 और अगस्त 1934 के बीच उन्होंने 12,500 मील की 'हरिजन यात्रा' की और 15 जनवरी, 1934 को बिहार में जो भयंकर भूकंप आया, उसे 'सवर्ण हिंदुओं के पापों का दैवी दंड' कहा—यह एक ऐसी सुधार-विरोधी, पुरातन-पंथी बात थी जिससे रवींद्रनाथ को गहरा सदमा लगा।'[11] वस्तुतः 'हरिजनों के लिए अलग से निर्वाचक मंडल बनाने की बात' एक राजनीतिक बात थी, सामाजिक नहीं। इसलिए इतना तो समझ में आना ही चाहिए कि 1932 में इस 'राजनीतिक बात' के सामने आते ही 'आजादी के आंदोलन की मुख्य धारा' ने इस 'राजनीतिक बात' को 'सामाजिक बात' बनाने की गहरी राजनीतिक चुनौती के रूप में लिया। 1932 के बाद, गांधी जी के सामाजिक कार्यक्रमों को यही राजनीतिक चुनौती प्रेरणा और प्राण प्रदान कर रही थी।

1.4 हरिजन बनाम दलित : चूँकि 'भारतीय राष्ट्र' के गठन में गांधी जी के विचारों को केंद्रीयता प्राप्त है, इसलिए 'हरिजन बनाम दलित' के संदर्भ को भी गांधी जी के विचारों की केंद्रीयता में देखा जाना चाहिए। 'हरिजन' और 'दलित' का अर्थ क्या एक ही है? कुछ लोग मानते हैं कि एक ही है। ये 'कुछ लोग' कौन हैं? ये वे लोग हैं, जो गांधी जी की अवधारणाओं को इस संदर्भ में सही मानते हैं। कुछ लोग मानते हैं कि एक ही नहीं हैं। ये 'कुछ लोग' कौन हैं? ये वे लोग हैं, जो गांधी जी की अवधारणाओं को इस संदर्भ में सही नहीं मानते हैं। ऐतिहासिक अनुभव के आधार पर हमें यह बात स्वीकारनी चाहिए कि 'हरिजन' और 'दलित' का अर्थ एक ही नहीं है। 'हरिजन' एक सामाजिक समूह को ध्वनित करता है। 'दलित' राजनीतिक समूह को ध्वनित करता है। 'हरिजन' की अवधारणा 'सामाजिक न्याय' की माँग करती है। 'दलित' की अवधारणा 'राजनीतिक न्याय' की माँग से परिचालित है। 'हरिजन' की अवधारणा 'सामाजिक संरचना' में बदलाव की माँग करती है। 'दलित' की अवधारणा 'सत्ता की संरचना' में बदलाव के लिए संघर्षशील है। 'सामाजिक संरचना' में बदलाव की माँग बहुत ही पुरानी 'सामाजिक माँग' है,

विभिन्न ऐतिहासिक अवसरों पर इसके लिए सामाजिक सुधार के आंदोलन हुए हैं। लेकिन इस या उस कारण से इस संदर्भ में 'सामाजिक संरचना' में कोई परिवर्तन घटित नहीं हुआ है। 'दलित राजनीति' का विश्वास दृढ़ होता गया है कि 'सत्ता की संरचना' में परिवर्तन घटित हुए बिना 'समाज की संरचना' में परिवर्तन का होना असंभव है। संवैधानिक प्रावधानों के होने को उनकी ऐतिहासिकता को देखें, तो यह बात समझते देर नहीं लगेगी कि वे 'हरिजन' की अवधारणा से नहीं, 'दलित' की अवधारणा से व्युत्पन्न हुए हैं (देखें 1.1 और 1.3 का ii)। इस 'हरिजन' ने 'दलित' को कम नहीं छला है, लेकिन मानना होगा कि संवैधानिक प्रावधानों का होना 'हरिजन' पर 'दलित' की यह बड़ी जीत है।

(i) यह ठीक है कि 1789 की 'फ्रांसीसी क्रांति' में उठी 'समता, स्वतंत्रता और बंधुत्व' की माँग और 'भारतीय स्वतंत्रता आंदोलन' के ऐतिहासिक परिप्रेक्ष्य में उठी 'समता, स्वतंत्रता और बंधुत्व' की माँग की अपनी कुछ विशिष्टताएँ भी हैं, लेकिन इस माँग के धीरे-धीरे कमजोर पड़ते जाने के कारणों में कुछ ऐतिहासिक समानताएँ भी हैं। इन समानताओं को देखना-परखना जरूरी है। डॉ. आंबेडकर अपने लेखनाधीन निबंध 'बुद्ध और कार्ल मार्क्स' में इस निष्कर्ष पर पहुँचते हैं कि 'समाज की नई आधारशिला फ्रांसीसी क्रांति के तीन शब्दों, बंधुत्व, स्वतंत्रता और समता में समाहित है। फ्रांसीसी क्रांति का स्वागत इसी संकल्प के कारण हुआ। यह समता लाने में विफल रही। हमने रूसी क्रांति का स्वागत किया क्योंकि यह समता लाने का लक्ष्य रखती थी। लेकिन समता लाने के नाम पर समाज बंधुत्व और स्वतंत्रता का कुरबान नहीं कर सकता है। बिना बंधुत्व और स्वतंत्रता के समता का कोई मोल नहीं है। ऐसा प्रतीत होता है कि इन तीनों को एक साथ सिर्फ बुद्ध के अनुसरण से ही हासिल किया जा सकता है। साम्यवाद एक दे सकता है, सब नहीं।'[12] डॉ. आंबेडकर 'समाज की नई आधारशिला' के रूप में 'बंधुत्व, स्वतंत्रता और समता' को तो स्वीकारते हैं, इनकी अविभाज्यता को जानते हुए भी इसे अपनी राजनीति के व्यवहार्य एजेंडे में तत्वांतरित नहीं कर पाते हैं। कहना ना होगा कि राजनीतिक व्यवहार के एजेंडे में इसे तत्वांतरित नहीं कर पाना उनके राजनीतिक-दृष्टिकोण को आत्म-खंडित करता है। असल में 'बंधुत्व, स्वतंत्रता और समता' अलग-अलग न हो कर मानवीय-अस्मिता के ही तीन अविभाज्य पहलू हैं।

(ii) डॉ. आंबेडकर 'समता, स्वतंत्रता और बंधुत्व' की अविभाज्यता को जानते थे, मानते थे। संविधान सभा में उन्होंने कहा, 'हमें अपने राजनीतिक लोकतंत्र को सामाजिक लोकतंत्र के रूप में ढालना है। राजनीतिक लोकतंत्र तब तक नहीं टिक सकता जब तक कि उसकी आधारशिला के रूप में सामाजिक लोकतंत्र न हो। सामाजिक लोकतंत्र का क्या अर्थ है? इसका अर्थ है जीवन की वह राह जो स्वाधीनता, समानता एवं भ्रातृत्व को जीवन के सिद्धांत के रूप में मान्यता दे।

स्वाधीनता, समानता एवं भ्रातृत्व के इन सिद्धांतों के त्रित्व को अलग उपादानों के रूप में न समझा जाए। ये सिद्धांत त्रित्व के समेकित रूप का निर्माण करते हैं तथा इनका आशय यह है कि एक को दूसरे से अलग करने का अर्थ है–लोकतंत्र के मूल उद्देश्य को नकार देना। स्वाधीनता को समानता से अलग नहीं किया जा सकता, समानता को स्वाधीनता से अलग नहीं किया जा सकता और न तो स्वाधीनता और समानता से भ्रातृत्व को अलग किया जा सकता है।'[13] इसके बावजूद 'फ्रांसीसी' और 'रूसी' क्रांति के संदर्भ में 'त्रित्व' को तोड़ कर उन पर अभिमत बनाना, 'दलित राजनीति' के लिए आज भी परेशान करनेवाली बात है।

(iii) 'बुद्ध के अनुसरण से' ही इन्हें हासिल करना संभव होता तो यह संभव हो चुका होता। इतिहास अपने को दुहराता है, मगर इस तरह नहीं। 'बुद्ध के अनुसरण' या 'शरण' में जाने का मतलब, बाद में विकसित कई अनिवार्य प्रसंगों को नजरअंदाज करना है। गत काल में जा कर पुरखों से प्रेरणा लेना और बात है, लेकिन संघर्ष तो हर किसी को समकाल की कठिन भूमि पर ही करना पड़ता है। 'क्रांति का स्वागत करना' काफी नहीं होता है, जरूरी होता है क्रांति करना। क्रांति करने में योगदान करना। अपनी सामाजिक विशिष्टताओं को समझते हुए क्रांति की सही समझ विकसित करना। असल में भारत में यह सब कुछ औपनिवेशिक वातावरण में हो रहा था और औपनिवेशिकता के बहुत सारे अदृश्य प्रभाव होते हैं। इन प्रभावों को काट पाना हर समय संभव नहीं होता है। यह न डॉ. आंबेडकर के लिए संभव हुआ और न भारतीय वामपंथ के लिए ही संभव हुआ–इसलिए भी, कि 'आम तौर पर, भारतीय वामपंथ जाति और वर्ग के जटिल संबंधों की ओर पर्याप्त ध्यान देने में असफल रहा।'[14]

(iv) दुखद है कि 'दलित राजनीति' और 'भारतीय वामपंथ' की दिशा एक थी, लेकिन वे अपनी राजनीति के नैसर्गिक साहचर्य की ऐतिहासिक आवश्यकता को सही अर्थ में आँक कर न एक हो पाए, न 'मुख्य धारा की राजनीति' की साझी चुनौती को ही ठीक से समझ पाए। इस साझी चुनौती के महत्त्व के संदर्भ में एक तथ्य इतिहास से, '12 अप्रैल 1934 को बिड़ला ने ठाकुरदास को सलाह दी : 'मैं चाहता हूँ कि आप भूलाभाई (देसाई) से संपर्क रखें। यदि स्वराज पार्टी को सफल होना है तो उन्हें नए चुनाव लड़ने के लिए धन की आवश्यकता पड़ेगी और मेरी सलाह है कि बंबई वह धन तब तक न दे जब तक वह इस बात के प्रति संतुष्ट न हो जाए कि सही लोगों को भेजा जा रहा है।' 3 अगस्त 1934 को बिड़ला ने पुनः लिखा : 'वल्लभ भाई, राजाजी और राजेंद्र बाबू सभी कम्युनिज्म और समाजवाद के विरुद्ध संघर्ष कर रहे हैं। अतः यह आवश्यक है कि हम में से कुछ जो स्वस्थ पूँजीवाद के प्रतिनिधि हैं, यथासंभव गांधी जी की सहायता करें और एक साझे लक्ष्य को ले कर कार्य करें।' (ठाकुरदास पेपर्स, फा. नं. 123.42 [vi])।'[15]

'स्वस्थ पूँजीवाद के प्रतिनिधि' अपने साझे लक्ष्य के अंतर्गत ब्रिटिश साम्राज्यवाद से लड़ने के लिए नहीं, 'कम्युनिज्म और समाजवाद' के प्रसार को रोकने के लिए 'गांधी जी की सहायता' करते थे और 'मुख्य धारा की राजनीति' को अर्थ उपलब्ध करवाते थे! देखने की बात यह है कि 'कम्युनिज्म और समाजवाद' के प्रसार को रोकने के लिए ही 'दलित' के सामने 'हरिजन' को खड़ा कर दिया गया—'समझदार दुश्मनों' ने हमें 'दर्पण' के सामने खड़ा कर दिया—हम अपने आपसे लड़ते रहे! देखना दिलचस्प होगा कि हम आज भी लड़ ही रहे हैं, या स्थिति कुछ बदली भी है!

(v) डॉ. आंबेडकर बहुत ही सावधानी के साथ, आजादी और संविधान के हासिल होने के बाद उत्पन्न होनेवाली विरोधाभासी जीवन-स्थितियों की व्याख्या करते हुए कहते हैं, 'भारतीय समाज में दो बातों का पूर्णतः अभाव है। इनमें से एक समानता है। सामाजिक क्षेत्र में हमारे भारत का समाज वर्गीकृत असमानता के सिद्धांत पर आधारित है जिसका अर्थ है, कुछ लोगों के लिए उत्थान एवं अन्यों की अवनति। आर्थिक क्षेत्र में हम देखते हैं कि समाज में कुछ लोगों के पास अथाह संपत्ति है जबकि दूसरी ओर असंख्य लोग घोर दरिद्रता के शिकार हैं। 26 जनवरी, 1950 को हम लोग एक विरोधाभासी जीवन में प्रवेश करने जा रहे हैं। राजनीति के क्षेत्र में हमारे बीच समानता होगी। राजनीति में हम एक व्यक्ति एक मत एवं एक मत एक मूल्य के सिद्धांत को स्वीकृति देंगे। पर अपने सामाजिक एवं आर्थिक जीवन में वर्तमान सामाजिक एवं आर्थिक संरचना के चलते एक व्यक्ति एक मूल्य के सिद्धांत को अस्वीकार करना जारी रखेंगे। हम कब तक इस विरोधाभासी जीवन को जीते रहेंगे, अपने सामाजिक एवं आर्थिक जीवन में समानता को अस्वीकार करते रहेंगे?'[16] दूसरी बात के रूप में वे 'भ्रातृत्व के अभाव' को रेखांकित करते हैं। डॉ. आंबेडकर की चेतावनी को दरकिनार करते हुए हम अपने 'सामाजिक' एवं 'आर्थिक' जीवन में समानता को अस्वीकार करते आ रहे हैं। 'उदारीकरण-निजीकरण-भूमंडलीकरण' के दौर में तो, इस 'अस्वीकार' को स्वाभाविकता और वैधता मिलने का मौसम ही आ गया है। इस नए मौसम में 'दलित राजनीति' को 'समानता, स्वतंत्रता और बंधुत्व' के सामाजिक और राजनीतिक जीवन में प्रवेश के लिए नए सिरे से संगठित संघर्ष करने की चुनौती को समझना है।

1.5 आज की दलित राजनीति : इस ऐतिहासिक परिप्रेक्ष्य पर संक्षिप्त-सी चर्चा के बाद स्वतंत्रता प्राप्ति के बाद से लेकर आज की 'दलित राजनीति' पर विचार करना उपयुक्त होगा। 'स्वतंत्रता' के बाद सबसे महत्त्वपूर्ण विकास यह हुआ कि धीरे-धीरे 'हरिजन आंदोलन' पिछड़ता गया और 'दलित आंदोलन' बढ़ता गया। यह शुभ हुआ या अ-शुभ, इस पर दो टूक बात करना मुश्किल है। यह मुश्किल इसलिए भी कुछ अधिक है कि ऐसी चर्चा में अकसर गुपचुप तरीके से कल्पना

अपना काम करने लगती है। कल्पना में हम अपनी सुविधा और इच्छा के अनुसार अनुकूल स्थितियों का चयन कर उन्हें शृंखलाबद्ध कर लेते हैं। यथार्थ इसकी अनुमति नहीं देता है। ऐतिहासिक अनुभव यह बताता है कि 'हरिजन आंदोलन' का प्रारंभ ही हुआ था 'दलित आंदोलन' को दबाने के लिए। ऐसे में 'दलित आंदोलन' की वैधता से टकरा कर 'हरिजन आंदोलन' अगर अप्रासंगिक होता गया तो इसे 'दलित आंदोलन' के लिए शुभ ही माना जाना चाहिए। लेकिन इस ऐतिहासिक दबाव से थोड़ा बाहर निकल कर यह सोचा जाए कि 'दलित आंदोलन' यदि पराजयोन्मुखी 'हरिजन आंदोलन' को अपनी अंर्तवर्त्ती सामाजिक प्रक्रिया के रूप में अनुकूलित कर अपनी राजनीतिक आकांक्षा के सामाजिक प्रतिफलन के बारे में सचेत होता तो 'सामाजिक परिवर्तन' का काम तेजी से आगे बढ़ता। इस तरह 'राजनीतिक लोकतंत्र' के 'सामाजिक लोकतंत्र' में अंतरित होते जाने की प्रक्रिया भी जारी रहती। कहना न होगा कि 'पूँजीवाद' ने 'हरिजन' और 'दलित' को एक-दूसरे की विरोधिता में विकसित किया, लेकिन यदि 'समता-स्वतंत्रता-बंधुत्व' के लिए संघर्षशील चेतना से संपन्न लोग संगठित रूप से 'हरिजन' और 'दलित' में 'बंधुत्व' की स्थिति बना पाते तो यह काम 'पूँजीवाद' के हितों पर चोट ही पहुँचाता। असली दुश्मन न तो 'गांधी जी का दृष्टिकोण' था और न 'हरिजन', असली दुश्मन तो 'पूँजीवाद' ही था और है। अब, आज की 'दलित राजनीति' की समस्याओं के संदर्भ में देखें तो कुछ बातें साफ होती हैं :

(i) आज की 'दलित राजनीति' अपने एजेंडा में 'ब्राह्मणवाद' के विरोध को तो शामिल करती है, लेकिन 'पूँजीवाद' के सवाल पर या तो उसके पास कथ्य ही नहीं है या फिर चुप है। आज की 'दलित राजनीति' की व्यावहारिकता इस बात से कतई सचेत नहीं है कि अन्य जातियों, जिनमें दलित भी शामिल हैं, के सदस्यों में भी स्वतंत्रता, समता और बंधुत्व की भावनाओं का निषेध, अर्थात 'ब्राह्मणवाद' का समर्थन हो सकता है। संसदीय राजनीति की बाध्यताओं से संघर्ष करने के बदले उसकी सुविधाओं की माँग पर आज की 'दलित राजनीति' कई बार सामाजिक स्वतंत्रता, समता और बंधुत्व की भावनाओं का निषेध करती है, अधिक-से-अधिक, दलितों के बीच स्वतंत्रता, समता और बंधुत्व की भावनाओं की बहाली की बात करती हुई, 'ब्राह्मणवाद' के एजेंडे को ही लागू कर देती है।

(ii) 'कामगार' से तात्पर्य श्रम से आजीविका का उपार्जन करनेवाले से है। 'कामगारों' से मुख्य आशय सिर्फ 'संगठित क्षेत्र' के कामगारों तक सीमित हो कर रह गया है। 'संगठित क्षेत्र' के कामगारों के बीच रोजी-रोटी, वेतन एवं अन्य सुविधाओं आदि के लिए श्रमिक संगठन हैं। ऐसे 'श्रम संस्थान' में भी 'श्रम विभाजन' के साथ ही 'श्रमिक विभाजन' की नई पद्धतियों से टकराने की जरूरत को बरतने की मनःस्थिति विकसित नहीं हो पाई है। 'आरक्षण कवच'[17] के साथ जो कर्मचारी ऐसे

प्रतिष्ठानों से जुड़ते हैं, उनका एक अलग 'प्रगतिशील' संगठन तो होता है लेकिन यह संगठन 'श्रमिक विभाजन' की प्रक्रियाओं को रोक कर सामाजिक स्वतंत्रता, समता और बंधुत्व की भावनाओं को प्रोत्साहित करने की अपनी सचेत-सक्रिय भूमिका को अपने एजेंडे में शामिल नहीं कर पाता है। होना तो यह चाहिए था कि ट्रेड यूनियनें 'पूँजीवाद' की बुराइयों के खिलाफ और ऐसे प्रगतिशील संगठन 'ब्राह्मणवाद' की बुराइयों के खिलाफ अलग-अलग संघर्ष करते और आपस में ताल-मेल बनाकर 'पूँजीवाद' और 'ब्राह्मणवाद' से एक साथ निपटते। लेकिन ये दोनों ही संगठन, एक-दूसरे को शक की निगाह से देखते हैं और आपसी अलगाव में पड़े रहते हैं। यह अलगाव 'पूँजीवाद' और 'ब्राह्मणवाद' की औपनिवेशिक मनोवृत्तियों को और अधिक पुष्टि एवं सामाजिक अनुकूलन प्रदान करती है।

(iii) जाहिर है कि इस तरह से औपनिवेशिक मनोवृत्तियों के बने रहने और निरंतर पुष्ट होते रहने से 'स्वतंत्रता, समता, बंधुत्व' की भावना विकसित नहीं हो सकती है (देखें 1.1 का iv)। आज के दौर में जब 'सभ्यताओं के संघात'[18] और नई विश्व-व्यवस्था की बात जोर-शोर से उठ रही है। 'स्वतंत्रता, समता, बंधुत्व' की भावना के नए सिरे से विकास के लिए 'नवनैतिकता' की मनोभूमि तैयार करने का दायित्व हमारे सामने है। बदलाव की नई हवा की दशा-दिशा और प्रदूषणों को भी समझना होगा। यह सभ्यता और संस्कृति के जटिल सवालों की पुरानी गुत्थियों के खुलने और नई गुत्थियों के बनने का दौर है। भारतीय राज और समाज की पुरानी गुत्थियाँ खुल नहीं पाई हैं और नई गुत्थियाँ तेजी से बन रही हैं। प्रत्येक क्षेत्र की देशी-विदेशी सत्ताएँ अपने-अपने तरीके से अपनी-अपनी जनता को वाद देकर पूँजीवाद के प्रभुत्व को बढ़ाने में दिलचस्पी ले रही हैं। इतिहास बताता है कि बाहरी औपनिवेशिक दासता में जकड़नेवाले 'विदेशी अंग्रेजों' और देश को आंतरिक औपनिवेशिक दासता में जकड़ रखनेवाले 'देशी प्रभुओं' के बीच कैसी कूट और कुटिल समझदारी विकसित हुई थी। असल में यह सत्ता और सत्ता के बीच की अंतर्निहित एकता है। देशी और विदेशी जैसे विशेषण सिर्फ भरमाते हैं।

(iv) यह याद रखना चाहिए कि 'भारतीय स्वतंत्रता संघर्ष' असल में 'समस्त अंग्रेज जाति' के विरुद्ध 'समस्त भारतीयों का संघर्ष' नहीं था। यह 'अंग्रेज जाति की औपनिवेशिक शक्ति' के विरुद्ध उन भारतीयों का संघर्ष था जो एक साथ बाहरी और भीतरी दोनों ही प्रकार की औपनिवेशिक दासता से मुक्ति के लिए आग्रहशील थे। ध्यान देने की बात यह है कि यह संघर्ष 'मुख्य धारा की राजनीति' नहीं कर रही थी—'मुख्य धारा की राजनीति' सिर्फ बाहरी उपनिवेश के राजनीतिक और पूँजी के वर्चस्व से लड़ रही थी, जबकि 'दलित राजनीति' बाहरी और भीतरी दोनों ही प्रकार की औपनिवेशिक दासता से मुक्ति के लिए लड़ रही थी। इस अर्थ में देखा जाए तो 'मुख्य धारा की राजनीति' की तुलना में 'दलित राजनीति' अधिक पूर्णता

से संघर्ष कर रही थी। भारतीय स्वतंत्रता संघर्ष की पूर्णता के समर्थक अंग्रेज जाति के लोगों में भी थे और इस संघर्ष की पूर्णता के विरोधी भारतीयों में भी थे। विभिन्न क्षेत्र की देशी-विदेशी सत्ताओं की बनाई पुरानी गुत्थियों को खोलने और नई गुत्थियों के बनने नहीं देने में निर्विशिष्ट मानवीय मेधा का इस्तेमाल करना चाहिए। लेकिन ऐसा नहीं हो रहा है। इसका कारण सत्ता के स्वभाव में ही निहित है। दुनिया भर की सत्ताएँ अपने हित-संरक्षण के मामले में समान मनोवृत्ति से संचालित होती हैं। सत्ता की सहचरी के रूप में राजनीति में पृथक्करण की प्रवृत्ति जितनी तेज होती है, एकीकरण की प्रवृत्ति उतनी तेज नहीं होती है। पृथक्करण राजनीति की शैली है, एकीकरण सामाजिकता की शैली है। 'राजनीति' और 'सामाजिकता' के एक साथ सक्रिय रहने से 'पृथक्करण' और 'एकीकरण' से संतुलन बना रहता है। 'राजनीति' इस संतुलन को भंग करने की कीमत पर भी 'सत्ता की सीढ़ी' पकड़ने के लोभ से अपने को बचा नहीं पाती है।

(v) सत्ताएँ और सामाजिकताएँ, गोचर-अगोचर रूप से, आपस में भिड़ती रहती हैं। ध्यान में रहना ही चाहिए कि सत्ता अपने स्वभाव से ही भूमंडलीकरण व्याप्तिवाली होती है। राजा को 'जगदीश्वर' ही बताया और माना जाता है। सामाजिकताएँ अपने स्वभाव से ही स्थानिक होती हैं। आज के संदर्भ में ग्लोबल और लोकल के संघर्ष का संदर्भ सत्ता और सामाजिकता से जुड़ा हुआ है। सत्ता अपने को ईश्वर मानती है और इस मामले में उसका स्वभाव 'एकेश्वरवादी' होता है। दो सत्ताएँ एक साथ अस्तित्व में रह नहीं सकती हैं, इसलिए उनमें वर्चस्व का संघर्ष सदा जारी रहता है। आज की 'सत्ता' का नाम 'पूँजी' है। बड़ी सत्ता छोटी-छोटी 'सत्ताओं' को व्यावहारिक रूप से अधीनस्थ 'सामाजिकताएँ' ही मानती हैं। उदाहरण के लिए विकसित देश की सत्ता की नजर में विकासशील देश की कोई सत्ता नहीं होती, महज 'सामाजिकताएँ' होती हैं; इसलिए विकासशील राष्ट्रों की 'संप्रभुता' का कोई अर्थ नहीं होता है। अब एक गंभीर सवाल से हमारा सामना होता है। यह सवाल है, 'राष्ट्र की संप्रभुता' के असली अर्थ को ढूँढ़ निकालने का। इस अर्थ को ढूँढने में कठिनाई कहाँ है? पहली कठिनाई यह है कि 'बहुराष्ट्रीय आवारा पूँजी' के बढ़ते वर्चस्व के इस दौर में जब 'राष्ट्रों की राजनीतिक सीमाएँ' तेजी से भंजनशील हो रही हैं और 'बहुराष्ट्रीय आवारा पूँजी' की आकांक्षित और संपोषित 'अधि-राष्ट्रीयता'[19] उठान पर है, तब 'राष्ट्रों की संप्रभुता' का वास्तविक अर्थ क्या ठहरेगा? कल तक हम यह मानते रहे हैं कि 'संप्रभुता' राष्ट्र की जनता में निवास करती है, लेकिन अब यह स्पष्ट होता जा रहा है कि 'संप्रभुता' का असली निवास 'पूँजी' में होता है। किसकी 'पूँजी' में? राष्ट्र की 'पूँजी' में? लेकिन राष्ट्र तो 'पूँजी प्रक्षेत्र' से बाहर हो रहे हैं! असल में नई विश्व व्यवस्था का तकाजा है कि जिसकी 'पूँजी' होगी, 'संप्रभुता' भी उसी की होगी; चाहे वह व्यक्ति हो, कोई कंपनी हो,

या कुछ और ही क्यों न हो। जिसकी जितनी 'पूँजी' होगी, उसकी उतनी 'संप्रभुता' होगी! कहना न होगा कि 'परुष पुरातन की वधू' होने के कारण 'पूँजी' अपने स्वभाव से ही चंचल होती है, 'पूँजी' का चांचल्य 'संप्रभुता' को भी चंचल बनाता है।

(vi) अब समस्या यह कि जब 'राजनीतिक राष्ट्रों की संप्रभुता' ही नहीं बचेगी, तब 'सामाजिकताओं का सम्मान' और 'नागरिकों के राजनीतिक एवं मानव अधिकार' ही कैसे बचेंगे? 'पुरानी विश्व व्यवस्था', यानी राजनीतिक नियंत्रण, सामाजिक संतुलन और जनतांत्रिकता में निहित जनाधिकार की समतोन्मुखी आकांक्षित सवैधानिक व्यवस्था, की आधारभूत संरचना में परिवर्तन किए बिना उसकी अंतर्वस्तु में विचलनकारी गुणात्मक परिवर्तन कर, 'नई विश्व व्यवस्था' तैयार की जा रही है। 'पुरानी विश्व व्यवस्था' की अवधारणाओं में 'नई विश्व व्यवस्था' चुपके से नया और पुराने से भिन्न तथा विपरीत अर्थ भरती है। 'नई विश्व व्यवस्था' शब्दों के निहितार्थ को बदल रही है। कभी 'फ्रेंडली फायर' और 'कोलेटरल डैमेज' जैसे विरोधी अर्थों को एक शब्द-युगम में नत्थी कर उनमें नए निहितार्थ का संपुट किया जा रहा है, तो कभी शब्दों को जस का तस बनाए रख कर भी उसकी मूल संकल्पना को बदलने की कोशिश की जा रही है। बदली हुई संकल्पना को वैकल्पिक अर्थ बताया जाता है। 'नई विश्व व्यवस्था' वैकल्पिक अर्थ के स्थिर होने की जाँच करती रहती है। हाल ही में इस तरह की जाँच का अभियान *वाशिंगटन पोस्ट* ने चलाया था। पाठकों से 'शब्दों के वैकल्पिक अर्थ' के बारे में सुझाव माँगा गया था। 'नई विश्व व्यवस्था' की धमक के पहले कौन कह सकता था कि 'मुक्ति' और 'जनतंत्र' का वह अर्थ है जिस अर्थ में अमेरिकी प्रशासन, खासकर अफगानिस्तान और इराक में, उसका इस्तेमाल करता है! 'लिबरलेजाइशन' या 'उदारीकरण' का ऐसा अर्थ भी हो सकता है, किसने सोचा था! राज सत्ता ने हमेशा उस पर कब्जा करने की भी कोशिश की है। राज सत्ता की कोशिश के सफल होने के साथ ही जन सत्ता ने भाषा को बदल दिया है। भाषाओं के विकास के सामाजिक प्रसंग को ध्यान में रखा जा सकता है। ऐसा नहीं होता तो 'भद्र' का विकसित रूप 'भद्‌दा' कैसे होता! पुराने शब्दों में नए और विपरीत अर्थों की तनातानी होने पर बौद्धिक विमर्श में 'तर्क की ताकत' कम होती है और 'ताकत का तर्क' अधिक प्रभावी होता है। जाहिर है, वाद-विवाद तो खूब होता है, लेकिन संवाद कभी सफल नहीं होता है। इस 'नई विश्व व्यवस्था' में 'पूँजी की संप्रभुता' का विन्यास है और इससे 'श्रम की सत्ता' का सत्यानाश होते जाना तय है। 'श्रम की सत्ता' के सत्यानाश का मतलब मनुष्यता की सत्ता के नाश के अलावा और हो ही क्या सकता है! मुख्य सवाल यह है कि 'श्रम की सत्ता' को बचाने के लिए क्या किया जा सकता है?

(vii) 'सत्ता' की डोरी आंदोलनों के जरिए तैयार होती है। 'दलित राजनीति की समस्या' के खास संदर्भ में देखें तो एक बड़े और टिकाऊ सामाजिक-राजनीतिक

आंदोलन चलाने की तैयारी में लगना सबसे बड़ी समस्या है। इस तैयारी की पहली बड़ी समस्या 'दलित' की पहचान को ले कर ही है। खासकर आंदोलन के लिए इस पहचान का संकट और गहरा है। 'दलित राजनीति' का एक बड़ा अंश 'दलित पहचान' को जन्म से जोड़ता है। मुश्किल यह है कि 'जन्म' के आधार पर 'पहचान' तो ब्राह्मणवाद का सिद्धांत और लक्षण है। दलित नेता इस बात को जाने हुए भी क्यों 'ब्राह्मणवाद' के औजार को अपनाते हैं या अपनाने के लिए विवश होते हैं? डॉ. आंबेडकर ने तो कहा था कि 'ब्राह्मणवाद' सिर्फ ब्राह्मणों तक सीमित न हो कर सभी जातियों में घुसा हुआ है, आशय यह कि यह 'दलितों' में घुसा हो सकता है (देखें 1.1 का iii)। 'दलित राजनीति' का लक्ष्य सिर्फ 'दलितों' तक ही सीमित क्यों हो? 'दलित राजनीति और आंदोलन' का लक्ष्य सिर्फ 'दलित विरोधी' को उखाड़ फेंकना ही क्यों हो, 'दलित राजनीति और आंदोलन' का लक्ष्य मानवता विरोधी, समता, स्वतंत्रता और भ्रातृत्व विरोधी सारी शक्तियों का विरोध क्यों न हो? इन सवालों से टकराते हुए 'दलित आंदोलन और राजनीति' को अपने लक्ष्य के अनुकूल 'विचारधारा' का विकास करना जरूरी है। कहना न होगा कि विचारधारा के विकास में पहले से उपलब्ध विचारधाराओं की अनुकूलताओं को सावधानी से परखना भी जरूरी होता है। लक्ष्य और विचारधारा के अनुसार दीर्घकालिक और तात्कालिक कार्यक्रम की रूप-रेखा तैयार करने के लिए नेतृत्व और संगठन पर काम करना और इन्हें सूत्रबद्ध करना बड़ी समस्या है।

(viii) लक्ष्य, विचारधारा, कार्यक्रम, नेतृत्व और संगठन जैसे अनिवार्य घटक एक-दूसरे से स्वायत्त न हो कर परस्परावलंबित होते हैं। ये आंदोलन के अविभाज्य घटक हैं। इनमें से किसी एक का भी अभाव आंदोलन को विकलांग बनाता है। जीवन के मूल्य समुच्चय की आंतरिक प्रणाली में नए मूल्य के समायोजन या फिर एक मूल्य समुच्चय को तज कर सर्वथा नए मूल्य समुच्चय को अपनाने के लिए एक मूल्य बोध से दूसरे मूल्य बोध तक की यात्रा में व्यक्तिगत रूप से सहमत हो कर सामूहिक रूप से क्रियाशील होने से ये घटक संघटित हो कर आंदोलन का रूप लेते हैं। कोई राजनीतिक कार्रवाई तब आंदोलन हो जाती है, जब उसमें व्यापक जनता की भागीदारी होती है और जो उस कार्रवाई में सक्रिय रूप से शामिल नहीं होते हैं, उनकी भी सहमति और सहानुभूति अर्जित करती है। यह विमर्श काफी दिलचस्प हो सकता है कि आंदोलन के भीतर से उसके ये घटक बनते हैं या इन घटकों के मिलने से आंदोलन बनता है। लेकिन मुख्य बात यह है कि न तो कोई आंदोलन पूर्णतः स्वतःस्फूर्त होता है और न पूर्णतः निदेशित। हालाँकि राजनीतिक और सामाजिक परिवर्तन की सही मति और गति रेखाएँ एक-दूसरे से संवादी होती हैं, बहुत कम अवसरों पर एक-दूसरे से उलझती हैं फिर भी उनके लक्ष्यों की प्राथमिकता के अंतर से उनमें महत्त्वपूर्ण अंतर भी होता है। इस अंतर को ध्यान

में रखना चाहिए। कई बार राजनीतिक परिवर्तन सरकार में परिवर्तन के आशयों से ही सीमित हो कर रह जाता है। लेकिन सरकार में परिवर्तन राजनीति में परिवर्तन की सही सूचना नहीं भी हो सकता है। राजनीति में परिवर्तन का अर्थ होता है शासक और शासित, कई बार इसे शोषक और शोषित के रूप में भी पढ़ना जरूरी होता है, के बीच बहुस्तरीय संबंधों के नियामक कारकों में, विभिन्न हितग्राही समूहों के पारस्परिक संबंधों और सत्ता के साथ उनके संबंधों की जारी सामंजस्य शृंखला में परिवर्तन। राजनीतिक परिवर्तन का यह काम वैधानिक स्तर पर होता है और राजनीतिक सत्ता इसके लिए नियम बनाती है। वर्चस्वशाली समूह और उनकी विचार-पद्धति तथा उनकी कार्य प्रणालियों में बदलाव सामाजिक परिवर्तन कहलाता है। सामाजिक परिवर्तन का यह काम सांस्कृतिक स्तर पर होता है और समाज सत्ता इसके लिए मन बनाती है। चूँकि सामाजिक परिवर्तन का कोई भी प्रयास समाज के वर्चस्वशाली हित-समूहों को प्रभावित करता है, इसलिए वर्चस्वशाली हित-समूह राजनीतिक और सामाजिक परिवर्तन की सही मति और गति को नए-नए उलझावों में डालकर वैचारिक और सांस्कृतिक भटकाव का मायावी वातावरण रचता रहता है। यह बहुत ही सूक्ष्म तथा मनोनुकूलन के रूप में होता है। जनमत का एक रूप ऐसा होता है जो समाज के वर्चस्वशाली हित समूहों की इस माया परियोजना को जानबूझ कर, और कई बार सामाजिक प्रवाह की बहती धारा के प्रभाव में अनजाने भी, अपने विचार का हिस्सा बना लेता है। जनमत का दूसरा रूप वह होता है जो सामाजिक प्रवाह की बहती धारा के प्रभाव को समझते हुए उसके साथ संघर्षशील होता है और समाज के वर्चस्वशाली हित समूहों की इस माया परियोजना का जानबूझ कर, कई बार अनजाने में भी, विरोध रचता है। यहीं हम देख सकते हैं कि औपनिवेशिक वर्चस्व में रह चुके देशों के उत्तर-औपनिवेशिक राज में भी देशी-जनतांत्रिक सत्ताएँ वर्चस्व बनाए रखने की औपनिवेशिक युक्तियों का इस्तेमाल करना सहज ही नहीं छोड़ देती हैं। हमारा अनुभव बताता है कि क्रांति हुए बिना सत्ता परिवर्तन से सर्वांगीण राजनीतिक परिवर्तन घटित नहीं हो पाता है।

(ix) राजनीतिक परिवर्तन के क्रम में नियम बनाए जाने के बावजूद सांस्कृतिक स्तर पर सामाजिक मन नहीं बन पाता है। इसलिए नागरिक संहिता में उपकारी नियमों के रहते हुए भी सामाजिक जीवन में सौमनस्य नहीं बन पाता है। यह काम अधूरा रह जाता है। इस अधूरे काम को पूरा करने में साहित्य की बहुत महत्वपूर्ण भूमिका होती है। अर्थात सामाजिकता के वि-औपनिवेशीकरण की दरकार बनी हुई रहती है। राजनीतिक परिवर्तन का लक्ष्य सिर्फ सत्ता परिवर्तन नहीं होता है, बल्कि सामाजिक परिवर्तन तक पहुँच कर ही सार्थक बनता है। इसके लिए आज के जटिल समय में सामाजिक अभिप्रेरणाएँ तो चाहिए ही राजनीतिक और आर्थिक

अभिप्रेरणाएँ भी चाहिए। स्वाभाविक ही है कि इस काम में राजनीतिक और आर्थिक संदर्भों को झटक कर 'सामाजिक स्वायत्तता' के प्रति समर्पित यूरोप-केंद्रित 'नव सामाजिक आंदोलन' जैसा आंदोलन 'स्वतंत्रता, समता और बंधुत्व' को हासिल करने का लक्ष्य रखनेवाले आंदोलन की प्रेरणा का आधार नहीं बन सकता है (देखें 1.5 का x)। कहना न होगा कि 'स्वतंत्रता का राजनीति' से, 'समता का आर्थिकी' से और 'बंधुत्व का सामाजिकता' से गहरा संबंध होता है। अतः जिस प्रकार 'स्वतंत्रता, समता और बंधुत्व' को विच्छिन्न करना आत्मघाती होता है, उसी प्रकार 'राजनीतिक, सामाजिक और आर्थिक' प्रसंगों को विच्छिन्न करना भी आत्मघाती होता है। इनके संयोजन-सहयोजन का सूत्र संगठन से निकलता है। संगठन अर्थात, लक्ष्य, विचारधारा, कार्यक्रम, नेतृत्व की व्याघाती प्रवृत्तियों को उनके न्यूनतम स्तर पर ले जा कर उनका इस तरह का अंतर्गुंफन तैयार करना कि वे सह-क्रियाशील[20] मुद्रा में एक-दूसरे की संवेदनशीलता से जुड़े रह सकें। इतिहास प्रसिद्ध अनुभव है कि सत्ता पर अधिकार असंगठित बहुसंख्यक का नहीं संगठित अल्पसंख्यक का ही होता है। 'श्रम की सत्ता' भी संगठन से ही स्थापित होती है। दलित अनुभव यह है कि संगठनहीनता के कारण श्रम की सत्ता को स्थापित करने में उसे कामयाबी नहीं मिल पाई।

(x) बदलाव प्रक्रिया से गुजर रही दुनिया के विभिन्न समाजों में आत्मान्वेषण का काम नए सिरे से शुरू हुआ है। इसी परिप्रेक्ष्य में आज के 'नव सामाजिक आंदोलन' की गति-मति को समझा जा सकता है। वस्तुतः यूरोप-केंद्रित यह 'नव सामाजिक आंदोलन' 'उत्तर-आधुनिक' प्रेरणा से संचालित है। यह आंदोलन न तो जीवन के आर्थिक प्रसंगों की बात करता है और न ही राजनीतिक प्रसंगों की। यह नागरिक समाज की स्वायत्तता पर ही पूरा जोर देता है। यह राज शक्ति से स्वायत्त समाज शक्ति की आकांक्षा रखता है। यह एक अद्‌भुत आकांक्षा है। अद्‌भुत यह कि यह आंदोलन राज और समाज के संबंधों को किसी सहजता और सातत्य के सहयोजी प्रसंग में न देख कर इन्हें एक-दूसरे के धुर विरोधी के ही रूप में सामने लाता है और सामाजिक न्याय के नाम पर मानवाधिकारों का मामला उठाते हुए राज से छिटक जाने की पेशकश करता है। यह सच है कि समाज और राज दोनों एक ही नहीं हैं। जाहिर है कि समाज शक्ति और राज शक्ति भी एक ही नहीं हैं। लेकिन आज के समय में समाज शक्ति हो या राज शक्ति हो, उन्हें राजनीतिक प्रक्रियाओं की जटिलताओं से विच्छिन्न करना संभव नहीं है। यह तो ध्यान में रखना ही होगा कि राजनीति को सिर्फ राजनीतिक दलों तक सीमित मान कर चलना, हमें भटकाव में डाल दे सकता है। सही बात तो यह है कि राजनीतिक सहयोजिता की उपेक्षा से सामाजिक न्याय की अवधारणा समझ में ही नहीं आ सकती है। यद्यपि कुछ जीवन प्रसंग वर्ग संदर्भों से बाहर रह कर भी कुछ दूर तक सार्थक

ढंग से समझे जा सकते हैं, लेकिन यह कहना बचकाना ही है कि आज की एकध्रुवीय होती जा रही दुनिया में वर्ग विलुप्त हो गए हैं। वर्ग के वैश्विक आयाम जरूर प्रकट हो रहे हैं (देखें 1.5 का v) क्योंकि, 'लोगों को प्रभावित करनेवाले मामले अब सिर्फ राष्ट्र की सीमाओं में सीमित नहीं हैं। एकीकृत दुनिया में लोकतांत्रिक सिद्धांतों का वैश्विक आयाम है, क्योंकि विश्व नेता और शासक राष्ट्रीय नेताओं की तरह ही उनके जीवन को प्रभावित करते हैं। हाल के दिनों में औद्योगिक और विकसित दोनों ही प्रकार के देशों में भूमंडलीकरण विरोधी अभियान में यह नया यथार्थ उभर कर सामने आया है। हालाँकि इनके विभिन्न रूप हैं और विभिन्न कार्यसूचियाँ हैं, फिर भी एक बात पर इनमें साम्य है कि विश्व के गरीब लोगों की समस्याओं के लिए विश्व संस्थाएँ और विश्व नेता जवाबदेह हैं। इसे आपात्कालीन समस्या माननेवाले ये विरोधी अकेले नहीं हैं।'[21]

(xi) संभवतः जातीय या सामाजिक उपविभाजनों के अंतर्गत वर्गबोध को समझने के साथ ही भूमंडलीय यथार्थ के अंतर्गत उसके वैश्विक आयाम को पहले की अपेक्षा अधिक आसानी से स्पष्ट किया जा सकेगा। लेकिन वर्गबोध तो रहेगा ही। दुनिया में वर्गों की अवस्थिति या वर्गविभाजन का कारण दुनिया की बहुध्रुवीयता नहीं थी, इसलिए दुनिया के एकध्रुवीय, जो हकीकत से अधिक बोध है, होने वर्गसंरचना में ही क्या अंतर आ सकता है! उदाहरण के लिए कहा जा सकता है कि पर्यावरण को लेकर चलनेवाला आंदोलन एक गैर-वर्गीय आंदोलन है। लेकिन क्या सचमुच? पर्यावरण के उच्चवर्गीय, मध्यवर्गीय और कामगारों एवं आदिवासियों के जुड़ाव, प्रभाव और मुद्‌दे क्या बिलकुल एक ही हैं? 'नव सामाजिक आंदोलन' समाज के वि-राजनीतिकरण पर इतना जोर देता है तो निश्चय ही इसके पीछे राजनीति की इकहरी और राजसत्तात्मक समझ ही हो सकती है। वैसे कभी-कभी वि-राजनीतिकरण की प्रक्रिया की प्रेरणाएँ भी राजनीति की अतल गहराइयों से निकल रही होती हैं! सामाजिक परिवर्तन के लिए किया गया कोई भी प्रयास श्रम और सम्पत्ति के संबंधों में बदलाव, संसाधनों के वितरण, चिरंतन विकास के लिए भूमंडलीय पर्यावरण के संदर्भों से जोड़कर ही संभव होता है; राजनीतिक उपकरणों के उपयोग के बिना यह संभव नहीं हो सकता है।

(xii) सामाजिक परिवर्तन के प्रयास मार्क्सवादी और गैर-मार्क्सवादी संदर्भ से समझे जाते हैं। मार्क्सवादी दृष्टिकोण समाज में व्यापक और क्रांतिकारी परिवर्तन की आवश्यकताओं के विभिन्न स्तरों को स्पष्ट करता है। मार्क्सवाद के अनुसार सामाजिक परिवर्तन के आधार कारण आर्थिक संरचना में अंतर्निहित होते हैं। आज के भूमंडलीय वातावरण में वर्ग के विलोप और वर्ग के स्थान पर समुदाय की अवधारणा की सिद्धांतिकी प्रस्तावित कर विश्लेषण और संघर्ष के सबसे कारगर औजार को भोथरा किया जा रहा है। आज के समुदाय कबीलाई नहीं हैं। आज जीवन

के सारे संदर्भों में वर्ग विभाजन पहले से कहीं अधिक तीखा है। यह मानने में कठिनाई नहीं होनी चाहिए कि समुदाय भी वर्ग विभक्त होता है और समाज भी। वर्ग विभक्त समाज में श्रम और सत्ताधिकरणों के परस्पर विरोधी हितों के संघर्ष अंतर्विरोध पैदा करते हैं। सत्ताधिकरण राजशक्ति के साथ-साथ धर्म, शिक्षा, जन संचार आदि का इस्तेमाल करते हुए शेष समाज पर अपनी हितैषी विचारधारा की लदनी करता है। इस लदनी के माध्यम से वह शेष समाज को अनुकूलित और नियंत्रित करता है। ऐसी स्थिति में सत्ताधिकरणों के वर्चस्व को तोड़ने के लिए इस लदनी को उतार फेंकना जरूरी होता है। लदनी उतारने का यह काम क्रांतिकारी सामाजिक परिवर्तन की प्रक्रिया में ही संभव होता है। मार्क्सवादी दृष्टिकोण में संघाती आर्थिक हितों की पेचीदगियाँ ही प्रमुख रहती हैं। इस पर पूरा जोर दिए जाने के कारण सामाजिक एकता और विभाजन के वर्गेतर आधार पर कई बार अपेक्षित ध्यान दे पाना संभव नहीं हो पाता है। इधर सामाजिक एकता और विभाजन के अन्य आधार के रूप में जातीयता और धर्म सहित अन्य सांस्कृतिक कारकों की ओर भी समुचित ध्यान दिए जाने की आवश्यकता महसूस की जाने लगी है। अब सांस्कृतिक संदर्भों का नए सिरे से मूल्यांकन करने और वर्ग चेतना के विकास की एक रेखीय अवधारणा की जगह उसकी बहुआयामिता की ओर भी ध्यान दिया जाना आवश्यक माना जा रहा है। बहुआयामिता पर ध्यान देते हुए भी हमें वर्गीय चेतना के संदर्भ में संरचनागत अंतर्विरोधों पर भी ध्यान बनाए रखना होगा।

1.6 दलित राजनीति की सीमा और संभावना : 'दलित विमर्श की भूमिका' में कंवल भारती के निष्कर्ष से दलित राजनीति की सीमा और संभावना पर बात शुरू की जा सकती है। उनका निष्कर्ष है, 'डॉ. आंबेडकर ने कहा था कि दलित समान विचारधारावाले दलों से मिल कर अपनी राजनीतिक शक्ति बना सकते हैं। लेकिन दलितों के लिए समान विचारधारावाला दल न कांग्रेस है और न भाजपा, वह मार्क्सवादी दल ही हो सकता है। पर मौजूदा मार्क्सवादी दल भाजपा और कांग्रेस के ही लग्गू-भग्गू बने हुए हैं। इसलिए रेडिकल मार्क्सवाद के साथ रेडिकल आंबेडकरवाद के गठन की सख्त जरूरत है। डॉ. राजाराम की मानें तो रूस में मार्क्सवाद के साथ लेनिनवाद को मिला कर रूसी जनता ने क्रांति की, चीन में मार्क्सवाद के साथ माओवाद को मिला कर चीनी जनता ने क्रांति की, तो भारत में मार्क्सवाद के साथ आंबेडकरवाद को मिला कर क्रांति क्यों नहीं हो सकती?'[22] कांग्रेस की बात कुछ-कुछ समझ में आ सकती है। लेकिन भाजपा? गंभीर चिंतन के निष्कर्ष को तत्काल के ऐसे दबावों और भटकावों से बचाना नहीं चाहिए? तत्काल के ऐसे दबावों से कई सीमाएँ निकल आती हैं। 'मार्क्सवाद के साथ लेनिनवाद को मिला कर रूसी जनता ने क्रांति की' किसके नेतृत्व में की? लेनिन के नेतृत्व में! 'चीन में मार्क्सवाद के साथ माओवाद को मिला कर चीनी जनता ने क्रांति

की’ किसके नेतृत्व में की? माओ के नेतृत्व में! ‘भारत में मार्क्सवाद के साथ आंबेडकरवाद को मिला कर क्रांति’ किसके नेतृत्व में हो सकती थी? आंबेडकर के नेतृत्व में! क्यों नहीं हो सकी? इसका जवाब कौन देगा? ‘समान विचारधारा’ का सुझाव देनेवाले डॉ. आंबेडकर का ‘असमान विचारधारावाले’ कांग्रेस के साथ मिलाप और कम्युनिस्ट पार्टी के साथ उनके संबंधों की व्याख्या में भी कठिनाई आ सकती है। इतिहास से संवाद करने की जरूरत होती है, बार-बार होती है, लेकिन इतिहास का मुँह चिढ़ाना इतिहास से संवाद करना नहीं होता है। क्रांति एक चमक है। इससे चौंधिया जाने के बहुत सारे अवसर आते हैं। क्रांति का अपना रोमान होता है, लेकिन रोमान से क्रांति नहीं होती। काश कि क्रांति इतनी आसान हुआ करती! बहरहाल, आज की राजनीति की समस्या और दलित राजनीति की समस्या और इन समस्याओं के पारस्परिक सरोकारों पर बात करते हुए आज की राजनीतिक चुनौतियों के भारतीय परिप्रेक्ष्य पर बात करना अधिक प्रासंगिक है।

(i) ‘विविधता में एकता’ को फैला कर ‘विषमता में एकता’ तक भी चाहे क्यों न ले जाया जाए, सच तो यह है कि भारतीय परिप्रेक्ष्य बुरी तरह विभंजित रहा है। इस विभंजन में कई कारकों की सक्रिय भूमिका होती है। यहाँ दलित सिर्फ दलित नहीं होता है, मराठी, हिंदी, पंजाबी, कांग्रेसी, बहुजनवादी, भाजपाई, दरिद्र-अमीर, शिक्षित-अशिक्षित, दलित भी होता है। ‘हम’ और ‘अन्य’ के निर्धारण के ढेर सारे वास्तविक और आभासी कारक एक साथ सक्रिय रहते हैं। इन कारकों में अंतर्विरोध ही नहीं, अंतर्व्याघात भी होता है। इन कारकों को स्थगित या निष्क्रिय करना बहुत मुश्किल है। मार्क्सवाद के पूर्ण जानकार और उस पर भरपूर भरोसा रखनेवाले भी अपने घर में बैठे-बैठे कम्युनिस्ट नहीं हो जाते हैं। कम्युनिस्ट होने के लिए जरूरी है, संगठित होना, संगठित करना, बदलाव की रणनीति पर संगठित और सुनियोजित तरीके से अमल करना, समाज के वर्गीय आधार की समझ और सहानुभूति को तीव्रता के साथ उभारना। कम्युनिस्ट अपने-आप में महाविशेषण है। इसके साथ आनेवाला दूसरा विशेषण या तो खुद खंडित हो जाता है, या इसे खंडित कर देता है। जिस प्रकार ‘ब्राह्मण कम्युनिस्ट’, ‘राजपूत कम्युनिस्ट’, ‘हिंदी कम्युनिस्ट’, ‘बंगाली कम्युनिस्ट’ आदि नहीं होता है, उसी प्रकार ‘दलित कम्युनिस्ट’ भी नहीं हो सकता है। लेकिन हमारी मुसीबत यह है कि हमारे यहाँ ‘ब्राह्मण कम्युनिस्ट’ और ‘दलित कम्युनिस्ट’ हो सकते हैं। ‘हिंदी कम्युनिस्ट’ या ‘बंगाली कम्युनिस्ट’ भी होते हैं! माना जाना चाहिए कि कम्युनिस्ट होना थोड़ा मुश्किल काम है। वर्गीय आधार के अनुसार व्यवहार तक पहुँचने के पहले वर्गेतर आधारों को समझना और उसे निष्प्रभ करना दायित्व है।

(ii) वर्ग-स्वार्थ के अलावा भी इसके कारणों की खोज की जानी चाहिए। पहली नजर में तो यह भी लगता है कि उच्च वर्ण से संबंधित वे लोग भी जिन्हें

वर्ग-स्वार्थ के कारण स्वाभाविक रूप से दलित-स्वार्थ के निकट होना चाहिए या हैं, वर्गीय आधार को अस्वीकृत कर उभरती हुई दलित संदर्भ की 'प्रतिरोधी चेतना' की 'प्रतिशोधी चेतना' मान कर डरे और बिदके रहते हैं। इस डर के कारण ही दलित सवाल के उठते ही सवर्ण मेधा बौखला जाती है। दूसरी बात, संवेदनशील और व्यापक अर्थ में प्रगतिशील सवर्ण इस बात से भी बौखलाए हुए रहते हैं कि जिस हिंदुत्ववादी राजनीतिक शक्ति के मनुष्य-विरोधी होने की बात उनके मन में गहरे जमी हुई रहती है उसी के साथ 'दलित राजनीति' के प्रतिनिधियों के द्वारा उन्हें जोड़ दिया जाता है। वे इस राजनीतिक शक्ति और चेतना से विजड़ित किए जाने की स्थिति से भी बहुत विचलित होते हैं। तीसरी बात, संवेदनशील सवर्ण के सामने अपने तथाकथित संस्कारों या कु-संस्कारों से साथ आंतरिक आत्म-संघर्ष (सामाजिक संघर्ष चल नहीं रहा और जो आंतरिक आत्म-संघर्ष सामाजिक-संघर्ष की सक्रियता में शीघ्रता से बदल नहीं जाता है, वह अ-क्रिय आंतरिक आत्म-संघर्ष स्वाभाविक रूप से अविश्वसनीय होता जाता है) की व्यावहारिक विश्वसनीयता बहाल रखने की चुनौती के अलावा एक बड़ी कठिनाई यह है कि दलितवादी दलितों की नजर में वे अपने सवर्ण होने के अर्थ को उसी तरह बदल नहीं पाते हैं, जिस तरह अपने दलित होने के अर्थ को हिंदुत्ववादी सवर्णों की नजर में दलित नहीं बदल पाते हैं। यह दुश्चक्र है। यानी अपने मूल्यांकन के लिए जिस आधार को नकारा जाता है, दूसरों के मूल्यांकन के लिए उसी आधार को दृढ़ता से स्वीकार कर लिया जाता है। इस दुश्चक्र को तोड़ना 'दलित राजनीति' की समस्या है।

(iii) सहानुभूति बनाम स्वानुभूति के द्वंद्व को समझना जरूरी है। अकसर कहा जाता है कि 'घोड़े को समझने के लिए घोड़ा होना जरूरी नहीं है।' इस रूपक के नव्य न्याय का तर्क इतना संगत नहीं है कि इससे सहानुभूति बनाम स्वानुभूति के द्वंद्व की गुत्थी खुल जाए। इस नव्य न्याय का तर्क सामने रखने के बाद शीघ्रता से नैयायिक लोग भावानुप्रवेश जैसे महत्वपूर्ण मनोवैज्ञानिक सूत्र का सहारा लेते हैं। यह भावानुप्रवेश क्या है? यही न कि जो वह नहीं है, मनोवैज्ञानिक रूप से वह हो कर उसके जैसा अनुभव करना। भावानुप्रवेश के माध्यम से 'घोड़ा बनने के लिए तैयार रहना', 'घोड़ा' को समझने के अधिकार की शर्त है। न सिर्फ तैयार रहना, बल्कि अधिकतम संभाव्य स्तर तक 'घोड़ा' बनने में सक्षम और ईमानदार होना भी। 'घोड़ा' के दुख पर बात करेंगे और 'घोड़ा' बनना भी नहीं चाहेंगे! यह नहीं चलेगा। 'डि-क्लास' होने की जरूरत खत्म तो नहीं हो गई है! धूमिल ने झूठ थोड़े न कहा था कि लोहा का स्वाद लुहार और घोड़े, जिसके मुँह में लगाम होती है, एक ही नहीं होता है। दुखी तो सभी हैं। 'घोड़ा' भी और 'घुड़सवार' भी। लेकिन 'घोड़ा' और 'घुड़सवार' का दुख एक ही हो, यह कैसे हो सकता है? इसलिए दलित संदर्भ को समझने में 'स्वानुभूति' और 'सहानुभूति' के मुद्दे पर नव्य न्याय का

तर्क असंगत है। 'दलित राजनीति' की समस्याएँ सिर्फ अवधारणाओं के आधार पर समझना मुश्किल है, इसके लिए सामाजिकताओं के अंदर सम्मान के अवसर की परित्यक्त मनोभूति की पैमाइश से भी कुछ हद तक जरूरी है। स्वानुभूति के अभाव की प्रतिपूरक ही सहानुभूति हो सकती है, विस्थापक नहीं। कहना न होगा, सहानुभूति वस्तुतः स्वानुभूति का ही विस्तार है, एवजी नहीं। *जाके पैर न फटे बेवाई, वो क्या जाने पीर पराई,* तो बाबा तुलसीदास ही कह गए हैं। यदि दलित-समाज को लगता है कि उनके दुख का उतना भी निदान मुख्य धारा की सहानुभूतिमूलक राजनीति से नहीं हुआ जितना कि जनतंत्र में सामान्यतः संभव हुआ करता है और इसलिए वे मुख्य धारा की राजनीति से अलग 'दलित राजनीति' की ओर बढ़ रहे हैं, तो इसे समझना होगा। आजादी के इतने दिनों के बाद भी दलितों की सामाजिकता के सवाल, हजारों वर्ष पुरानी गुत्थियों से प्राणरस ग्रहण कर रहे हैं, तो क्या कहा जाए! दुख को तर्क से व्याख्यायित किया जा सकता है, लेकिन जरूरी नहीं कि वह व्याख्या संवेदना का भी हिस्सा बन ही जाए। असल में यह सवर्ण डर है जो बुद्धि और चेतना को कुतर्क के पथ पर भटकाता है। इस डर को पहचानने की जरूरत है। पहचानेंगे नहीं तो लड़ेंगे क्या? कौन पहचानेगा? यह काम 'दलित राजनीति' और 'वामपंथी राजनीति' दोनों को मिल कर करना होगा। 'दलित राजनीति' और 'वामपंथी राजनीति' दोनों के सामने एक-दूसरे की संभावनाओं को समझते हुए अपनी सीमाओं का अतिक्रमण कर मिलने की पहल करने की गहरी चुनौती है।

(iv) दलितों के दुख को नहीं समझा गया, तो 'स्वतंत्रता, समता और बंधुत्व' को नव-साम्राज्यवाद के विस्तार की आकांक्षा से उपजी फासीवादी बर्बरता, जिसका एक सिरा पुरातन धर्म से जुड़ा है तो दूसरा सिरा नूतन पूँजी-बाजार से जुड़ा है, की चपेट में आने से बचाना मुश्किल है। वैसे भी, नाना ऐतिहासिक कारणों से वर्गीय आधार पर समूह बनने की पुष्ट संभावना के नहीं होने के कारण ही धर्म के आधार पर समूह बनता है और संप्रदायबोध को सामाजिक आधार प्रदान करता है। समाज इस अनुचित आधार पर बँट कर पहले से लहूलुहान है। दलित-चेतना के विश्वसनीय वर्गीय आधार की शीघ्र तलाश न की जा सकी तो भारतीय समाज के आंतरिक विभाजन की दरारों को पाटना तो दूर, उनको और फैलने से रोकना भी बहुत ही मुश्किल होगा। इस तलाश के लिए दलित दुख को महसूस करना होगा। इसके लिए किसी पूर्वनिर्धारित और कदाचित उससे भी अधिक तात्कालिक राजनीतिक लाइन से थोड़ा अलग हो कर भी सोचने की जरूरत है।

अभी की राजनीतिक लाइन से हटने का मतलब है संसदीय प्रक्रियाओं की तात्कालिक बाध्यताओं पर काबू पाते हुए दीर्घकालिक राजनीति के जोखिमों को उठाने की तैयारी करना। 'विरोधाभासी जीवन' (देखें 1.4 का v) की विसंगतियों

को दूर करने, 'स्वतंत्रता, समता और बंधुत्व' को हासिल करने के लिए 'हिंदुत्व' (देखें 1.1 का ii) और 'उदारीकरण-निजीकरण-भूमंडलीकरण' से संघर्ष को एक साथ एवं सकारात्मक ढंग से चलाने के लिए 'दलित राजनीति' और 'वामपंथी राजनीति' को नई समझदारी और सहमेल की नई गुंजाइश विकसित करनी होगी। इस गुंजाइश का न बनना अपने आपमें समस्याओं की जड़ है। एक सामान्य भारतीय संस्कृति के विकास के लिए यह जरूरी है, क्योंकि, 'यह बात माननी ही होगी कि ऐतिहासिक रूप से एक सामान्य भारतीय संस्कृति का अस्तित्व कभी नहीं रहा है। ऐतिहासिक रूप से भारत तीन रहा है, ब्राह्मण भारत, बौद्ध भारत और हिंदू भारत। इन तीनों की अपनी अलग-अलग संस्कृति रही है।...यह बात भी माननी होगी कि मुसलमानों के वर्चस्व के पहले ब्राह्मणवाद और बौद्धवाद के बीच गहरे नैतिक संघर्ष का भी इतिहास रहा है।'[23] जाहिर है, जब 'पूँजी की सत्ता' अधिराष्ट्रीय हुई जा रही है, 'श्रम की सत्ता' को बचाने के लिए राष्ट्रीय सरोकारों को नए सिरे से टटोलना होगा तभी 'सही अंतर्राष्ट्रीयता', 'आकांक्षित पर्यावरणीय भूमंडलीकरण' और 'विश्वमानवतावाद' की नवनैतिकता का विकास हो पाएगा। इसके लिए 'आत्मनिर्णय का अधिकार' ही काफी नहीं है, 'आत्मान्वेषण का धैर्य', 'आत्मसंयोजन का साहस' और 'आत्म विस्तार का विवेक' भी चाहिए, और इन सबको नए सिरे से संगठित करने की इच्छा-क्रिया-शक्ति भी चाहिए। तभी फैज को दुहराने का साहस करते हुए कोई कह सकेगा कि *'ऐ ख़ाक-नशीनों उठ बैठो, वो वक़्त क़रीब आ पहुँचा है/जब तख़्त गिराए जाएँगे, जब ताज उछाले जाएँगे/अब टूट गिरेंगी जंजीरें, अब ज़िन्दानों*[24] *की खैर नहीं/जो दरिया झूम के उट्ठे हैं, तिनकों से न टाले जाएँगे।'*[25] लोग जुटेंगे और जंजीरें टूटेंगी। जंजीरें टूटती आई हैं, जंजीरें टूटेंगी और जरूर टूटेंगी।

संदर्भ

1. *मानव विकास रिपोर्ट* : 1996 (HDR-1996 : Growth as ameans to human development)
2. गेल ओमवेट : आंबेडकर एंड आफ्टर : *द दलित मूवमेंट इन इंडिया,* सं. घनश्याम साहा, सेज पब्लिकेशन, 2002
3. 'Interwoven' के अर्थ में।
4. भारतेंदु हरिश्चंद्र
5. एम.के. गांधी : *वर्णाश्रम धर्म,* नवजीवन ट्रस्ट, 1926
6. सुमित सरकार : *आधुनिक भारत–1885-1947* : राजकमल प्रकाशन, पहला छात्र संस्करण, आठवीं आवृत्ति : हरिजन आंदोलन
7. सुमित सरकार : *आधुनिक भारत–1885-1947* : राजकमल प्रकाशन, पहला छात्र संस्करण, आठवीं आवृत्ति : हरिजन आंदोलन

8. रामशरण शर्मा : *प्राचीन भारत में राजनीतिक विचार एवं संस्थाएँ* : परिशिष्ट 2, गोपति से भूपति, राजकमल प्रकाशन, पाँचवीं आवृत्ति, 2001
9. सुमित सरकार : *आधुनिक भारत–1885-1947* : राजकमल प्रकाशन, पहला छात्र संस्करण, आठवीं आवृत्ति : हरिजन आंदोलन
10. रवींद्रनाथ ठाकुर : भारत में राष्ट्रीयता–1917 : *सामाजिक क्रांति के दस्तावेज-1*, सं. शंभुनाथ, वाणी प्रकाशन, 2004
11. सुमित सरकार : *आधुनिक भारत–1885-1947* : राजकमल प्रकाशन, पहला छात्र संस्करण, आठवीं आवृत्ति : हरिजन आंदोलन
12. गेल ओमवेट : आंबेडकर एंड आफ्टर : द दलित मूवमेंट इन इंडिया : *सोशल मूवमेंट्स एंड द स्टेट*, सं. घनश्याम साहा, सेज पब्लिकेशन, 2002
13. भीमराव आंबेडकर : संविधान सभा में दिया गया भाषण, नवंबर 1949 : *सामाजिक क्रांति के दस्तावेज-2* : सं. शंभुनाथ, वाणी प्रकाशन, 2004
14. सुमित सरकार : *आधुनिक भारत–1885-1947* : राजकमल प्रकाशन, पहला छात्र संस्करण, आठवीं आवृत्ति : हरिजन आंदोलन
15. सुमित सरकार : *आधुनिक भारत–1885-1947* : राजकमल प्रकाशन, पहला छात्र संस्करण, आठवीं आवृत्ति : हरिजन आंदोलन
16. भीमराव आंबेडकर : संविधान सभा में दिया गया भाषण, नवंबर 1949 : *सामाजिक क्रांति के दस्तावेज-2* : सं. शंभुनाथ, वाणी प्रकाशन, 2004
17. 'Reservation Cover' के अर्थ में।
18. Huntington : Clashes of Civilization
19. 'Trans-Nationality' के अर्थ में।
20. 'Corresponding' के अर्थ में।
21. *मानव विकास रिपोर्ट*, 2002
22. कंवल भारती : *दलित विमर्श की भूमिका* : पुनश्च–दलित और वाम : कुछ गैरजरूरी सवाल : इतिहासबोध प्रकाशन, 2 परि. सं. 2004
23. डॉ. बाबासाहब आंबेडकर : रिवोल्यूशन एंड काउंटर–रिवोल्यूशन इन एंशिएंट इंडिया, *राइटिंग्स एंड स्पीचेज*, खंड 3, महाराष्ट्र सरकार, मुंबई, 1987
24. जेलखाना
25. फ़ैज़ अहमद फ़ैज़ : *प्रतिनिधि कविताएँ* : राजकमल पेपरबैक्स, 2003 : तराना

दलित राजनीति के ओर-छोर

अरुण कुमार त्रिपाठी

पिछले दिनों दलित राजनीति के क्षेत्र में कुछ महत्वपूर्ण घटनाएँ घटी हैं। उन्हें रेखांकित किए बिना यह समझना मुश्किल होगा कि दलित राजनीति का पाट कितना चौड़ा है और उसके भीतर कितनी धाराएँ हैं।

पहली घटना यह है कि संयुक्त राष्ट्र मानवाधिकार आयोग ने चार साल पहले डरबन में उठाई गई दलित संगठनों की इस माँग को गम्भीरता से लिया है कि उनके साथ किए जानेवाले भेदभाव को नस्ली भेदभाव के नजरिए से देखा जाना चाहिए। आयोग ने 19 अप्रैल, 2005 को इस बारे में जाँच के लिए दो विशेष रिपोर्टर नियुक्त कर दिए हैं। उनके नाम हैं योजो योकोटा और चिन-सुंग चुंग।

दूसरी घटना बहुजन समाज पार्टी की तरफ से लखनऊ में 9 जून को आयोजित ब्राह्मण महासम्मेलन की है। इससे पहले वे पूरे प्रदेश में 22 ब्राह्मण सम्मेलन आयोजित कर चुकी थीं। इसमें एक तरफ राजनीतिक अवसरवाद है, तो दूसरी तरफ सैद्धांतिक संश्लेषण भी है। यह घटना नस्लवादी नजरिए से अलग जाती दिखती है।

तीसरी घटना मुंबई में डांस बारों के बंद किए जाने की है। कहा जा रहा है कि इस कार्रवाई से बेरोजगार हुई लड़कियों का संघर्ष सिर्फ महिला अधिकारों का संघर्ष नहीं है, वह दलित अधिकारों का संघर्ष भी है, क्योंकि इन लड़कियों में 75-80 फीसदी लड़कियाँ दलित परिवारों की हैं।

चौथी घटना दलित नेता रामविलास पासवान की लोक जनशक्ति पार्टी के बिहार विधान सभा चुनाव में अप्रत्याशित प्रदर्शन, उससे निकले आपराधिक किस्म के सवर्ण नेता और फिर सरकार बनाने के लिए उनकी भगदड़ और दल बदल की है।

अगर ध्यान दिया जाए, तो वह घटना भी कम महत्वपूर्ण नहीं है कि पूँजीपतियों के संगठन फिक्की ने निजी क्षेत्र में आरक्षण देने से मना कर दिया, जबकि दलितों का बौद्धिक वर्ग अमेरिका के डायवर्सिटी या विविधता के सिद्धान्त

के हवाले से निजी क्षेत्र में आरक्षण दिलाने के लिए लगातार अभियान चला रहा है।

इन घटनाओं में पहली घटना सैद्धांतिक और व्यावहारिक स्तर पर दूरगामी परिणाम पैदा करनेवाली है। सन् 2001 में 31 अगस्त से 7 सितंबर के बीच नस्लवाद नस्ली भेदभाव, विदेशी-द्वेष और अन्य तरह की असहिष्णुता के विरुद्ध दक्षिण अफ्रीका में डरबन में हुए विश्व सम्मेलन में भारत के दलित संगठनों ने जब यह माँग उठाई कि दलितों के साथ होनेवाले भेदभाव को नस्ली भेदभाव की श्रेणी में रखा जाए, तो उस पर काफी विवाद हुआ था। इस माँग का विरोध करनेवालों में धीरूभाई शेठ जैसे प्रसिद्ध समाजशास्त्री भी थे। विरोध के तर्क ऐतिहासिक, सैद्धांतिक और राजनीतिक, सभी स्तरों के थे। उनका कहना था कि जाति की समस्या का अंतर्राष्ट्रीयकरण कोई बुरी बात नहीं है। इससे उस पर विभिन्न अंतर्राष्ट्रीय संगठनों का दबाव बनेगा और जातिगत भेदभाव व छुआछूत खत्म होने में मदद मिलेगी। लेकिन दिक्कत यह है कि इस माँग को किसी दलित राजनीतिक दल ने नहीं, बल्कि कुछ गैरसरकारी संगठनों ने उठाया था। इसलिए यह माँग मान लिए जाने के बाद दलित राजनीतिक कार्यकर्त्ता तेजी से एनजीओ संस्कृति के हिस्से बन जाएँगे और वे अपना आंदोलनकारी चरित्र खोकर विदेशी धन पाने और विदेश यात्राएँ करने के चक्कर में पड़ जाएँगे। उनमें एक तरह का अल्पसंख्यकवाद और अलगाववाद पनपेगा और मुख्य धारा की राजनीति में उनकी भागीदारी बढ़ने के बजाय प्रतीकात्मक राजनीति पर निर्भरता बढ़ जाएगी। दलितों को अश्वेतों की तरह अलग नस्ल मानने का खतरा यह है कि वे भूमंडलीकरण की उन्हीं ताकतों के मोहताज हो जाएँगे जो उनका ही नहीं, देश और दुनिया के तमाम गरीबों का शोषण कर रही है। इसके साथ यह बात भी जुड़ी हुई है कि भारत की जातियाँ नस्ल नहीं हैं। उन्होंने श्रम विभाजन के ऐतिहासिक और सामाजिक कारणों के चलते श्रेणीबद्ध रूप ले लिया है। अगर भारत की ये जातियाँ कभी नस्ल के रूप में थीं भी, तो उनका आपस में मिश्रण बहुत पहले हो चुका है। ऐसा दलितों के सबसे बड़े नेता और चिंतक डॉ. भीमराव आंबेडकर का भी मानना था।

लेकिन इस मामले को राजनीतिशास्त्री प्रोफेसर रजनी कोठारी अलग नजरिए से देखते हैं। उनका कहना है कि 'जाति के अंतर्राष्ट्रीयकरण का विरोध करनेवाले ब्राह्मणवाद के एजेंट हैं। श्वेतांगों के प्रति भारतीय मानस में पारंपरिक आसक्ति मिलती है और इसकी एंटीथीसिस के तौर पर कालों के प्रति तिरस्कार दिखाई देता है। इस मानसिकता की जड़ वर्ण व्यवस्था में मिल सकती है।' लेकिन रजनी कोठारी ऐसा इसलिए नहीं कहते क्योंकि वे वैश्वीकरण की मौजूदा प्रक्रिया को मानवता और विशेषकर दलितों के लिए कल्याणकारी मानते हैं। इसके विपरीत वे जाति के अंतर्राष्ट्रीयकरण का समर्थन इसलिए करते हैं क्योंकि वे इसे विनाशकारी मानते

हैं। वे मानते हैं कि जाति की समस्या का अंतर्राष्ट्रीयकरण करने से वैश्वीकरण से लड़ने में मदद मिलेगी। उनका कहना है, 'छुआछूत विश्व मानवता और खासकर भारतीय सभ्यता का अंतिम कलंक है। इसे मिटाने के लिए भूमंडलीकरण की प्रक्रिया में जाने का स्वागत किया जाना चाहिए। यह इसलिए भी जरूरी है कि नव-उदारवादी पूँजीवाद ने भूमंडलीकरण के जरिए लोकतंत्र के जिस नए रूप की रचना की है, उसके तहत दलितों जैसे हाशिए पर पड़े तबके के लिए खतरा पैदा हो गया है। अब न केवल जाति विरोधी जमीनी संघर्षों को उत्तरोत्तर मजबूत किए जाने की जरूरत है, बल्कि अंतर्राष्ट्रीय मोर्चाबंदी भी आवश्यक है।'

अब चूँकि संयुक्त राष्ट्र मानवाधिकार आयोग ने दलितों के गैरसरकारी संगठनों के अनुरोध को स्वीकार करते हुए दलितों की समस्या के नस्ली स्वरूप के अध्ययन के लिए दो विशेषज्ञ नियुक्त कर दिए हैं, ऐसे में वे सारे खतरे और संभावनाएँ सामने हैं जिनका अनुमान धीरूभाई शेठ और रजनी कोठारी जैसे विद्वान जता चुके हैं। एक दलित बुद्धिजीवी मजाक में कहते हैं, 'क्या विदेश यात्रा का हक सिर्फ सवर्णों को ही है?' दलित समस्या को नस्लवाद से जोड़ दिए जाने के साथ अंतर्राष्ट्रीय मंचों पर और संस्थाओं में उसके उठाए जाने और उस काम के लिए दलितों के वैश्वीकरण की पर्याप्त संभावनाएँ पैदा हो रही हैं। एक दलित बुद्धिजीवी घूम-घूम कर कह रहे हैं, दलितों में टाटा-बिड़ला क्यों नहीं हो सकते? दलितों के बड़े-बड़े बंगले और उसमें भौंकते कुत्ते क्यों नहीं हो सकते? दलितों की स्त्रियाँ स्लीवलेस कपड़े और डिजाइनर ड्रेस क्यों नहीं पहन सकतीं? वे और उनकी जमात के बुद्धिजीवी 'नई विश्व व्यवस्था' के फौजीकरण के समर्थक हैं। वे दुनिया पर वर्चस्व कायम करने की अमेरिकी राजनीति के हिमायती हैं। अभी लगता है कि यही जमात आगे बढ़ेगी और महत्व पाएगी। हालाँकि वैश्वीकरण के विरोध में भी दलितों की जमात है और वह विश्व सामाजिक मंच से ले कर कई तरह के आंदोलनों से अपने को जोड़ती भी है, पर उसकी भी गतिविधियाँ एनजीओ और विदेशी अनुदान के दायरे से बाहर नहीं हैं।

लेकिन दलितों के नस्लवादी विमर्श से निकलनेवाले अलगाववाद और अल्पसंख्यकवाद के विपरीत हुई दूसरी घटना मायावती के ब्राह्मण महासम्मेलन की है। इस आयोजन को दलित राजनीति के ब्राह्मणीकरण के रूप में भी देखा जा सकता है और कांग्रेसीकरण के रूप में भी। बसपा की राजनीति का हिंदूकरण तो तभी होना शुरू हो गया था जब उसने भाजपा के साथ मिलकर सरकार बनाई और फिर मायावती ने अपने शासन के तीसरे कार्यकाल में न सिर्फ गुजरात के सांप्रदायिक दंगों की आलोचना से परहेज किया, बल्कि वहाँ के मुख्य मंत्री नरेंद्र मोदी का समर्थन भी किया। उन्होंने गुजरात में हुए अल्पसंख्यकों के भीषण नरसंहार के बाद भी वहाँ भाजपा का प्रचार किया और बाद में अयोध्या के बाबरी विध्वंस मामले में

लालकृष्ण आडवाणी पर मुकदमा चलाने की इजाजत नहीं दी। हालाँकि इन दिनों भारतीय जनता पार्टी से उनके रिश्ते बिगड़े हुए हैं, पर सरकार बनने की संभावना के साथ वे कब सुधर जाएँ, कुछ कहा नहीं जा सकता। मायावती अब ब्राह्मणों से तालमेल कर कांग्रेसी राजनीति जैसा ही एक सामाजिक समीकरण तैयार करने में लगी हैं। उन्होंने हाथी को गणेश के प्रतीक के रूप में प्रदर्शित किया है और अब यह कहना शुरू कर दिया है कि उनका विरोध सिर्फ मनुवाद से है, ब्राह्मणों से नहीं। उन्होंने यह सफाई भी दे दी है कि उनकी पार्टी ने यह नारा कभी नहीं दिया कि *तिलक तराजू और तलवार, उनको मारो जूते चार।* मायावती का दावा है कि वे 12-13 वर्षों में देश को पहला दलित प्रधान मंत्री देंगी। वह पुरुष भी हो सकता है और स्त्री भी। यानी मायावती कांशीराम की उस योजना पर चल रही हैं जिसके तहत वे आरक्षण लेने नहीं, ब्राह्मणों को आरक्षण देने का दावा करते थे।

सवाल उठता है मायावती के इस ब्राह्मण महासम्मेलन को किसी क्रांतिकारी सामाजिक संश्लेषण के रूप में देखा जाए या एक और अवसरवाद के रूप में? क्या इस तरह के सम्मेलनों से किसी नई राजनीति की संभावना को देखा जा सकता है। इस तरह के सम्मेलनों से यह निषकर्ष तो निकाला जा सकता है कि दलित समस्या के नस्लीकरण और अंतर्राष्ट्रीयकरण के बीच दलित राजनीति समाज के उन तबकों से भी घुलने-मिलने में लगी है जिन्हें वह अपना शत्रु समझती थी। यानी वह अलगाववाद और अल्पसंख्यकवाद का रास्ता अपनाने के बजाय मुख्य धारा में शामिल होने के लिए प्रयासरत है। पर मुश्किल यह है कि वह अपने साथ ब्राह्मणों के उस तबके को ला रही हैं जो कल तक कार सेवक थे और अयोध्या में बाबरी मस्जिद गिरा कर उसकी ईंट घरों में जमा कर रहे थे। वे ऐसे अवसरवादी ब्राह्मण हैं जो लूट में हिस्सेदारी के लिए बसपा से जुड़ रहे हैं, क्योंकि उनके सोच और संस्कृति की स्वाभाविक पार्टी भाजपा आजकल उत्तर प्रदेश में कमजोर हो रही है। मायावती का यह संश्लेषण रामविलास पासवान के उस संश्लेषण से मिलता-जुलता है जिसके तहत वे भूमिहारों और राजपूतों को अपनी पार्टी से जोड़ते रहे हैं और जिस वजह से कांशीराम उन्हें सवर्णों का चम्मच कहा करते थे।

मायावती के इस प्रयास को डॉ. श्योराज सिंह बेचैन जैसे बुद्धिजीवी डॉ. आंबेडकर के ब्राह्मणों से मेल-मिलाप संबंधी प्रयासों के समतुल्य रखते हैं। उनका कहना है कि डॉ. आंबेडकर ने भी बाल गंगाधर तिलक के बेटे को अपने अखबार का संपादक बनाया था और एक ब्राह्मण महिला से विवाह किया था। पर मायावती पर दलित आंदोलन को झटका देने का आरोप लगाते हुए एक अन्य दलित बुद्धिजीवी कंवल भारती का कहना है, 'मनुवाद बसपा का स्थायी नारा है, पर उसने मनुवाद को परिभाषित आज तक नहीं किया है। बसपा सबसे ज्यादा भ्रम इसी शब्द से फैलाती है। डॉ. आंबेडकर ने कभी भी 'मनुवाद' शब्द का प्रयोग नहीं किया।

उन्होंने ब्राह्मणवाद शब्द का प्रयोग किया और उसे परिभाषित भी किया। उन्होंने कहा कि समता के सिद्धांत को नकारने का नाम ब्राह्मणवाद है। उन्होंने जोर देकर कहा कि यह सिर्फ ब्राह्मणों में मौजूद नहीं है, वरन सभी वर्गों और जातियों में मौजूद है। स्वयं दलितों में भी ब्राह्मणवाद पैदा हो चुका है। मायावती का दृष्टिकोण इस सिद्धांत की धज्जियाँ उड़ाता है। (*मायावती और दलित आंदोलन,* कंवल भारती, रमणिका फाउंडेशन, नई दिल्ली) अपनी इस सैद्धांतिक आलोचना को व्यावहारिक स्तर पर उतारते हुए वे मायावती के प्रति और तीखे हो जाते हैं—'सत्ता में बने रहने की चिंता मायावती को कहीं भी ले जा सकती है। वे इसके लिए किसी भी हद से गुजर सकती हैं, पर ध्यान रहे उनकी शरण स्थली पूँजीवादी पार्टियाँ हो सकती हैं।'

मुंबई के डांस बारों को बंद करने की घटना थोड़ी जटिल है। एक तरफ नाचने-गाने व कमाने की आजादी और बड़े शहरों के मध्यवर्ग के मनोरंजन की स्वतंत्रता है तो दूसरी तरफ समाज की नैतिकता और उसकी रक्षा करनेवाली सरकार है। लेकिन तीसरा पक्ष गरीब वर्गों के पारंपरिक व्यवसाय के खत्म होते जाने और उदारीकरण के दौर में स्त्रियों पर देह प्रदर्शन और देह व्यापार का दबाव बढ़ने का है। कैसी विडंबना है कि देह प्रदर्शन और देह व्यापार महानगरों का आम चलन होता जा रहा है और उसका भुगतान लगातार ऊँचा होता जा रहा है। मुंबई के डांस बारों की लड़कियों में ज्यादा संख्या उनकी है जो या तो दलित हैं या फिर नट जैसी नाचने-गानेवाली आदिवासी जातियाँ हैं। ऐसा उन लड़कियों पर काम करनेवाले एक महिला संगठन के सर्वेक्षण में सामने आया है। यहाँ सवाल उठता है कि जब वे लड़कियाँ अपने पारंपरिक व्यवसायों को छोड़ डांस बारों में आई थीं, तो क्या वे मुक्त हुई थीं? अब जबकि बार बंद किए जा रहे हैं, तो क्या उन्हें फिर गुलामी या वेश्यावृत्ति के नरक में ठेला जा रहा है, इन महिलाओं के सामने अजीब-सी दुविधा है। एक तरफ ब्राह्मणवादी समाज का कुआँ है, तो दूसरी तरफ उपभोक्तावादी समाज की खाई। इसके अलावा उनके सामने कोई तीसरा विकल्प सूझ नहीं रहा। यहाँ दलित कथाकार मोहनदास नैमिशराय का वह कथन प्रासंगिक हो जाता है कि दलित महिलाओं का संघर्ष दुहरा है, क्योंकि उनका दुहरा शोषण हो रहा है। वे कहते हैं, 'दलित महिलाओं की त्रासदी यह है कि उन्हें एक गाल पर ब्राह्मणवाद का तो दूसरे गाल पर पितृसत्ता का थप्पड़ खाना पड़ता है।' इस स्थिति को बाबूराव बागुल थोड़ा और प्रभावशाली ढंग से प्रस्तुत करते हैं, 'अस्पृश्यता को नकारनेवाली भीमस्मृति और अस्पृश्यता का पालन करनेवाली मनुस्मृति एक ही सभागृह में और एक ही घर में साथ-साथ राज करती हैं। यानी एक देश एक समय में दो स्मृतियों, दो सत्ताओं और दो जीवन पद्धतियों में जीता है।' दलित कवयित्री स्वरूप रानी के शब्द इसे और प्रभावशाली ढंग से व्यक्त करते हैं—

अरे हाँ...अपनी जिंदगी को मैंने जिया कब?

घर में पुरुषाहंकार एक गाल पर थप्पड़
मारता है तो
गली में वर्ण आधिपत्य दूसरे गाल पर चोट
करता है।

जाहिर-सी बात है, उपभोक्तावाद ऐसा प्रलोभन देता है कि वह औरत को इन दोनों थप्पड़ों से आजाद करा देगा और देह के आधार पर उसे ऐसा मूल्य और ताकत दिलाएगा जो उसे आज तक नहीं मिली है। यहाँ 'द ब्यूटी मिथ' की लेखिका नॉमी वुल्फ का विश्लेषण प्रासंगिक लगता है। उनका कहना है कि उपभोक्तावाद और सौंदर्य उद्योग ने पितृसत्ता से आजाद हुई स्त्रियों को नई गुलामी में फँसा दिया है। यहाँ स्त्री एक वस्तु है और उसका सौंदर्य एक मुद्रा।

यहाँ यह उल्लेख करना अप्रासंगिक नहीं होगा कि देह व्यापार में दलित और गरीब महिलाओं को बड़े पैमाने पर धकेला जा रहा है और उनकी लड़कियों की बार-बार खरीद-बिक्री हो रही है। दबंग जातियों द्वारा उनके देह शोषण की समस्या तो पुरानी है। इसमें भँवरी बाई जैसी महिलाओं का उदाहरण तो सामने है।

इन तमाम स्थितियों में यह सवाल महत्वपूर्ण हो जाता है कि फासीवाद से नई तरह का गठजोड़ बना चुके ब्राह्मणवाद के सर्वांगीण विकल्प के तौर पर दलित राजनीति क्या कोई व्यवस्था या आंदोलन दे पाएगी? क्या वह कोई ऐसी राष्ट्रीय या अंतर्राष्ट्रीय दृष्टि प्रस्तुत कर पाएगी, जिसमें बहुजन हिताय और बहुजन सुखाय की संभावना हो। इस सवाल का जवाब ढूँढ़ने के लिए दो दलित लेखकों का उल्लेख प्रासंगिक होगा। एक तरफ 'मैं हिंदू क्यों नहीं हूँ' में कांचा इलैया कहते हैं—'ब्राह्मणबाड़ा उनका आदर्श है तो दलितबाड़ा हमारा आदर्श है। वे अपने घरों की छतों से चिल्ला रहे हैं कि भारत का हिंदूकरण करो तो हम भी ताड़ के पेड़ से, खेतों से, पेड़ों के शीर्ष से और दलितबाड़ों से चिल्लाएँगे कि भारत का दलितीकरण होना चाहिए। हमें यह कहना होगा कि हम हिंदूवाद से घृणा करते हैं। हमें कहना होगा कि हम ब्राह्मणवाद से घृणा करते हैं। हमें कहना होगा कि हम अपनी संस्कृति से प्यार करते हैं। हम सबसे ज्यादा खुद से प्यार करते हैं।'

इसी सिलसिले में मायावती की आलोचना में की गई कंवल भारती की टिप्पणी भी दलित क्रांति का ही आह्वान करती है—'मायावती की तीसरी ताजपोशी ने दलित आंदोलन की बुनियादें हिला दीं।...दलित जिस बदलाव और क्रांति का सपना देख रहा है, वह काफी दूर हो गया है। लेकिन सबसे बड़ा दुख इस बात का है कि क्रांति की बातें करनेवाली ताकतें सोई हुई हैं या वे पूँजीवाद के हित में सक्रिय हैं और सोने का नाटक किए हुए हैं। ऐसी स्थिति में किसी क्रांतिकारी आंदोलन या राजनीतिक विकल्प के उभरने की हम क्या आशा कर सकते हैं? फिर भी हमें आशा करनी चाहिए कि स्थितियाँ बदलेंगी क्योंकि दलित क्रांति चाहता है।'

दलित की रोटी

विभांशु दिव्याल

मैंने उस दलित बुजुर्ग से पूछा—दद्दू, आप जिंदगी में क्या चाहते हैं? उसने कुछ थरथराती आवाज में उत्तर दिया—हम क्या चाहेंगे, हमारी जैसी गुजरी, गुजर गई। हम चाहते हैं, हमारे बच्चों को इज्जत की रोटी मिल जाए। मैंने दूसरा सवाल किया—आप कैसी दुनिया चाहते हैं? उसने बेलाग जवाब दिया—जो हमारे बच्चों को इज्जत की रोटी दे सके।

मैंने खुद अपने आपसे पूछा कि वर्तमान और भविष्य के बारे में क्या कुछ और पूछना शेष था? वह बुजुर्ग चाहता था कि उसके बच्चों को रोटी मिल सके, लेकिन इज्जत के साथ। रोटी में पेट की आधारभूत जरूरत शामिल थी, जो उसकी अपेक्षा की पहली शर्त थी और इसी अपेक्षा की दूसरी शर्त 'इज्जत' थी। उसे अपने बच्चों के लिए गिड़गिड़ा कर, याचक बन कर, गाली या अपमान सह कर रोटी नहीं चाहिए थी। इज्जत के साथ चाहिए थी, जिसमें रोटी पाने का उसका अधिकार समाहित था, उसकी प्रतिष्ठा, उसका सामाजिक सम्मान शामिल था। उसे रोटी जो भी दे, जहाँ से भी मिले, मगर रोटी देनेवाला उसे सम्मान के साथ रोटी दे, उसके हक की इज्जत करते हुए रोटी दे। रोटी पाने की उसकी जरूरत को हर तरह से जायज मानते हुए उसे रोटी दे। रोटी लेते वक्त उसे किसी तरह की हीनता, हेयता, अपमान और तिरस्कार का बोध न हो, बल्कि एक अधिकार के फलीभूत होने की प्रसन्नता की अनुभूति हो। यह चाह थी उस दलित बुजुर्ग की और उस दलित बुजुर्ग के सपनों की दुनिया भी वही थी जो उसे इज्जत की रोटी दे सके। यानी एक ऐसी दुनिया जो उसे रोटी दे, मगर इज्जत के साथ दे। उसके प्रति दया या कृपा, उपकार या अहसान भाव बना कर नहीं, बल्कि रोटी के उसके अधिकार को सम्मान देते हुए रोटी दे। जाहिर है कि रोटी की यह माँग व्यक्ति से नहीं, व्यवस्था से थी। उस बुजुर्ग ने दो शब्दों के माध्यम से वर्तमान दलित संघर्ष और भविष्य के अपेक्षित समाज का खाका खींच दिया था।

दरअसल, रोटी और सम्मान के लिए यानी सम्मान सहित रोटी के लिए दलित संघर्ष का इतिहास उतना ही पुराना है जितना कि रोटी और सम्मान से उन्हें वंचित करने की प्रक्रिया का इतिहास। हिंदू धर्म की वर्णवादी व्यवस्था के निरंतर मजबूत होते जाने और इसके वंशानुगत हो जाने तथा इसे व्यापक स्वीकृति मिल जाने के बाद भी दलितों ने इसे कभी भी स्वीकृति नहीं दी। वंचन, साधनविहीनता, वैकल्पिक व्यवस्था का अभाव जैसे कई तत्व उन्हें अपमानजनक स्थितियों को स्वीकार करने के लिए बाध्य भले ही किए रहे हों, लेकिन जहाँ भी, जब भी उन्हें अवसर मिला, उन्होंने उठने, उबरने और अन्याय के प्रतिकार के प्रयास किए। कभी उन्होंने हिंदू धर्म से बाहर जाकर विरोध किया, कभी उन्होंने इसी धर्म के भीतर अपना समतावादी नया भगवान खड़ा कर परंपरा का विरोध किया, तो कभी पुनर्जन्म और कर्मफल की हिंदू अवधारणा को आत्मसात कर अपनी नियति को ईश्वरीय विधान मान कर उसे स्वीकार भी किया। दलित अस्मिता की प्रतिरोध और स्वीकार की ये धाराएँ आज भी प्रवाहित हो रही हैं।

अपमान से मुक्ति के लिए या इज्जत पाने के लिए दलित हिंदू धर्म की बेड़ियाँ तोड़ कर इस्लाम, ईसाइयत तथा सिख और बौद्ध धर्म के छाते के नीचे शरण लेते रहे हैं। वे ब्राह्मणवादी व्यवस्था के पोषकों के विरुद्ध इसी व्यवस्था के भीतर से विद्रोह का बिगुल बजाते रहे हैं। जिन्होंने न हिंदू धर्म छोड़ा और न इस धर्म के विरुद्ध बगावत का झंडा बुलंद किया, बल्कि आज भी इस धर्म के कर्मकांडों से बँधे हुए हैं, वे भी अब हेय, अस्पृश्य और पशु से भी बदतर समझे जाने के लिए तैयार नहीं हैं। 'राम और कृष्ण में विश्वास करनेवाला दलित कर्म सिद्धांत में यकीन नहीं रखता। वह समान हैसियत का दावा पेश करता है। उसकी समानता का दावा धर्म-प्राण हिंदू की अस्मिता त्यागे बिना सामाजिक-आर्थिक दायरे में न्याय और समता के दावे तक विकसित हो गया है।'[1]

दलित संघर्ष और समझौते की इन तीन धाराओं के बीच शेष भारतीय समाज के संदर्भ में दलितों का वर्तमान क्या है? रोटी और इज्जत के संघर्ष में उनकी उपलब्धियाँ क्या हैं? अपेक्षित को पाने के लिए उनके पराजय के क्षेत्र और कारक क्या रहे हैं? इसके मूल्यांकन से ही यह तय होगा कि दलित आकांक्षाओं का इज्जत से रोटी देनेवाला समाज कैसे बनेगा? यानी समाज के आर्थिक संसाधनों पर, बिना किसी भेदभाव और बिना किसी कृपा भाव के दलितों की समानतापूर्ण आधिकारिक साझेदारी किस तरह और कब स्थापित होगी? दलित संघर्ष, विशेषकर डॉ. आंबेडकर के नेतृत्व में हुए दलित संघर्ष और इस संघर्ष की व्यापक स्वीकृति के चलते स्वतंत्र भारत के दलितों को संवैधानिक तौर पर जो उपलब्ध हुआ, उसने कई उपलब्धकारी गुणात्मक परिवर्तन पैदा किए। सार्विक मताधिकार, जाति, संप्रदाय के भेद से रहित न्यायिक और प्रशासनिक व्यवस्था तथा सरकारी सेवा क्षेत्रों और संसद तथा विधान

सभाओं में आरक्षण ने स्वातंत्र्योत्तर दलित संघर्ष को हर स्तर पर मजबूती प्रदान की। भेदभाव और छुआछूत के विरुद्ध दलित जम कर संघर्ष चला सके और अस्पृश्यता का बड़े अंश तक उन्मूलन कर सके। वे राजनीतिक रूप से सचेत और संगठित हुए तथा कांग्रेस सहित विभिन्न राजनीतिक दलों के छाते से बाहर निकल कर अपनी स्वतंत्र राजनीतिक शक्ति संगठित कर सके। आरक्षण के जरिए विधायिका और कार्यपालिका में उन्हें जो जगह उपलब्ध हुई, उसका उपयोग उन्होंने न केवल अपनी राजनीतिक शक्ति के विस्तार के लिए किया, बल्कि आर्थिक शक्ति का भी विस्तार किया। दलित समाज के बीच एक ऐसे मध्य वर्ग का विकास हुआ जो देश की मुख्य धारा से सवाल भी कर सकता है, उसके साथ सहकार भी स्थापित कर सकता है और उसे ठुकरा भी सकता है। दलित मध्य वर्ग में से दलित बुद्धिजीवियों का एक ऐसा तेज-तर्रार वर्ग उभर आया है जो जाति और शोषण की पक्षधर किसी भी धार्मिक-राजनीतिक विचारधारा के कपड़े उतार कर उसे तार्किक ढंग से नंगा कर सकता है। भारतीय समाज के अनेकानेक बौद्धिक विमर्शों में से इस समय दलित विमर्श सर्वाधिक गतिशील, ऊर्ध्वगामी और ऊर्जावान है। इस विमर्श के विस्तार के चलते और शिक्षा के सहारे दलित समाज में जैसे-जैसे इसकी पैठ होगी, दलित समाज का न्याय और समानता का तर्क जैसे-जैसे जड़ें पकड़ेगा, वैसे-वैसे दलित समाज की सामाजिक चेतना का रचनात्मक रूप निखरेगा।

लेकिन परिवर्तन की प्रक्रिया में सब कुछ शुभ नहीं है। बहुत कुछ उपलब्ध कर लेने के बावजूद बहुसंख्य दलितों के लिए इज्जत की रोटी अभी भी दूर का सपना है। कहीं रोटी के संघर्ष में उन्हें इज्जत दाँव पर लगानी पड़ती है और कहीं इज्जत के संघर्ष में रोटी दाँव पर लगानी पड़ती है। उनकी शक्ति के आरक्षण जैसे औजार चुकने लगे हैं। राजनीतिक आरक्षण ने जहाँ उन्हें राजनीतिक चेतना से संपृक्त किया वहीं दूसरी ओर उनकी एकजुटता में बड़ी बाधा पैदा की। धर्म आज भी दलितों के गले की हड्डी बना हुआ है, जिसे न वे निगल पा रहे हैं न उगल पा रहे हैं। जिस आधुनिकता की रोशनी में उन्होंने अपने अँधेरे अतीत से निकलने के रास्ते देखे थे, उसी आधुनिकता का उत्तरकाल उनके लिए भारतीय समाज के परिप्रेक्ष्य में विशेष राहतकारी नहीं है। इस काल की सार्वभौम संस्कृति जिस वैश्वीकरण और बाजारवाद पर टिकी है, उसमें दलितों के लिए किसी आरक्षण का कोई प्रावधान नहीं है। भारत की राजनीतिक-आर्थिक ताकतें जिस तरह से बाजारवादी वैश्वीकरण के आगे नतमस्तक हुई हैं, उससे भारत के दलितों के स्वतंत्र आर्थिक विकास के रास्ते पहले से कहीं अधिक संकुचित हो रहे हैं।

उत्तर-आधुनिक काल के परिप्रेक्ष्य में जब हम दलितों की बात करते हैं तो उसका प्रत्यक्ष संबंध सीधे हिंदू धर्म से जुड़ जाता है लेकिन वास्तविकता यह है कि वंचित तबका, वह चाहे मुसलमानों का हो, ईसाइयों का हो या सिखों का, किसी

भी तरह से दलितों से बेहतर स्थिति में नहीं है। और जैसे ही हम हिंदुएतर धर्मों के वंचितों को दलित शब्द से अभिहित करते हैं यानी दलित मुसलमान, दलित सिख, दलित ईसाई से अभिहित करते हैं और एक व्यापक भारतीय दलित फलक की कल्पना करते हैं, तात्कालिक रूप से दो बिंदु उभर आते हैं। पहला यह कि हिंदू धर्म की तरह ही इस्लाम, ईसाई और सिख धर्म भी अपने-अपने निचले तबकों को सामाजिक और आर्थिक बराबरी की हैसियत देने अथवा दिला पाने में असमर्थ रहे हैं और किसी भी धर्म के निचले तबके के वंचित लोग दूसरे धर्मों के उच्च तबके की बात तो दूर, निचले तबकों की भी आपसी रंजिश और नफरत के शिकार बने हैं। इस अर्थ में दलितत्व और वंचन से उबारने में सभी धर्मों की विफलता दलित संदर्भ में एक साथ सभी धर्मों को अप्रासंगिक, नकारा और च्युत शक्ति ठहराती है। इसलिए इस भ्रम से मुक्त होना जरूरी है कि भारत का कोई भी धर्म किसी दलित को आर्थिक-सामाजिक बराबरी की बात तो दूर, उन्हें सम्मानित सामाजिक सदस्य तक की हैसियत दिलाने में सफल हो सकता है। '...दलित एक व्यापक समुदाय है जो हिंदुओं में भी है, सिखों, मुसलमानों और ईसाइयों में भी है। वह हर जगह असमानता, अलगाव और शोषण का शिकार है। यह बात अलग है कि भिन्न-भिन्न धर्मों में उसके शोषण की डिग्रियाँ अलग-अलग रही हैं।'[2]

यहाँ यह स्पष्ट करना जरूरी है कि भारत में हुए धर्मांतरण के प्रयोग न तो जाति के निराकरण में सफल हुए, न दलितों को सामाजिक बराबरी का स्थान देने में और न उनकी आर्थिक हैसियत को सुधारने में। अपवादस्वरूप दलितों का एक छोटा-सा हिस्सा धर्मांतरण की बैसाखी के सहारे कुछेक सीढ़ियाँ ऊपर चढ़ने में सफल हो गया हो तो यह दीगर बात है, लेकिन व्यापक दलित समाज के तौर पर उनकी स्थिति में जो बुनियादी बदलाव आने चाहिए थे, वे कभी नहीं आए। इसका एक बड़ा कारण धर्मांतरण के पीछे छिपे इरादे भी थे।

ईसाई और इस्लामी धर्म प्रचारकों ने दलितों को सिर्फ और सिर्फ उनकी आर्थिक-सामाजिक हीनता से उबारने के लिए धर्मांतरण को प्रेरित किया हो, ऐसे उदाहरण नहीं मिलते। धर्मांतरण अपने धर्म की सत्ता को स्वीकार कराने के लिए अथवा अपने धार्मिक अनुयायियों का संख्यात्मक विस्तार करने के लिए, धर्मांतरण प्रेरित किया गया। अथवा दूसरे धर्म को अपमानित करने के लिए। इनके पीछे राजनीतिक-धार्मिक वर्चस्व का संघर्ष ज्यादा था, दलितोत्थान का संघर्ष कम।

इसका एक दूसरा पहलू और अधिक दलित विरोधी साबित हुआ। जो दलित हिंदुओं में से निकल कर दूसरे धर्मों में चले गए, उनके लिए भी हिंदू दलित त्याज्य हो गए। उनके साथ हिंदुओं के सामाजिक संबंध तो पूरी तरह कट ही गए, बल्कि उनके बीच का सामाजिक विभाजन गहरे सांप्रदायिक विभाजन में तब्दील हो गया। हिंदुओं के विभेदकारी सामाजिक ढाँचे में तो कोई बदलाव आया ही नहीं, व्यापक

भारतीय समाज की मानवीय समस्याएँ और भी अधिक जटिल हो गईं और इनकी मार हर धर्म के निचले तबके को सहनी पड़ी। यहाँ तक कि डॉ. आंबेडकर का एक सर्वाधिक महत्वपूर्ण कदम बौद्ध धर्म का अपनाया जाना, बौद्ध धर्म के श्रेष्ठतम मानवीय तर्क और विवेकसम्मत सिद्धांतों के बावजूद सफल नहीं हुआ। इसकी असफलता कई स्तरों पर उजागर हुई। जो बौद्ध बने, वे व्यापक भारतीय समाज में कोई सामाजिक-सांस्कृतिक आंदोलन पैदा नहीं कर सके और न व्यवहार का कोई मानक पक्ष प्रस्तुत कर सके। स्वयं दलितों के बीच बौद्ध धर्म की स्वीकृति सांकेतिक ही रही। वे इस धर्म के सहारे हिंदू सामाजिक-सांस्कृतिक व्यवहार की उन रूढ़ियों को नहीं तोड़ सके जिनके सहारे ब्राह्मणवादी व्यवस्था अमृतपान करती रही। आज दलित बुद्धिजीवियों का एक बहुत बड़ा तबका बौद्ध धर्म दीक्षा को संदेह की निगाह से देखता है। डॉ. धर्मवीर के शब्दों में, 'बौद्ध धर्म से कुछ लेने की बजाय उन्हें उसे देना ज्यादा पड़ गया है। बौद्ध धर्म दलितों को क्या दे सकता था? उलटे दलितों का काम यह हो गया है कि वे बौद्ध धर्म पर लगाए गए ऐतिहासिक लांछनों को अपने सिर पर ढोएँ...बौद्ध धर्म में जा कर भी पुनर्जन्म और परलोक के सिद्धांतों का ठीक से खंडन नहीं हो पाता, जिसकी दलितों को बहुत आवश्यकता पड़ती है।'[3]

इसके अलावा नव बौद्ध धर्म का जो सांगठनिक ढाँचा विकसित हुआ, वह भी अपने-आपको भ्रष्ट होने से नहीं बचा सका है। कुसुम मेघवाल की टिप्पणी है—'जिन लोगों ने बौद्ध धर्म को अंगीकार किया है या भंते, भिक्षु बन गए हैं, वे भी समाज की कसौटी पर खरे नहीं उतरे हैं। वे भी हिंदू मंदिरों के मठाधीशों की तरह बौद्ध विहारों के मठाधीश बन कर बैठे हैं। समाज में जागरण एवं समाज सुधार की कोई रचनात्मक गतिविधियाँ वे नहीं चला रहे हैं। कुछ अपवादों को छोड़ कर समाज को उनसे निराशा ही मिल रही है।'[4]

यह वह सूरत है जो दलितों को सिर्फ वर्णवादी हिंदू धर्म के साथ ही नहीं, बल्कि किसी भी नए-पुराने धर्म के साथ अपने संबंध को पुनर्व्याख्यायित करने की जरूरत पैदा करती है। इसके बावजूद कि बौद्ध धर्म ने दलितों को स्वाभिमान, सम्मान और उनकी अपनी निजता को कुछ हद तक एक नई प्रतिष्ठा दी, इस दौर का दलित आंदोलन बौद्ध धर्म के सहारे आगे नहीं बढ़ सकता। इसी से यह दूसरा बिंदु उभरता है कि हिंदू धर्म के दलितों की तरह ही दूसरे धर्मों के दलित भी बहुसंख्य रूप से अपने-अपने धर्मों में आर्थिक रूप से विपन्न और वंचित तबके हैं। इसका अर्थ यह हुआ कि सभी दलितों की आर्थिक विपन्नता से लड़ाई जहाँ एक ओर राज्य की दलित विरोधी नीतियों से है तो साथ ही अपने-अपने धर्मों के उन उच्च वर्गीय तत्वों से भी है जो अपने-अपने धर्मों के बूते पर उच्च स्तरीय वर्चस्व बनाए रखते हैं। दूसरे शब्दों में, अगर सभी धर्मों के दलितों को संयुक्त

रूप से एक वर्ग मानें, तो इन दलितों की आर्थिक लड़ाई अपने-अपने धर्मों के वर्चस्वकारी तबकों के साथ भी है और राज्य के दलित विरोधी चरित्र से भी है और सबसे अधिक अपने-अपने धर्मों के उस ढाँचे से जो उन्हें वास्तविक संघर्ष नहीं करने देते। यानी भारत के दलित अपने-अपने धर्मों के सामाजिक-सांस्कृतिक ढाँचे को तोड़े बिना न तो आपस में एकजुट हो सकते हैं और न राज्य को दलित विरोधी नीतियों के संचालक वर्गों के प्रभुत्व से मुक्त कर सकते हैं। भविष्य के दलित संघर्ष के लिए ये दो बिंदु प्रस्थान बिंदु हो सकते हैं।

तीन प्रमुख हथियार : सार्वभौम मताधिकार, आरक्षण और न्यायिक प्रशासनिक प्रक्रिया से वर्णवादी विधानों का निष्कासन, इन तीनों व्यवस्थाओं के सहारे दलितों ने अपनी संघर्ष यात्रा में राजनीतिक-सामाजिक और आर्थिक उपलब्धियों के कई सोपान प्राप्त किए। इनमें आरक्षण को छोड़ कर बाकी दोनों व्यवस्थाएँ अब निर्विवाद हैं। आज कोई भी ब्राह्मणवादी यह कहने की हिम्मत नहीं जुटा सकता कि दलितों को मताधिकार से वंचित कर दिया जाए और न न्यायपालिका के दरवाजे पर खड़ा हो कर यह गुहार लगा सकता है कि वह दलित है इसलिए समान अपराध के लिए उसे ब्राह्मण की तुलना में अधिक सजा दी जाए। ये दोनों व्यवस्थाएँ अपनी संरचनागत खामियों के कारण दलित विरोधी हो सकती हैं, लेकिन सैद्धांतिक तौर पर नहीं। आरक्षण का मसला निश्चित तौर पर विवादास्पद है। यह विवाद इसके मूल प्रावधान में ही निहित था।

यहाँ आरक्षण संबंधी विवाद के विस्तार में जाना अभीष्ट नहीं है। लेकिन इतना संकेत करना आवश्यक है कि दलितों के हित में आरक्षण का हथियार अब कुंद हो रहा है। बदलती आर्थिक नीतियों के कारण भी आरक्षण का क्षेत्र संकुचित हो रहा है और गैर-दलितों के लिए लगातार आरक्षण के दबाव बनने से भी एक आरक्षण विरोधी वातावरण बन रहा है। इसलिए आरक्षण को लेकर दलित निर्श्चित हो कर नहीं बैठ सकते। निजीकरण भी दलितों के समक्ष संकट पैदा कर रहा है। 'निजीकरण को सामाजिक सेवाओं में भी लागू किया जा रहा है, जिनमें शिक्षा और स्वास्थ्य भी शामिल हैं। शिक्षा और स्वास्थ्य बाजार माल की तरह हो गए हैं और गरीबों के लिए, खास तौर से अनुसूचित जातियों और जनजातियों के लिए ये सेवाएँ पाना बहुत ही मुश्किल हो जाएगा, क्योंकि सामाजिक और आर्थिक दृष्टि से वे कमजोर हैं।'[5] इसलिए आर्थिक विकास और गतिविधियों में तथा उसके लाभ में हिस्सेदारी के लिए दलितों को नई रणनीतियाँ बनानी होंगी। इसके लिए उन्हें अपने अब तक के अर्जित आर्थिक संसाधनों का नियोजित उपयोग करना पड़ेगा और यह ध्यान रखना पड़ेगा कि उनके अपने आर्थिक संसाधनों का लाभ दूसरे चालाक तबके न ले सकें यानी उन्हें उपभोक्तावादी संस्कृति के दुश्चक्र में फँसाकर उन्हें सिर्फ एक ग्राहक में तब्दील न कर सकें। दलितों की आर्थिक प्रगति भविष्य में

सिर्फ इस बात पर निर्भर करेगी कि वे अब तक की अर्जित आर्थिक हैसियत का बेहतर भविष्य के लिए किस तरह इस्तेमाल करते हैं। इस संबंध में उन्हें अब याचक की भूमिका से निकल कर संसाधनों पर अधिकार करने की और उत्पादक की भूमिका में आना होगा।

जहाँ तक सार्विक मताधिकार और न्यायाधिकार का प्रश्न है, इन अधिकारों का उपयोग जानकारी और अर्थ बल से सीधा जुड़ा हुआ है। दलित अभी तक मताधिकार के नाम पर इस्तेमाल अधिक हुए हैं। इसका अपने हित में इस्तेमाल करने का कौशल वे अभी तक अर्जित नहीं कर पाए हैं। इस दिशा में भी एक स्पष्ट रणनीतिक संरचना की जरूरत है। यही बात न्याय के मामले में भी है। सैद्धांतिक तौर पर भले ही न्याय संहिता सबको समान मानती हो, लेकिन व्यवहार में स्थिति एकदम उलट है। एक अनपढ़, निर्धन और सामान्य आदमी के लिए न्यायिक प्रक्रिया में घुसकर न्याय प्राप्त करना असंभव नहीं तो बेहद कठिन अवश्य है। भारत के अधिकांश दलित आज भी इसी वर्ग में हैं। न्याय प्रक्रिया को वास्तविक अर्थ में न्यायपरक बनाने के लिए दलित शक्तियों को जुझारू संघर्ष करने होंगे। इस न्याय व्यवस्था को अभी तक कठघरे में इसलिए खड़ा नहीं किया जा सका है, क्योंकि वे लोग, जो बुद्धि, बाहु और धन बल में सक्षम हैं, इस न्याय प्रक्रिया से वह पा लेते हैं जो वे पाना चाहते हैं। इसलिए ऐसे लोग न्याय प्रक्रिया की खामियों पर कोई उँगली नहीं उठाते। दूसरी ओर वे लोग जो बुद्धि, बाहु और धन बल से विहीन हैं, इस योग्य ही नहीं हैं कि इस पर उँगली उठा सकें। जब तक न्याय प्रक्रिया बौद्धिक और आर्थिक भ्रष्टाचार तथा प्रक्रियागत खामियों से पूरी तरह मुक्त नहीं होगी, वह दलितों के पक्ष में नहीं हो सकती।

विभाजित दलित शक्ति : भारतीय समाज की दलित शक्ति बुरी तरह विभाजित है। दलित धर्म, क्षेत्र, राजनीतिक विचारधारा आदि के आधार पर तो विभाजित हैं ही, जाति के आधार पर भी विभाजित हैं। हिंदू, सिख, इस्लाम और ईसाई धर्मों के दलित आज तक किसी साझे संघर्ष की कल्पना नहीं कर सके हैं जो उनके लिए जीवन-मरण का वास्तविक संघर्ष है। धार्मिक आग्रहों के हावी हो जाने से वे इस दिशा में सोच भी नहीं पाते। इधर हिंदुएतर धर्मों के दलितों के बीच से आरक्षण की माँग उठ रही है, लेकिन यह माँग हिंदू दलितों की प्रतिस्पर्धा में है। उनके साथ किसी ऐसे सहकार के लिए नहीं जो समग्र भारतीय समाज में बदलाव के लिए कोई निर्णायक परिप्रेक्ष्य प्रस्तुत करती हो।

विडंबना यह है कि जब ईसाई या इस्लाम जैसे धर्मों के निचले तबके स्वयं को दलित घोषित करते हुए आरक्षण की माँग करते हैं, तो वे अपने-अपने कथित जाति भेद रहित धर्मों के व्यवहार पक्ष पर उँगली नहीं उठाते जो उन्हें उनके दलितत्व से नहीं उबार सका। इस स्थिति के कारण विभिन्न धर्मों के दलितों के बीच धर्म

विरोध की बात तो दूर धर्म निरपेक्ष सहकार की भी संभावना नहीं बन पाती।

दलितों के बीच उनका अपना जातिगत विभाजन दलित शक्ति के एकीकरण में और उन्हें एक विराट परिवर्तनकारी शक्ति के रूप में बदलने में बहुत बड़ी बाधा रहा है। दलित जातियों की आपसी प्रतिस्पर्धा ने जाति से जुड़ी उन तमाम सामाजिक-सांस्कृतिक-धार्मिक रूढ़ियों और स्थापनाओं को जिंदा रखा है जो हिंदू वर्ण व्यवस्था के प्राण तत्व रहे हैं। यही स्थिति विभिन्न क्षेत्रों के दलित आंदोलनों की रही है। संचार क्रांति के बावजूद भारत के एक क्षेत्र का दलित दूसरे क्षेत्र के दलित से कोई रणनीतिक जुड़ाव पैदा नहीं कर पाता। दलित एकीकरण के धार्मिक-जातीय और क्षेत्रीय अवरोधों को दूर किए बिना दलित संघर्ष को मूल परिवर्तनकारी प्रक्रिया में नहीं ढाला जा सकता। इसलिए इन अवरोधों के विरुद्ध संघर्ष को निरंतर चलाए रखना और इसमें समयानुकूल रणनीतिक परिवर्तन लाते रहना दलित नेतृत्व की प्राथमिक जिम्मेदारी है।

इसी तरह, भारतीय लोकतंत्र ने और लोकतांत्रिक संविधान ने दलितों को आर्थिक-सामाजिक उत्थान के अवसर उपलब्ध कराए, यह एक तथ्य है। लेकिन यह भी एक तथ्य है कि बहुदलीय चुनाव व्यवस्था और विधायिका में आरक्षण की नीति ने दलित शक्ति को विभाजित भी किया। कांग्रेस से लेकर सभी मध्यमार्गी पार्टियों और भारतीय जनता पार्टी तक के पास अपनी-अपनी दलित शक्ति है। जाहिर है कि पार्टी से प्रतिबद्धता के नाम पर यह दलित शक्ति आपसी राजनीतिक प्रतिस्पर्धा में है। डॉ. आंबेडकर हर पार्टी के दलित के लिए आदर्श हो सकते हैं, लेकिन यही डॉ. आंबेडकर एक पार्टी के दलित के लिए दूसरी पार्टी के दलित पर हमले का औजार भी हैं। बहुजन समाज पार्टी और लोक जनशक्ति पार्टी के नेता एक-दूसरे को पछाड़ने के लिए एक-दूसरे पर आंबेडकरवादी नीतियों से हट कर व्यक्तिगत स्वार्थपूर्ति का आरोप लगा सकते हैं और निरंतर विभाजित बने रह सकते हैं, लेकिन डॉ. आंबेडकर के सपनों के भारत के निर्माण के लिए वे पार्टी या व्यक्तिगत हितों से ऊपर उठ कर भारतीय समाज की जड़ परंपराओं के उन्मूलन के लिए एक-दूसरे के साथ सहकार कायम नहीं कर सकते।

दलित चेतना का स्वरूप : इसी संदर्भ में यह प्रश्न बहुत गंभीर हो गया है कि दलित चेतना का जातीय चरित्र क्या है? दलित चेतना क्या वस्तुतः एक जातिवादी चेतना ही है जिसमें हिंदू वर्ण व्यवस्था की निचली पायदान पर खड़ी जातियों का राजनीतिक गठबंधन तैयार हो जाए और वह मौजूदा राजनीतिक व्यवस्था में निचली जातियों की संख्यात्मक शक्ति के आधार पर राजनीतिक, आर्थिक सत्ता तक पहुँचने की कोशिश करे? कांशीराम की दलित चेतना कमोबेश यही है। लेकिन इस चेतना का सबसे बड़ा खतरा यह है कि यह स्वयं दलित जातियों के बीच राजनीतिक वर्चस्व का संघर्ष तेज कर देती है और यह संघर्ष परोक्ष रूप से तो

गैर-दलित जातियों के राजनीतिक वर्चस्व के विरुद्ध दिखाई दे सकता है, लेकिन प्रत्यक्षतः यह किसी दलित जाति के विरोध में होता है। इस स्थिति में दलित जातियों के अपने-अपने जातीय आग्रह और तेज हो जाते हैं। जब उनके अपने जातीय आग्रह तेज हो जाते हैं, तो उसके साथ ही वे सब सांस्कृतिक रूढ़ियाँ, परंपराएँ, कर्मकांड आदि भी मजबूत हो जाते हैं जिनके आधार पर उस जातीय चेतना का निर्माण हुआ होता है। पिछले एक दशक में दलित चेतना के जातिवादी स्वरूप ने यह दिखाया है कि जातिगत गोलबंदी के आधार पर सत्ता तक थोड़ी-बहुत पैठ तो बनाई जा सकती है, लेकिन व्यापक दलित समाज के लिए इसका कोई दूरगामी इस्तेमाल नहीं किया जा सकता। इसका दूसरा परिणाम यह है कि जब राजनीतिक सत्ता के लिए दलित जातियाँ गोलबंद होना शुरू करती हैं या अपनी सौदाकारी क्षमता का विस्तार करती हैं, तो तत्काल ही गैर-दलित जातियों की राजनीतिक गोलबंदी शुरू हो जाती है और वे दलित जातियों की गोलबंदी को तोड़ने के लिए या तो प्रलोभन का सहारा लेती हैं या फिर प्रतिकार का। मायावती के प्रकरण से इस स्थिति को समझा जा सकता है।

दलित चेतना निचली जातियों की जातिवादी चेतना नहीं हो सकती। दलित चेतना को हर स्तर पर जातिविहीनता की ही चेतना बने रहना होगा। वह निचली जातियों की राजनीतिक गोलबंदी की बात तो करे, लेकिन साथ ही साथ ये जातियाँ उन जातीय आग्रहों से मुक्त भी हों जो एक जातिविहीन समाज की संरचना में बाधा बन जाते हैं। मौजूदा दलित राजनीतिक नेतृत्व इस समस्या का हल खोजने में सफल नहीं हुआ है। यह स्थिति यहाँ तक है कि रजनी कोठारी और डॉ. धीरूभाई शेठ जैसे समाजशास्त्री यह मानते हैं कि जातियाँ नष्ट नहीं हो सकतीं बल्कि राजनीतिक-आर्थिक शक्ति के साथ उनका समस्तर विकास होगा। इसका मतलब यह कि निचली जातियाँ आर्थिक-राजनीतिक वर्चस्व के कारण ऊर्ध्वगामी होंगी और गैर-दलित जातियों के साथ बराबर की हैसियत कायम कर लेंगी। और ऐसा होने के साथ, शायद यह माना गया है कि जातीय नफरत, शोषण और दमन समाप्त हो जाएँगे। लेकिन यह परिकल्पना लगभग वैसी ही है जैसी कि वामपंथी सोच की थी कि वर्गीय चेतना के विकास के साथ जातिवादी चेतना नष्ट हो जाएगी। लेकिन ऐसा नहीं हुआ। इसलिए भारतीय समाज को जातिविहीन करने का एजेंडा न तो छोड़ा जाना चाहिए और न इसे गौण बनाया जाना चाहिए। इस अर्थ में दलित चेतना जातिविहीन समाज की ही चेतना होनी चाहिए न कि निचली जातियों की राजनीतिक गोलबंदी की चेतना।

दलित और नैतिकता : यह तय है कि दलितों के लिए नैतिकता का अर्थ वह नहीं हो सकता जो किसी रूढ़िवादी, कर्मकांडी, ब्राह्मणवादी हिंदू के लिए होता है। लेकिन जब भी दलितों के धार्मिक-सामाजिक-राजनीतिक अथवा पारिवारिक

या वैयक्तिक व्यवहार की बात आती है तो यह व्यवहार निश्चित तौर पर एक विशिष्ट नैतिकता अथवा विशिष्ट नैतिक मानदंडों की अपेक्षा करता है। क्योंकि दलित आज एक ऊर्ध्वगामी शक्ति है जो अब तक के स्थापित आर्थिक-सामाजिक जीवन मूल्यों को हर तरह से चुनौती दे रही है, तो इस शक्ति का भी मूल्यबद्ध होना जरूरी है। गैरदलितों अथवा दलित विरोधी शक्तियों का आर्थिक-सामाजिक व्यवहार जो भी रहा हो, क्योंकि दलितों का संघर्ष इसी आर्थिक-सामाजिक व्यवहार से है इसलिए वे इसी तरह का आर्थिक-सामाजिक व्यवहार अपना कर नहीं चल सकते।

अगर दलितों के लिए आर्थिक प्रगति के रास्ते खुलते हैं और वे इसका लाभ ले कर अपनी आर्थिक उपलब्धि का इस्तेमाल गैरदलितों की तरह करते हैं, या अपनी राजनीतिक शक्ति को अन्य की तरह भीड़वाद में बदल देते हैं या अपनी बौद्धिक क्षमता का इस्तेमाल गैरदलितों जैसी अवैज्ञानिक सांस्कृतिक संरचना खड़ी करने में लगा देते हैं तो इसका अर्थ दलितों के बीच में से ही गैरदलितों जैसे एक ऐसे तबके का उभरना होगा जो अपने वास्तविक सरोकारों से कट कर आज के युग के दिखावावादी मूल्यों के सहारे अपनी गतिशीलता बनाएगा। दलित ताकतों के बीच यह खतरा आज वास्तविकता बन कर खड़ा हुआ है। इस खतरे के बरअक्स दलित नैतिकता और उसके मूल्यों की जाँच-पड़ताल, पुनर्व्याख्या और उसकी व्यापक स्वीकृति के सवाल अहम हो जाते हैं।

इस सवाल को मायावती के एक विशेष संदर्भ से शायद अधिक स्पष्ट किया जा सके। निःसंदेह मायावती दलित शक्ति के प्रस्फुटन, राजनीतिक उन्नयन और सत्तारोहण की प्रतीक बनीं। डॉ. आंबेडकर के बाद इस दौर में अगर कोई दूसरा सर्वस्वीकृत दलित नेता हुआ तो वह कांशीराम थे और उनके बाद मायावती। जहाँ तक मायावती के नेतृत्व और उनके दलित अनुयायियों का प्रश्न है, तो वह इस समय सबसे बड़े कद की दलित नेता हैं, लेकिन उनकी कार्यशैली, राजनीतिक विरोधियों के प्रति प्रचंड आक्रामकता, राजनीतिक दर्शन की दलित हित के नाम पर मनमानी व्याख्या, किसी भी वैयक्तिक कदम का दलित परिप्रेक्षीयकरण, प्राप्त धन पर वैयक्तिक और दलित स्वामित्व की विभाजन रेखा का लुप्त होना और अंततः आर्थिक कदाचार के आरोपों से घिरना आदि ऐसे अनेक तत्व हैं जो सामाजिक-आर्थिक-राजनीतिक नैतिकता संबंधी अनेक सवाल खड़े करते हैं। इन सवालों पर मायावती को न केवल गैरदलितों बल्कि स्वयं दलितों के बीच से उभरी तल्ख, निंदात्मक और आलोचनात्मक आवाजों का सामना करना पड़ा है। इस आलोचना करनेवाले वर्ग में बहुजन समाज पार्टी से बाहर के अनेक प्रमुख दलित नेता ही नहीं, बल्कि दलित बुद्धिजीवियों का एक बड़ा वर्ग भी इसमें शामिल रहा है।

क्या दलित राजनीति के नाम पर किसी भी दलित राजनीतिक दल को सत्ता

प्राप्ति के तात्कालिक दबाव के चलते किसी भी दलित विरोधी व्यवहार का पोषण करनेवाले राजनीतिक दल के साथ गठजोड़ कर लेना चाहिए? राजनीतिक शक्ति के विस्तार के लिए क्या उन लोगों को अपने छाते के नीचे ले लेना चाहिए जो सिर्फ अपनी राजनीतिक महत्वाकांक्षा को सिर चढ़ाने के लिए दलित समर्थक होने का ढोंग करते हैं—फिर चाहे ये लोग कितने ही बड़े दुष्कर्मी या आर्थिक अपराधी ही क्यों न हों! क्या सुसंगठित राजनीतिक दलित शक्ति का इस्तेमाल सत्ता की प्राप्ति में ऐसे लोगों की स्वार्थपूर्ति के लिए किया जाना चाहिए जिनका अपना किसी भी तरह का कोई दलित एजेंडा नहीं है और न जिनके पास सामाजिक बदलाव की ही कोई दृष्टि है? अगर बहुजन समाज पार्टी की ही बात करें, तो अवसर के अनुकूल ऐसे तत्वों का इस पार्टी से जुड़ना और थोड़ी-सी भी प्रतिकूल परिस्थिति पाने पर इससे हट कर दूसरे दलों से जा जुड़नेवालों का पिछले कुछ वर्षों से एक सिलसिला-सा चल रहा है। इस तरह की तथा आर्थिक कदाचार की घटनाएँ अगर दलित छतरी के तले वैधता पाने की कोशिश करती हैं तो इसके परिणाम व्यापक और दूरगामी अर्थों में दलितों के हित में होंगे या उनके अहित में? दलित शक्ति का सत्तारोहण ही दलित नैतिकता का सबसे बड़ा मूल्य होगा या फिर दलित नैतिकता ही सबसे बड़ा मूल्य होगी, जिसका कि दलित सत्ता एक उपांग भर हो सकती है? राजनीतिक और आर्थिक नैतिकता से जुड़े ये ऐसे प्रश्न हैं जिनका दलित नैतिकता के संदर्भ में गहराई से विवेचन किया जाना चाहिए। दलितों की अब तक की अर्जित राजनीतिक और आर्थिक शक्ति का इस्तेमाल बृहद दलित समुदाय के हित में कैसे हो, इसका सही निर्धारण तभी हो सकता है जब राजनीतिक और आर्थिक स्तर पर दलित नैतिकता और उसके मूल्यों को तय कर लिया जाए।

सामाजिक नैतिकता का प्रश्न और भी बड़ा है। दलितों की सामाजिक नैतिकता बुद्ध से ले कर आंबेडकर तक की उस परंपरा से व्याख्यायित होती है जो भेदभाव, ऊँच-नीच, जन्माधारित श्रेष्ठता या हीनता, मनुष्य द्वारा मनुष्य के शोषण, दमन और उत्पीड़न, सामाजिक अवमानना, ईश्वर की अवैज्ञानिक व्याख्या, धर्म की जड़ प्रस्थापनाओं आदि के विरोध में समानता, समरसता, मानवीय एकता, समाधिकार और बंधुत्वकारी सामाजिकता जैसे मानवीय मूल्यों और सरोकारों से निर्मित हुई है। अगर आज भी कोई व्यक्ति अस्पृश्यता, ऊँच-नीच, भेदभाव, जन्माधारित वर्ण क्रम पर जानबूझ कर आस्था रखता है तो वह सामाजिक अपराधी है और जो संस्कारवश ऐसा करता है, उसे सुसंस्कृत बनाने की जरूरत है। इस युग में जातिगत ऊँच-नीच के प्रति आस्था या दलित जातियों के प्रति हेयता का भाव असभ्यता, बर्बरता और कुसंस्कृति का प्रतीक है। दलित नैतिकता समता, समानता, करुणा, सद्भाव और सामंजस्य से निरूपित होती है। अगर कोई भी आर्थिक-राजनीतिक और धार्मिक व्यवहार या विचार इस नैतिकता के विरोध में है या इस नैतिकता का पोषण नहीं

करता, तो वह दलितों के लिए किसी भी तरह स्वीकार्य नहीं है।

दलित नैतिकता के संदर्भ में दो विचारणीय बिंदु उठते हैं—पहला, क्या दलित नैतिकता शेष समाज की नैतिकता से भिन्न है या होगी; दूसरा, स्वयं दलित समाज के बीच दलित नैतिकता का प्रश्न कितना गहरा और गंभीर है। अगर हम सभ्य, प्रगतिकामी और उत्थानवादी मनुष्य समाज की बात करें, तो व्यापक सामाजिक नैतिकता वही हो सकती है जो हर प्रकार की समता और समानता की पक्ष पोषक हो तथा किसी भी तरह के सामाजिक मानवीय भेदभाव का निषेध करती हो। इसका तात्पर्य यह हुआ कि व्यापक समाज द्वारा दलित सामाजिक नैतिकता को स्वीकार करना ही स्वस्थ सामाजिक परिवर्तन की दिशा है। और इस अर्थ में दलित सामाजिक नैतिकता शेष समाज की नैतिकता से भिन्न नहीं हो सकती।

इसी से जुड़ा हुआ दूसरा मुद्दा है कि क्या दलित सामाजिक नैतिकता स्वयं दलितों के बीच प्रभावी है। इसका उत्तर सकारात्मक भी है और नकारात्मक भी। दलितों के बीच जहाँ जातिगत भेदभाव के निषेध की एक शक्तिशाली परंपरा विकसित हुई है, वहीं स्वयं दलितों ने ही जाने-अनजाने दलित विरोधी कथित सवर्ण नैतिकता के अनेक आयामों को अपने बीच समेट लिया है। इस बिंदु पर दलित शक्ति को अत्यधिक सचेत रहने की आवश्यकता है कि उसके भीतर वे अनैतिक तत्व प्रवेश न पा सकें स्वयं जिनके विरोध में दलित सामाजिक नैतिकता का विकास हुआ है। दलित सामाजिक नैतिकता के आग्रहों को आगे बढ़ाने के लिए दलित चिंतकों, विचारकों की एक प्रखर जमात आगे आई है, तो कुछ छद्‌म चिंतकों की ऐसी जमात भी तैयार हुई है जो दलित वर्चस्व की ओट में आचरण के स्तर पर उन्हीं मूल्यों को प्रश्रय देती प्रतीत होती है जो वस्तुतः दलित विरोधी हैं।

नैतिकता के संबंध में एक बात और है कि नैतिक मूल्यगत आग्रह केवल उन्हीं लोगों के लिए प्रेरक तत्व का काम नहीं करते जो इनके छाते तले खड़े होते हैं, बल्कि इस छाते के बाहर खड़े लोगों को भी प्रभावित करते हैं। अगर हमारी नैतिकता के आग्रह मजबूत हैं और वे हमारे आचरण और आवाज में स्पष्ट झलकते हैं तो दूसरों का उनसे प्रभावित होना लाजमी है। आर्थिक-सामाजिक-राजनीतिक नैतिकता के आग्रहों को हम सिर्फ इसलिए दरकिनार नहीं कर सकते कि हमारे दलित छाते के बाहर खड़े लोग जब इन आग्रहों का पालन नहीं कर रहे हैं तो हम क्यों करें! ऐसे सोचना हमारे सोच की गंभीर खामी है। हमें ध्यान रखना चाहिए कि दूसरे के कोढ़ से हम अपनी खाज का इलाज नहीं कर सकते। अगर हम अपनी बीमारी का इलाज अपनी दवा से करते हैं, तो हो सकता है दूसरा भी उस दवा के इस्तेमाल की बात सोचने लगे।

दलित मध्य वर्ग : एक गहरी चिंता उस दलित वर्ग को ले कर है जो आर्थिक-सामाजिक-राजनीतिक स्तर पर ऊपर उठ गया है। यह जाहिरा तौर पर

गैरदलितों की आँख की किरकिरी बन गया है। गैरदलित क्षेत्रों से इस दलित 'क्रीमी लेयर' को लेकर कभी इसे आरक्षण सीमा से बाहर करने और कभी इसकी प्रतिद्वंद्विता में गैरदलितों को भी आरक्षण देने जैसी माँगें उठती रहती हैं। बहरहाल, गैरदलित वर्ग की प्रतिक्रियाएँ ज्यादा मानीखेज नहीं हैं, परंतु उन्नत दलित वर्ग का सामाजिक व्यवहार स्वयं दलित चिंतकों के बीच चर्चा और चिंता का कारण बन रहा है कि यह दलित वर्ग अपने सामाजिक और सांस्कृतिक दायित्वों को भूलकर सवर्णों जैसा व्यवहार कर रहा है, उन सभी सांस्कृतिक-व्यावहारिक बुराइयों को अपना रहा है जिनके विरुद्ध दलित विचार की सक्रियता रही है।

'बाबा साहब द्वारा प्रारंभ किए गए सामाजिक आंदोलनों का भी उनके देहावसान के बाद वही हश्र हुआ जो शैक्षिक आंदोलनों का हुआ था। आज पूरे देश के हर प्रांत में डॉ. आंबेडकर, रमाबाई आंबेडकर, सावित्रीबाई फुले आदि के नाम पर हजारों संस्थाएँ चल रही हैं, किंतु इनमें से कुछ अपवादों को छोड़कर शेष सभी इन महापुरुषों के नाम पर चंदा लेने, अपना स्वार्थ पूरा करने, समारोह के नाम पर आंबेडकर मिशन के विरोधी नेताओं को मंच पर बुलाने, उन्हें सम्मान दे कर अपना संपर्क बढ़ाने और अपने उलटे-सीधे कार्य करवाने में लगी हैं। ये संस्थाएँ और इनके पदाधिकारी अपने ही समाज को बेवकूफ बना कर मात्र अपने और अपने परिवार का हित साधने में लगे हैं...इन्हें न डॉ. आंबेडकर मूवमेंट से कुछ लेना-देना है, न दलित समाज से। उनका एक ही मकसद है, येन-केन-प्रकारेण पैसा कमाना, अपना प्रभाव जमाना और अपनी स्वार्थपूर्ति करना।'[6]

यह बात समूचे दलित संपन्न वर्ग पर लागू नहीं होती, फिर भी यह चिंता की बात है ही। अतः इस पर नजर रखनी पड़ेगी कि दलित वर्ग अपनी आंबेडकरीय विरासत से न कटे और उसने जो भी आर्थिक-सामाजिक हैसियत अर्जित की है, उसका नितांत वैयक्तिक इस्तेमाल न करे। वह भगवान, अवतार, कर्मकांड, पुनर्जन्म, भाग्य जैसी अवधारणाओं के साथ-साथ दलित-विरोधी आधुनिक अपसंस्कृति का शिकार न हो। उन्नत दलित वर्ग को यह हमेशा ध्यान में रखना होगा कि उसका संघर्ष अभी समाप्त नहीं हुआ है, बल्कि पहले की तुलना में और भी अधिक कठिन हो गया है। इसलिए न वह निष्क्रिय बैठ सकता है, न अपना क्रांतिकारी तेवर छोड़ सकता है। और यह भी कि भावी दलित संघर्ष में निर्णायक भूमिका इसी वर्ग को निभानी है।

सहयोगी विचारों से समन्वय : दलितों की वर्तमान स्थिति कई विचारधाराओं, कई तरह के आंदोलनों की आपसी टकराहटों की परिणति है। हमें यह तथ्य नकारना नहीं चाहिए कि भारत का समग्र दलित वर्ग कभी भी पूरी तरह डॉ. आंबेडकर के प्रभाव में नहीं आया और वह समाजवादी, वामपंथी तथा गांधीवादी चेतनाओं से भी प्रभावित हुआ और आज तक है। यह भी एक तथ्य है कि राजनीतिक रूप से

दलितों का एक बड़ा वर्ग उन्हीं हिंदूवादी या आधुनिक दलित शब्दावली में मनुवादी, ताकतों के साथ जुड़ा हुआ है जिनके विरुद्ध डॉ. आंबेडकर का समूचा आंदोलन समर्पित था। इन ताकतों ने न केवल डॉ. आंबेडकर को, बल्कि उनके साथ-साथ बौद्ध धर्म को भी पचा लिया है। ये ताकतें न आज डॉ. आंबेडकर का विरोध करती हैं, न बौद्ध धर्म का। यह दीगर अध्ययन का विषय है कि इस परिघटना का समग्र हिंदू समाज पर क्या प्रभाव पड़ा, मगर इसकी एक राजनीतिक परिणति उत्तर प्रदेश में बहुजन समाज पार्टी और भारतीय जनता पार्टी के गठबंधन के रूप में सामने आ चुकी है। कुछ दलितों ने इसे दलित-विजय के रूप में देखा है तो कुछ ने इसे दलित विरोधी स्वार्थी समझौते के रूप में। डॉ. तुलसीराम के शब्दों में 'सत्ता खोने के बाद मायावती ने भाजपा को सांप्रदायिक तथा दलितों की सबसे बड़ी दुश्मन पार्टी कह कर उसके विरुद्ध राष्ट्रव्यापी जंग छेड़ने की घोषणा की है, जिसके लिए उन्होंने धर्मनिरपेक्ष ताकतों से हाथ मिलाने का भी दावा किया है। उनका यह दावा किसी भी उस व्यक्ति के लिए स्वागत योग्य हो सकता है जो धर्म को राजनीति से बिलकुल अलग रखना चाहता है। किंतु इस संदर्भ में मायावती की भूमिका अब तक अत्यंत संदिग्ध रही है, जिससे धर्मनिरपेक्षता के जन्मजात शत्रु भाजपाई संघ परिवार को भारतीय संविधान की धज्जियाँ उड़ा कर धर्म की राजनीति को आक्रामक बनाने का अमूल्य अवसर मिला। एक समय ऐसा था जब कांशीराम 'भाजपा' को 'कोबरा' कहा करते थे। वही कोबरा जब आंबेडकर के परिनिर्वाण दिवस 6 दिसंबर, 1992 को काल्पनिक मिथकों के आधार पर बाबरी मस्जिद को ध्वस्त कर एक ही फुँफकार में धर्मनिरपेक्षता को निगल गया, तो देश भर की धर्मनिरपेक्ष ताकतों ने उसका सामाजिक-राजनीतिक बहिष्कार किया। किंतु अभी मुश्किल से ढाई साल बीते थे कि कांशीराम एवं मायावती ने दलित सत्ता के नाम पर अपने गले में उसी कोबरा की माला पहन ली, जिससे हमेशा के लिए न सिर्फ भाजपा का बहिष्कार समाप्त हुआ, बल्कि उनके हाथों में देश की सत्ता भी आ गई।'[7]

तात्पर्य यह है कि मायावती द्वारा भाजपा के साथ किए गए सत्ता समझौते को केवल डॉ. तुलसीराम ही नहीं, बल्कि अनेक दलित, चिंतक, विचारक उन्हीं ताकतों के साथ समझौता मानते हैं जो दलित शब्दावली में ब्राह्मणवादी या मनुवादी हैं। इन समझौतों की परिणति को वे दलितों के दूरगामी अहित में देखते हैं—भले ही कुछ समय के लिए मायावती ने सत्ता हासिल कर ली हो।

इस परिघटना से एक दूसरा परिप्रेक्ष्य भी उभरता है कि जब 'गैरसेक्युलर', मनुवादी और सांप्रदायिक ताकतों से राजनीतिक सत्ता के लिए हाथ मिलाया जा सकता है और दलितों का एक बड़ा वर्ग इसे समर्थन भी दे देता है, तो फिर उन लोगों से हाथ मिलाने में परहेज क्यों होना चाहिए जो अपने सोच में संप्रदायवादी नहीं हैं, वर्ण व्यवस्था के पक्षधर नहीं हैं और दलितों के सवाल पर चुपचाप कतरा

कर निकल जानेवाले भी नहीं हैं। राजनीतिक तौर पर न हो, लेकिन जातिवाद के निराकरण की ठंडी पड़ी प्रक्रिया को फिर से सामाजिक गतिविधि के केंद्र में लाने के लिए दलित शक्तियाँ गांधीवादियों, साम्यवादियों या फिर अन्य गैरदलित परिवर्तनवादियों के साथ संवाद का एक रिश्ता तो कायम कर ही सकती हैं। इस संदर्भ में मायावती की ही दूसरी कमजोरी को समझा जाना जरूरी है कि जिस तरह से चुनावी राजनीति जातिग्रस्त हुई है, उससे मायावती सिर्फ अपने दलित वोटों के सहारे सत्ता में कभी नहीं आ सकतीं। उन्हें या तो मध्य जातियों की प्रतिनिधि राजनीतिक ताकतों से अथवा वर्णवादी जातियों के राजनीतिक प्रतिनिधित्व से हाथ मिलाना ही पड़ेगा। और इस हाथ मिलाने में उन्हें उस तरह से दलित हितों के विरुद्ध खड़ा भी होना पड़ेगा जैसे वे भाजपा गठबंधन के साथ रह कर खड़ी हुई दिखी हैं। यह एक अनमेल गठबंधन रहा है जिसकी परिणति हमेशा अधिक कीचड़ उछाल में रही है। सामाजिक स्तर पर इसका सबक यह है कि दलित वर्गों को समान विचारवाली ताकतों के साथ अपने रिश्तों पर फिर से गौर करना चाहिए और अपने सहज सहयोगियों के साथ जुड़ कर सही अर्थों में दलित हितकारी राजनीति की संभावनाएँ तलाशनी चाहिए। अन्यथा समझौतों के सहारे कथित दलित नेता तो सत्ता और संपन्नता की सीढ़ियाँ चढ़ जाएँगे, लेकिन जो आम दलित हैं, वह वहीं का वहीं रह जाएगा।

एक अनिवार्य कार्यक्रम : भारत की दलित ताकतों को, बाकी कार्यक्रमों के बावजूद, एक कार्यक्रम तत्काल प्रभाव से हाथ में ले लेना चाहिए—और यह कार्यक्रम है मैला प्रथा का आमूल उन्मूलन। 1993 के शुष्क शौचालय विषेधक कानून के बावजूद आज भी 12 लाख लोग मैला उठाने के काम में लगे हैं, क्योंकि वे ऐसा करने के लिए मजबूर हैं। तमाम सरकारी प्रयासों के बाद अगर यह प्रथा अभी भी जारी है, तो इसकी चिंता सबसे ज्यादा दलितों को होनी चाहिए। बड़े नगरों और महानगरों को छोड़ दें तो कस्बे-देहातों में शुष्क पाखानों का चलन निर्बाध चल रहा है। इस अभिशाप से पूरी तरह मुक्ति पाए बिना दलित उत्थान के किसी भी विचार या कार्यक्रम का कोई अर्थ नहीं है। जहाँ कहीं भी मैला ढोनेवाले ये अति-दलित इस कार्य में लगे हुए हैं, उन्हें वहाँ से निकाला जाना चाहिए और अन्यान्य पेशों में उनका पुनर्वासन किया जाना चाहिए। इसके लिए सरकार पर दबाव पड़ना चाहिए कि उसके मैला प्रथा उन्मूलन के प्रयासों में तेजी आए। स्वयं दलित वर्गों को अपनी अर्जित अर्थशक्ति का एक हिस्सा मैला प्रथा उन्मूलन में लगाना चाहिए तथा इसके विरुद्ध जनचेतना पैदा करने में अपनी समूची शक्ति झोंक देनी चाहिए। 'अपना मैला आप उठाओ' का नारा तब तक गूँजता रहना चाहिए जब तक कि संपूर्ण भारतीय समाज इसे आत्मसात न कर ले, और मैला उठानेवालों की पहचान शेष समाज के साथ एकाकार न हो जाए।

इस स्थान पर अभय कुमार दुबे द्वारा संपादित पुस्तक 'आधुनिकता के आईने में दलित' में दलित वर्तमान को निष्कर्षतः जिन बिंदुओं पर सूत्रबद्ध किया गया है, और दलित ताकतों से जो अपेक्षा की गई है, उसका संक्षिप्त उल्लेख किया जा सकता है। यह उल्लेख इसलिए महत्वपूर्ण है कि पुस्तक की दलित मीमांसा में डी.आर. नागराज, रजनी कोठारी, गोपाल गुरु, धीरूभाई शेठ, आदित्य निगम, शिव विश्वनाथन, आदि जैसे समाजवेत्ताओं की भागीदारी हुई है। सूत्र संक्षेप ये हैं–

- संविधान के तीन प्रावधानों ने आजाद भारत में दलितों के लिए राजनीतिक समता हासिल करने के लिए खासी गुंजाइशें मुहैया कराईं। सार्विक मताधिकार, आरक्षण और अदालतों पर कर्मकांड आधारित श्रेणीक्रम को मद्देनजर रखते हुए न्यायिक व्याख्या करने की रोक से दलितों को एक ऐसा धर्म-जातिनिरपेक्ष संसदीय और सरकारी क्षेत्र मिला जिसमें वे अपनी मुक्ति-परियोजना चला सकते थे।
- दलितों को संपूर्ण नागरिकता उपलब्ध कराने के खिलाफ सक्रिय ताकतों की जड़ परंपरा में है लेकिन जहाँ परंपरा से उसके आर्थिक और सत्तामूलक आधार छिन गए हैं, वहाँ भी आदत की ताकत दलितों को अवमाननाकारी परिस्थितियों का सामना करने पर मजबूर कर देती है। हालात उस समय और चिंताजनक हो जाते हैं जब उदारतावादी लोकतांत्रिक संस्थाएँ अवमानना के नए रूपों की स्रोत बन जाती हैं।
- दलितों को ज्ञान के क्षेत्र में भी तरह-तरह की सांस्कृतिक दीवारों का सामना करना पड़ रहा है। इनमें कोई दीवार भाषा की है तो कोई कला की है। राजनीतिक समता हासिल करने की तरफ बढ़ते हुए दलित समाज का बुद्धिजीवी ज्ञान मीमांसा की कक्षा में खुद को सबसे पीछे की बेंच पर बैठा पाता है।
- लोकतंत्र में दलीय होड़ के जरिए उपलब्ध हो सकनेवाली राजनीतिक समता के रास्ते में दलितों का आंतरिक विभेदीकरण एक बड़ी बाधा के रूप में उभरता है। आंबेडकर से ले कर कांशीराम तक सभी दलित नेता इस समस्या से जूझते नजर आते हैं। आर्थिक विकास दलित समाज में वर्गों की रचना करता है जो जातिगत विभेदों का स्थान नहीं लेते, बल्कि जातिगत विभेदों के साथ मिल कर विभेदीकरण को और भी जटिल कर देते हैं।
- राजनीति में पूर्ण सक्रियता के बाद भी आंबेडकर का जोर सामाजिक आंदोलन पर था और राजसत्ता को 'मास्टर की' करार देने के बावजूद उनके राजनीतिक प्रयोग दलितों को सत्ता की मंजिल का रास्ता दिखाने में असमर्थ रहे। उत्तर-आंबेडकर पीढ़ी ने, मुख्यतः कांशीराम ने, इस छूटे हुए कार्यभार को काफी कुशलता से अंजाम दिया, लेकिन दैनंदिन राजनीति के दायरे में दलित-दावे

को पेश करने की निर्मम प्रक्रिया ने इस नेतृत्व को आंदोलन के दीर्घकालीन परिप्रेक्ष्य से दूर कर दिया। शायद इसी कारण पुराने आंबेडकरवादी कांशीराम और बहुजन समाज पार्टी के उभार को दलितों के लिए बहुत आश्वस्तिकारी नहीं मानते। उन्हें लगता है कि बसपा की राजनीति ने आंबेडकरवाद का परिप्रेक्ष्य तकरीबन छोड़ दिया है।

वर्तमान के इस मूल्यांकन के बाद पुस्तक की दलित मीमांसा दलित आंदोलन से जो अपेक्षाएँ करती हैं, वे ये हैं—पहली अपेक्षा इस देश के खेतिहर यथार्थ के मुताबिक है। इसके तहत अंतर्राष्ट्रीय वित्तीय पूँजी द्वारा ग्रामीण भारत को नष्ट किए जा सकने के संदर्भ में दलितों से गांधीवादी परिप्रेक्ष्य को संशोधित कर के ग्रामीण भारत की पुनर्रचना में भागीदारी करने की माँग की जा सकती है।

दलित आंदोलन से दूसरी अपेक्षा है कि परिवर्तन के नए हरावल की रचना के लिए वह छोटे-छोटे रेडिकल प्रयासों को अपने आगोश में समेट ले और वामपंथी आंदोलन के साथ एक सहजीवी रिश्ता कायम करे।

तीसरी अपेक्षा एक नए दलित-विमर्श के विकास की है जो सत्ता की अवधारणा को भिन्न तरह से समझे और जिसमें लोकतंत्र की चालू समझ को बदलने की क्षमता हो। यह नया विमर्श नागरिकता के ऐसे विचार को प्रतिपादित कर सकता है जिसके तहत वह नागरिक अधिकारों के पुलिंदे की तरह न हो कर नाना प्रकार के कौशलों और दक्षताओं के आगार के रूप में अपना नित नवीकरण कर सके।

चौथी अपेक्षा यह है कि दलित-बहुजन 'हमें सत्ता सँभालनी है' जैसे शब्दाडंबर से परहेज करें, 'एकला चलो रे' के नारे की व्यर्थता को समझें और अपने परिवेश की सीमाओं का रचनात्मक अतिक्रमण करें। पारिवेशिक प्रवृत्तियों को सार्वभौमिक का स्पर्श दिए बिना दलितों का दायरा खुल नहीं सकता और न ही स्थापित सार्वभौमिक का दलित-हित में परिष्कार हो सकता है।

पाँचवीं अपेक्षा यह है कि अवसरों की समानता ही काफी नहीं है इसलिए दलितों के लिए समाज में अवमाननाकारी परिस्थितियों के उन्मूलन के लिए समता के सिद्धांत को अन्य सभी सिद्धांतों के ऊपर तरजीह दी जाए। भौतिक स्थितियों की संरचना आमूल-चूल बदल दी जाए, ताकि उत्पादन-प्रक्रिया से होड़ और सभी तरह की ऊँच-नीच हटा कर सभी की सहभागिता की गारंटी की जा सके।[8]

ये अपेक्षाएँ एक नए संघर्ष का परिप्रेक्ष्य प्रस्तुत करती हैं।

हम दलितों को एक बात स्पष्ट रूप से समझ लेनी चाहिए कि दलितत्व का उन्मूलन दलितों की तो सबसे बड़ी समस्या है ही, शेष भारतीय समाज की भी समस्या है। अब तक गैरदलित भारतीय समाज की समझ में यह बात आ जानी चाहिए थी कि दलित समस्या के पूर्ण सामाजिक समाधान के बगैर शेष भारतीय समाज की प्रगति के रास्ते सहज नहीं हो सकते। राजनीतिक-आर्थिक सत्ता पर अपने वर्चस्व

के चलते यह तो संभव है कि कुछ वर्ग विशेष अपने लिए समृद्धि के टापू खड़े कर लें, लेकिन यह किसी भी तरह संभव नहीं है कि वे संपूर्ण भारतीय समाज की सहज प्रगति के रास्तों का निर्माण कर सकें।

इस अर्थ में जातीय वैषम्य को मिटाना जितनी बड़ी जिम्मेदारी दलितों की है उससे कहीं बड़ी जिम्मेदारी साधन और सत्ता संपन्न गैरदलितों की भी है। अगर वे स्वयं अपनी इस जिम्मेदारी का निर्वाह नहीं करते, तो यह उनकी संकुचित अदूर दृष्टि का परिचायक है। ऐसी सूरत में दलित मनीषा का यह दायित्व बनता है कि वह येन-केन-प्रकारेण गैरदलितों को उनके दलित-दायित्व का अहसास कराए और इस काम के लिए उनके साथ हर स्तर पर संघर्ष के साथ-साथ संवाद कायम करने की रणनीति भी अपनाए।

जब हम किसी वर्ग, व्यवस्था या किन्हीं विचारबद्ध समूहों के प्रति संघर्षरत होते हैं, तो वस्तुतः हमारी लड़ाई उस वर्ग व्यवस्था या समूह की विचार पद्धति, संस्कृति, सांगठनिक योजना और उसके स्वीकृत तत्वों के प्रति होती है। इस तरह की लड़ाई केवल तभी जीती जा सकती है जब हम किसी वैकल्पिक वर्ग, संस्कृति और विचार पद्धति को अधिकाधिक स्वीकार्य बनाते हैं। केवल अपने वर्गगत घटकों के मध्य ही नहीं, बल्कि उनके बीच भी, जिनके विरुद्ध हमारा संघर्ष चल रहा है। इसी बिंदु पर स्वीकृत तत्वों की पहचान करना जरूरी होता है। अगर हम किसी बेहतर विचार और पद्धति को प्रस्तुत करते हैं जो मनुष्य को उसके वर्तमान से कहीं अधिक बेहतर भविष्य का आश्वासन देती हो तो यह तभी विजयी या प्रभावी मानी जा सकती है जब उसे दूसरे वर्ग के लोग भी स्वीकार करें, मान्यता दें और अपनाएँ। इस अर्थ में दलितों को अपने विचार और कर्म पर गहरी आस्था होनी चाहिए ताकि वे तार्किक रूप से इसे अन्यों के लिए भी ग्राह्य बना सकें। विरोधी वर्ग, संस्कृति और विचार पद्धति को बदलने की आकांक्षा छोड़ कर स्वयं को उससे पूरी तरह काट लेना या संघर्ष के दौरान वैकल्पिक विचार पद्धति के नाम पर विरोधी की ही व्यवहार-संस्कृति अपना लेने से वैचारिक पराजय ही सुनिश्चित होती है। अपनी लड़ाई में इतना आगे आ कर हम इस पराजय का बोझ नहीं ढो सकते। इसलिए इस दिशा में हमारा निरंतर सतर्क रहना जरूरी है।

महामानव डॉ. आंबेडकर के देहावसान के बाद के दशकों में बहुत कुछ उलट-पुलट हो गया है। न पहले जैसी अस्पृश्यता रही है, न दलित पहले जैसे कमजोर। आजादी के बाद की लोकतांत्रिक प्रक्रिया अपने तमाम द्वैध के बावजूद अब दलित शक्ति को नकारने की हैसियत में नहीं है। इसलिए समकालीन परिस्थितियों का नए सिरे से और समग्रता में आकलन होना चाहिए। इस आकलन की पहली शर्त है दलित मापदंडों का विस्तार। यह आवश्यक नहीं है कि उस समय की परिस्थिति में कहे गए डॉ. आंबेडकर के हर वाक्य और किए गए हर कार्य को आँख बंद करके

वर्तमान परिस्थितियों पर लागू किया जाए, और एक क्रांतिकारी चेतना को गीता-कुरान में तब्दील कर दिया जाए कि न हम इससे बाहर झाँकेंगे और न किसी को झाँकने देंगे। आज की रणनीतियाँ अनिवार्यतः बाबा साहेब के स्वप्न के आलोक में, आज की परिस्थितियों के मुताबिक ही बनाई जानी चाहिए।

अगर आज के सचेतन दलित समाज को ईमानदार बौद्धिक-सामाजिक-राजनीतिक नेतृत्व मिल जाए, तो समूचे भारतीय समाज की काया-पलट हो सकती है। सवर्णता भारतीय समाज का अभिशाप है। लेकिन दुर्भाग्यवश इस अभिशाप के विरुद्ध स्वयं सवर्णों की वैचारिक चेतना कुंद है। इस कुंदता को तोड़ने का काम भी दलित बौद्धिकता को ही करना है। उसके पास अवसर भी है, शक्ति भी और क्षमता भी। इक्कीसवीं सदी के इस प्रारंभ काल में हिंदी क्षेत्र सहित, समस्त भाषा प्रदेशों में दलित लेखकों, साहित्यकारों, चिंतकों और मनीषियों की एक ऐसी बड़ी जमात उभर कर आई है कि जो परिवर्तनकामी है और जिसमें संपूर्ण भारतीय समाज को पुनःसृजित करने की पर्याप्त क्षमता है। इसलिए जरूरी है कि धर्म और राजनीति के तत्काल फायदा पहुँचाऊ समझौतों से निजात पाई जाए और भारत की आर्थिक-सामाजिक व्यवस्था में जो भी प्रवृत्ति दलित या सीधे शब्दों में अति सामान्य व्यक्ति के सम्मानजनक अस्तित्व की विरोधी है, उसे उखाड़ फेंकने की व्यापक तथा दीर्घकालिक तैयारी की जाए।

संदर्भ

1. घनश्याम साहा, 'अस्मिताओं का सह अस्तित्व', *आधुनिकता के आईने में दलित,* सं. अभय कुमार दुबे, वाणी प्रकाशन, नई दिल्ली, पृष्ठ 203
2. जयप्रकाश 'कर्दम', 'दलित समाज और धर्म', *चिंतन की परंपरा और दलित साहित्य,* सं. श्यौराज सिंह 'बेचैन', डॉ. देवेंद्र चौबे, नवलेखन प्रकाशन, हजारीबाग, पृष्ठ 30
3. डॉ. धर्मवीर, 'दलितों का दर्शन क्या हो', *हरिजन से दलित,* सं. राजकिशोर, पृष्ठ 143
4. डॉ. कुसुम मेघवाल, 'बाबा साहब डॉ. आंबेडकर का कारवाँ और दलित आंदोलन', *डॉ. आंबेडकर का कारवाँ, स्थिति और समीक्षा,* आकांक्षा प्रकाशन, दिल्ली, पृष्ठ 134
5. प्रो. जी. नानचरैया, '...उदारीकरण और कमजोर तबके पर उसका प्रभाव', *दलित चेतना : सोच,* सं. रमणिका गुप्ता, नवलेखन प्रकाशन, हजारीबाग, पृष्ठ 160
6. डॉ. कुसुम मेघवाल, पूर्व उल्लिखित, पृष्ठ 127
7. डॉ. तुलसीराम, 'दलित-सांप्रदायिक गठबंधन का पतन', *राष्ट्रीय सहारा,* 4 सितम्बर 2003
8. अभय कुमार दुबे, *आधुनिकता के आईने में दलित,* पृष्ठ 46-49

दलित विमर्श की मुश्किलें

शंभुनाथ

प्रेमचंद ने 1934 में *हंस* में कहा था, 'दस-बीस साल में शूद्र जातियाँ ब्राह्मण नहीं तो क्षत्रिय जरूर बन चुकी होंगी और क्षत्रिय से ब्राह्मण होना तो बस एकदम उछलने का काम है।'

निराला ने भी कहा था, 'भारतवर्ष का यह युग शूद्र शक्ति के उत्थान का युग है और देश का पुनरुद्धार उन्हीं के जागरण की प्रतीक्षा कर रहा है।' (*चाबुक,* 1920)। पिछड़ी और दलित जातियों के ब्राह्मण या क्षत्रिय बनने की होड़ पर वे टिप्पणी करते हैं, 'इसमें कोई तत्व नहीं। नवीन भारतीय समाज को इस प्रकार के सामाजिक परिवर्तन की आवश्यकता नहीं, वह तो आमूल सुधार का प्रार्थी है।' (*हमारे समाज का भविष्य रूप,* 1931)।

प्रेमचंद और निराला ने आमूल सुधार की बात दलितों से सहानुभूति की वजह से नहीं कही थी, बल्कि यह उनकी विचारधारा और राष्ट्रीय चिंता का अंग थी। वे दलित नहीं थे, पर अपने को कायस्थ और द्विज भी नहीं समझते थे। वह आंदोलनों का युग था, हजारों साल का पथरीला समाज पिघल रहा था। कुछ-न-कुछ बदल रहा था—*आदमी के बाहर और भीतर।* अन्य समुदायों की तरह दलितों के प्रति भी सामाजिक रुख में बदलाव आ रहा था और उनकी प्रगति का रास्ता साफ किया जा रहा था। वे मुखर हो रहे थे और उनके मुखर होने का काफी लोग स्वागत कर रहे थे। फिर भी भारत के समाज इतना कभी नहीं बदले कि दलित ही क्यों, स्त्री, किसान, आदिवासी, बच्चे, श्रमजीवी खुल कर नीले आसमान के नीचे स्वतंत्रता की साँस ले सकें।

दलितों को सिर्फ ब्राह्मण ही नहीं, सभी गैरदलित हेय दृष्टि से देखते थे। आज भी वे समाज में पहले से अधिक मिश्रित हो कर भी अवहेलना रेखा पर हैं। इसके बावजूद बीसवीं सदी ने दुनियाभर में सैकड़ों जंजीरों को तोड़ा था। उसने धर्मों, वर्णों, जातियों, रीति-रिवाजों और भाषाओं के अंतर्विरोधों से ऊपर उठी एक अनोखी किस्म

की मनुष्यता का अहसास कराया था। हालाँकि देश की स्वतंत्रता, आधुनिकता और लोकतंत्र में खोखलापन आते जाने के साथ नई मनुष्यता में भी दीमक लग गई, फिर भी इतना है कि आज दलित बेहिचक सवर्णों के साथ पॉश कॉलोनियों में रहते हैं और शहर की ऊर्ध्वाकाशी बस्तियों और झोंपड़पट्टियों में भी। वे ट्रेन में साथ सफर कर रहे हैं। सिनेमा हाल और रेस्तराँओं में साथ हैं। वे जनांदोलनों में साथ हैं। वे स्कूल और कॉलेज में साथ पढ़ रहे हैं। वे बाजार में साथ हैं। हर जगह और हर क्षण दलितों का समाज के बाकी लोगों से रिश्ता टकराव, घृणा या अपमान का नहीं है, यह एक यथार्थ है। सवर्णों की तरह दलितों में भी वर्ग विषमता और बेरोजगारी बढ़ रही है। नव-उदारीकरण जातिभेद नहीं करता, यह भी एक यथार्थ है। आज भी सुलभ शौचालयों में सफाई और वसूली के लिए दलित ही बैठा मिलेगा, मृत पशुओं को ले जाने के लिए दलित को ही बुलाया जाएगा और जब दलित किसी सामाजिक अन्याय का विरोध करेगा, कुछ सज्जन उसे उसी पुरानी सामंती घृणा से घूरेंगे—यह सब भी यथार्थ है। ये सभी यथार्थ इस निष्कर्ष की ओर ले जाते हैं कि भारतीय समाज में दलित अभी भी वंचित और उत्पीड़ित हैं, लेकिन भारत स्थिर और इकहरा नहीं है।

इसमें संदेह नहीं कि दलितों को लेकर हिंदी क्षेत्र में पिछले तीस-चालीस सालों से उठ रहे सवालों ने एक बहस खड़ी की है। हिंदी दलितों के बौद्धिक तबके ने नए सिरे से एक आलोड़न पैदा किया है। निश्चय ही बहुत-सी बातें उत्तेजनात्मक हैं। दलित कुछ और नहीं, उनके साथ हजारों साल से हमने जो सलूक किया है, वे यही तो बता रहे हैं। उन्हें सुनना होगा। यह भी देखना होगा कि यह बहस बौद्धिक-राजनीतिक क्षेत्रों तक सीमित है या इसका दलित समाज पर भी कुछ निर्माणात्मक असर पड़ रहा है। दलित समाज में इस समय व्यापक आंदोलन के क्या वैसे चिह्न हैं, जैसे फुले, नारायण गुरु और आंबेडकर के समय थे? दलित विमर्श महज एक बौद्धिक अवधारणा है या एक सामाजिक परिवर्तन भी? इस दृष्टि से देखा जाए तो राजनीतिक स्तर पर संप्रदायवाद से रिश्ते को ले कर लगातार एक ढुलमुलपन ही देखने को मिला है, आंबेडकर कभी इतनी दुविधा में नहीं थे। पिछले दशकों में संप्रदायवाद एक गंभीर समस्या के रूप में उभरा, लेकिन दलित राजनीति में लगभग चुप्पी दिखाई पड़ी। गुजरात जनसंहार भी एक अजब ही कथा कहता है। सामाजिक स्तर पर दलितों में कूपमंडूकता, जाति उप-स्तर, दिखावा और व्यापक परिप्रेक्ष्य में देखा जाए तो कलह पहले से भी ज्यादा है। वे वस्तुतः अपने ही लोगों के बौद्धिक विमर्श और राजनीति में बेगाने हैं। दलित आंदोलन कुछ साहित्यिक पत्रिकाओं के पन्नों पर है। लेकिन क्या इसे कुछ महत्वाकांक्षी व्यक्तियों का सत्ता विमर्श कहकर टालना सही है?

देखना यह भी होगा कि नव-उदारीकरण के जमाने में समाज को कठोरतापूर्वक

दलित और सवर्ण—महज इन दो श्रेणियों में विभाजित कर, इस उद्देश्य से पुराने धार्मिक प्रेतों को जगाने और गैरदलितों के सुधारवादी कामों को, पूरी तरह नकारने से अंततः क्या हासिल किया जा सकता है? इस मामले को दो तरह से देखा जा सकता है। एक, समाज में व्यापक जन-आंदोलन की अनुपस्थिति में जिंदगी की वर्तमान दुर्दशाओं से असंतोष जगह-जगह फिलहाल कट्टर सामुदायिक अस्मिता के स्तर पर ही व्यक्त हो पा रहा है। इसलिए दलितों के आक्रोश को सिर्फ ब्राह्मण वर्चस्व के खिलाफ, नव-उदारीकरण सहित सभी जीवन-विरोधी दशाओं के खिलाफ गुस्से के रूप में पढ़ना चाहिए। दो, यह सत्ता और विकास में हिस्सेदारी के लिए होड़ है, जिसमें दलितों की अवहेलना के प्राचीन इतिहास का बार-बार इस्तेमाल एक हथियार के रूप में हो रहा है। इस दृष्टि से यह सत्ता और विकास में हिस्सेदारी के लिए वैसी ही होड़ है, जैसी क्षेत्रीय अस्मितावाद में भी देखने को मिलती है और वहाँ भी इतिहास का इस्तेमाल इसी तरह हथियार के रूप में होता है। जाहिर है, इस दूसरी किस्म के दलित सोच में न सत्ता और विकास के मौजूदा नव-उदारवादी चरित्र से कोई एतराज है और न दलितों के अंधविश्वासों और जीवन की रूढ़ियों से।

इतिहास अपने को दुहराता है, पर वह कभी भी एक ही जगह पर नहीं होता। खासकर ऐसे समाज में अतीत के प्रेत इतिहास का कभी पीछा नहीं छोड़ते, जो शुरू से बहुपर्त्तदार और जटिल है। वहाँ खाइयाँ और अविश्वास होते हैं। वहाँ अजनबी अचानक साथी भावना का अनुभव करके समुदाय बना लेते हैं और लंबे समय से साथ रहनेवाले अचानक अजनबी हो जाते हैं। बहुत-सी यादें खोने लगती हैं और बहुत कुछ भूला हुआ याद आने लगता है।

पहले की दलित सोच से इन दशकों के दलित विमर्श का एक फर्क यह है कि इसमें साम्राज्यवाद के प्रति आस्था नहीं है। फुले को लगा था कि ब्रिटिश शासन अच्छा है। आंबेडकर भी उससे काफी उम्मीद रखते थे। लेकिन शायद ही कोई दलित नव-उदारीकरण को बहुत आशा भरी नजरों से देखता हो। वह आइटी-स्वर्गों, प्रबंध या फैशन लोक के दरवाजे तक नहीं जा पा रहा है। वह मीडिया में हाशिए के बाहर है। बहुराष्ट्रीय कंपनियों, विश्व व्यापार संगठन और अंतर्राष्ट्रीय मुद्रा कोष से इनके पास कोई बुलावा नहीं आता, जिस तरह कभी गोलमेज कान्फ्रेंस में आंबेडकर को बुलाया जाता था। नव-उदारीकरण जो दुनिया बना रहा है, उसके दरवाजे आम जनता के साथ दलितों के लिए भी बंद हैं।

इसलिए दलितों के आक्रोश में एक मोड़ आया है। फिलहाल यह निजी क्षेत्र में कभी न पूरी होनेवाली आरक्षण की माँग के रूप में है। सभी जानते हैं कि विश्व व्यापार संगठन के नियमों से बँधी सरकार बहुराष्ट्रीय कंपनियों को आरक्षण के लिए बाध्य नहीं कर सकती। निजीकरण ने आरक्षण को एजेंडे के बाहर कर दिया है। बेरोजगारी, आर्थिक असुरक्षा और भारी कर्ज की मार सवर्ण और दलित में भेद नहीं

करती। इसका असर कोने-कोने में पहुँचता है। श्यौराज सिंह बेचैन कहते हैं, 'निजी क्षेत्र को राष्ट्र के प्रति जिम्मेदार बनाना है तो सामाजिक दायित्व का भार उठाना ही होगा।' (*हंस,* अगस्त 2004)। वे यह किससे कह रहे हैं? निजीकरण और कारपोरेट जगत सामाजिक दायित्व क्या निभाएगा, जब खुद सरकार ही गैर-मुनाफावाली सामाजिक सेवाओं और जिम्मेदारियों से हाथ खींचती जा रही है? सत्ता संघर्ष में शामिल राजनीतिक नेता लोगों का भरोसा लूटने के लिए ऐसी माँगों का समर्थन करते रहते हैं, जबकि वे अच्छी तरह जानते हैं कि निजी क्षेत्र आरक्षण की बात कभी नहीं मानेगा।

क्या गृह युद्ध होगा? कौन लड़ेगा? उपभोक्तावाद ने श्रमजीवी वर्ग को अपने व्यापक असर में ले लिया है। अब लोग जुलूस तक में पीछे से कट कर टीवी देखने या एयरकूलर की हवा में आराम फरमाने के लिए जल्दी घर भागने के ताल में रहते हैं। गरीब और बेरोजगार किसी भी जाति के हों, किंकर्तव्यविमूढ़ हैं—*कहत एक एकन सों कहाँ जाइ का करी!* वैश्वीकरण के प्रति आक्रोश की दिशा श्यौराज सिंह बेचैन इस तरह स्पष्ट करते हैं, 'असंतोष फूटेगा। खून-खराबा होगा। 'मरता क्या न करता' की स्थिति में दलित गरीब और पिछड़ा तबका देश हित में निजी क्षेत्रों से विद्रोह करेगा। शांतिपूर्ण विकास खतरे में पड़ेगा और देश में गृह युद्ध की स्थिति पैदा करेगा।' देश हित में गृह युद्ध कैसा होगा और कौन करेगा—आत्मकेंद्रित होता जा रहा व्यक्ति? श्यौराज सिंह बेचैन जरा सोचें कि किस तरह नव-उदारवादी और विश्व व्यापार संगठन की एकपक्षीय नीतियों का मुकाबला करने के लिए भी अमीर-गरीब सवर्णों को ही चिह्नित किया जा रहा है, जितने दोष—नन्दो घोष! यह बार-बार वास्तविक दुश्मन को निशाने से ओझल रखना है, जबकि उपर्युक्त मुकाबले के लिए जरूरत है श्रमजीवियों के संघर्ष के भूमंडलीकरण की।

वर्ग बदलता है, जाति तोड़नी पड़ती है। मुश्किल है कि मनुस्मृति-तुलसीदास के जमाने के अतीत और गांधी-आंबेडकर-प्रेमचंद के जमाने के अतीत में फर्क नहीं किया जाता। भारतीय समाजों का आधुनिक और राष्ट्रीय विकास एक असमाप्त परियोजना है, पर यह शुरू हुई थी। मध्यकालीनता ध्वस्त हो रही थी। अंग्रेजों ने 1881 में जातियों और प्रजातियों की सूची बनाने और 1891 में उच्च और निम्न जाति के रूप में वर्गीकरण का काम इस परियोजना को तोड़ने के उद्देश्य से किया या किसी ऊँचे मकसद से, यह समझना कठिन नहीं है। अभी इराक में अमेरिका ने कुर्द, सिया, सुन्नी तथा अन्य कबीलों में फूट डालने का काम छद्म चुनाव के बाद मंत्रिमंडल गठन के साथ ही शुरू कर दिया है, ताकि इनके बीच स्थायी तनाव पैदा हो और वे अपना गेम खेलें। आज भी वही नारा है—फूट डालो और पश्चिमी बनाओ!

1920 में जी.डब्ल्यू. ब्रिग्स ने एक किताब लिखी थी, *द चमार्स*। इसका जयप्रकाश कर्दम का किया हुआ हिंदी अनुवाद उपलब्ध है। इसमें एक व्यापक

सर्वेक्षण करके बताया गया है, 'दिल्ली के कई मोची दिल्ली के व्यापारियों के फंदों में ऐसे फँसे हैं कि उन्हें अपनी जी-तोड़ मेहनत से गुजारे भर को ही मिलता है।' चमारों की गरीबी की एक वजह बेगार व्यवस्था है, उनकी दशा वास्तव में दासता की है। 'उनके पास खेती की जमीन बहुत कम है।' इस पुस्तक में उनके व्यसन, असंयम, अज्ञानता, गरीबी, गंदगी, अंधविश्वास, अशिक्षा आदि की चर्चा है। इसकी ओर भी अप्रत्यक्ष संकेत है कि अंग्रेजी राज में उनके ग्रामीण उद्योग को गहरी चोट लगी है, जबकि बाजार में चमड़े की चीजों की खपत लगातार बढ़ी है। ब्रिग्स ने एक अन्य तथ्य की ओर इशारा किया है, 'मद्रास में चमड़े का काम करनेवाले को चौबीस फुट दूर रखा जाता है। उत्तर भारत में स्थिति इतनी अधिक दयनीय नहीं है।' हिंदी क्षेत्र में दलित जाति विषमता-रेखा पर होने के बावजूद उतनी तिरस्कृत नहीं थी, यह बात कई जगहों पर कही गई है।

ब्रिग्स ने यह भी बताया है कि प्रथम विश्व युद्ध की वजह से स्थिति किस तरह बदल गई। वे कहते हैं, 'भारत में चमड़ा निर्माता द्वारा विशेषज्ञों के निर्देशन और तकनीकी कौशल का उपयोग करने से चर्मशोधन उद्योग में भारी वृद्धि होगी।... यह नया प्रोत्साहन ग्रामीण चर्मकार के पाँव और उखाड़ देने की ओर प्रवृत्त करेगा।' ब्रिग्स सुझाव देते हैं कि गाँवों में चर्मकारों को औद्योगिक शिक्षण और औजार देने चाहिए, 'समस्त औद्योगिक विकास में चमारों के हितों की सुरक्षा की जानी चाहिए।' ब्रिग्स यह स्पष्ट करते हैं कि चमार जन पर जादू-टोने, तंत्र-मंत्र और भूत-प्रेत का काफी असर है, कुछ पंचप्रिय हैं और कुछ पर स्थानीय भगवानों का असर है। उनमें अश्लील गीत और मजाक आम बात है (इस पर पंत की एक सामान्य कविता है *चमारों का नाच*)। उनमें स्त्रियों की बहुत कम इज्जत है, नशाखोरी और बाल विवाह है। ब्रिग्स कहते हैं कि आर्य समाज और ईसाई धर्म के असर से उनके बीच कुरीतियाँ घटी हैं। वे खासकर अपने धर्म के संदर्भ में कहते हैं, 'भारत के धर्मोपदेशक चमार के लिए कोई उचित कार्यक्रम नहीं बनाते, लेकिन यीशू ऐसा करते हैं।' फिर भी ब्रिग्स का जोर चमार जन के आर्थिक सशक्तिकरण पर है। प्रेमचंद भी यही कहते हैं, 'असल समस्या आर्थिक है। यदि हम अपने हरिजन भाइयों को उठाना चाहते हैं तो ऐसे साधन पैदा करने होंगे जो उन्हें उठने में मदद दें' (पावन तिथि 1932)। समकालीन दलित विमर्श और राजनीति में यह मुद्दा ही गायब है या वह निजी संस्थानों में आरक्षण की पुकार तक सीमित है। कई जगहों पर यह समझ पनप रही है कि कला-साहित्य, संस्थान, पुरस्कार, पत्रिका, पाठ्यक्रम में प्रतिनिधित्व से ही 25 करोड़ दलितों की मुक्ति हो जाएगी। जाति घृणा का सारा प्रचार अगर इसीलिए है, तो यह चिंताजनक है।

भारत में अंग्रेजी राज के एक अफसर सर लीपेल ग्रिफिन ने लिखा है, 'विद्रोह को फैलने से रोकने के लिए जाति प्रथा एक बहुत अच्छी चीज है।' भारत में जाति

प्रथा के विदेशी अध्ययनकर्ताओं ने समाज की पृथकता के चिह्नों को जम कर दिखाया, लेकिन सामंजस्य के चिह्नों की अपेक्षा की। अंग्रेजी राज में व्यक्ति नाम के साथ जाति नाम लिखना अनिवार्य बना दिया गया था। कोई नहीं जानता कि मीरा, सूरदास और बिहारी का जाति-उपनाम क्या है? सूरदास मिसिर हैं या द्विवेदी! यह सूरदास की ही पंक्ति है, *जाति गोत कुल नाव गनत नहिं रंक होय कै रानों!* निःसंदेह भारत के समाजों में जाति प्रथा अपने कलुषित रूप में रही है, नीची समझी जानेवाली जातियों के साथ अन्याय होता रहा है। लेकिन जाति भेदभाव दूर करने की आवाजें बुद्ध और भक्ति आंदोलन से ले कर गांधी तक बार-बार उठी हैं।

यह ब्रिटिश साम्राज्यवाद था जिसने न केवल दलितों को आर्थिक पामाली तक पहुँचाया, बल्कि संप्रदायवाद और जाति-शत्रुता की नींव डाल कर 'फूट डालो और पश्चिमी बनाओ' का मकसद भी पूरा किया। नव-उदारीकरण के साथ सामुदायिक अस्मिता की राजनीति के रूप में इतिहास एक बार फिर अपने को दुहरा रहा है। समाज में जाति को राजनीतिक ताकत समझने की प्रवृत्ति बढ़ी है। आदमी एक तरह से ग्लोबल होना चाहता है, दूसरी तरफ से राजनीतिक मतलब या अच्छे अवसरों के लिए चौबीसों घंटे अपनी जाति में रहना चाहता है। जाति के भीतर से उपजातियाँ सिर उठाती हैं। दलितों के बीच भी यह सब घट रहा है। इसी वजह से दलित एक समुदाय नहीं बन पा रहे हैं।

आंबेडकर ने अपने लखनऊ भाषण (1948) में कहा था, 'अस्पृश्य लोग भी आपस में अब तक छूत-छात मानते हैं, ब्राह्मणों से भी बड़ा प्लेग हमारे अंदर है।' खुद दलितों का कई ऊँची-नीची जातियों में बँटा होना और इनके बीच सामाजिक दूरी एक बड़ी समस्या है, पूरी जाति प्रथा ही भारतीय मानस के लिए एक अभिशाप है। निराला ने कभी कहा था–*'आज अमीरों की हवेली/किसानों की होगी पाठशाला/धोबी पासी चमार तेली/खोलेंगे अँधेरे का ताला/एक पाठ पढ़ेंगे, टाट बिछाओ।'* एक टाट कहाँ बिछा? देखा जाता है कि कई चायखानों में दलितों के लिए अलग टूटा-पिचका गिलास रखा होता है। इसी तरह दलित भी अपने से नीचे के दलित के लिए अलग गिलास रखते हैं और उनके मन में थोड़ी कम तीखी, लेकिन अवहेलना की भावना होती है। इससे द्विज और दलित के बीच परंपरागत रिश्ते को वैधता नहीं मिलती, बल्कि यह बोध होता है कि सभी जातियों के मनुष्यीकरण की जरूरत है। निश्चय ही सवर्णों के मनुष्यीकरण की सबसे ज्यादा जरूरत है।

यह एक बड़ी विडंबना है कि दलित विमर्श में दलितों का शत्रु घोषित किया जाता है ब्राह्मणवाद को, जबकि राजनीति में ब्राह्मण उतने बड़े शत्रु नहीं होते जितने पिछड़े। राजनीति में दलित बहन ब्राह्मण को राजनीतिक भाई बना कर राखी बाँधती है! उसे धन-वैभव के प्रदर्शन से भी गुरेज नहीं। यह भी घटित होता है कि आरक्षण

पा कर आगे बढ़ा हुआ दलित अपनी ही जाति के पीछे छूट गए दलितों से सारे रिश्ते समेट लेता है और ब्राह्मणवाद के ही संस्कार प्रदर्शित करने लगता है। ऊपर से ब्राह्मणवाद के साथ नीचे से भी ब्राह्मणवाद शुरू हो जाता है।

सामाजिक न्याय की लड़ाई का अर्थ राजनीतिक अवसरवाद और जाति-घृणा नहीं है। आंबेडकर ने कहा था, 'हम ब्राह्मणों के विरुद्ध नहीं हैं, हमारा आक्रमण ब्राह्मणवाद पर है। हमें ब्राह्मणवादग्रस्त ब्राह्मणेतर आदमी दूर प्रतीत होता है और ब्राह्मणवाद रहित ब्राह्मण नजदीक लगता है।' इसी तरह फुले ने भी शूद्र के पक्ष में आवाज उठाते हुए भी 'किसान' की श्रेणी को भी समझने का प्रयत्न किया था और *किसान का कोड़ा* पुस्तक लिखी थी। उन सभी के लिए दलित आंदोलन 'प्रतीक-विजय' के लिए नहीं था। पानी की मुक्ति के लिए था। कूपमंडूकता और ब्राह्मण वर्चस्व से मुक्ति के लिए था। नए जमाने में आंबेडकर के नाम पर जगह-जगह पार्क बनाना और मूर्तियों का अनावरण ही बड़े काम हैं। दलित अपनी पुरानी स्थितियों में सब कुछ टुकुर-टुकुर देखता है और प्रतीकों का झुनझुना सुनता है।

कोई भी आदमी चौबीसों घंटे अपनी जाति में नहीं रहता। उसे विवाह के अलावा अपनी जाति की याद नहीं आती। कोई भोज आज बिरादरी-भोज तक सीमित नहीं है। इसका यह अर्थ नहीं है कि दलित देश के बहुत सारे हिस्सों में यातनामय, बहिष्कृत और असमान सामाजिक दशा में नहीं हैं। लेकिन यह राजनीति से भी स्पष्ट है कि इस समय देश में मुख्य अंतर्विरोध ब्राह्मण और दलित का नहीं है, पिछड़े और दलित का भी नहीं है। एक तरफ यदि जाति के आधार पर राजनीतिक समूहीकरण हो रहा है, तो दूसरी तरफ यह भी एक यथार्थ है कि सभी के साथ सभी हैं, बल्कि ब्राह्मण-दलित की राजनीतिक निकटता बढ़ी है। दरअसल, मुख्य लड़ाई नव-उदारीकरण और सामंतवाद की सारी चीजों के खिलाफ है जिनमें जाति-अवहेलना और जाति घृणा भी हैं। समाज में वर्चस्व का रूप बदल रहा है, अब वर्चस्व उनका है, जिनके पास सूचना की ताकत है—उच्च जाति नहीं।

यह वास्तविकता कम मनोरंजक नहीं है कि हिंदी क्षेत्र के अलावा देश के किसी दूसरे हिस्से की बौद्धिक दुनिया में फिलहाल दलित विमर्श मुख्य विमर्श नहीं है। वहाँ दूसरी-दूसरी समस्याएँ उठाई जा रही हैं, जबकि वे हिस्से भी जाति प्रथा से कमोबेश आक्रांत हैं। हिंदी में दलित विमर्श में पिछले बीस सालों में केवल इतना ही विकास हुआ है कि निजी क्षेत्र में भी आरक्षण चाहिए। यह सही है कि दलितों के बीच एक साहित्यिक माहौल बना है, कई लेखक सामने आए हैं, कई अच्छी आत्मकथाएँ सामने आई हैं। लेकिन किसी दिन यह भी जरूर महसूस करना होगा कि साहित्य का अर्थ सिर्फ आत्मकथा नहीं है। आत्मकथा के साथ अभी की कथा भी चाहिए, बाजार कथा भी चाहिए। बाजार खुद दलित विमर्श में भी पैठ

गया है। कई गैरदलित संपादकों के लिए दलित विमर्श और स्त्री विमर्श रसरंजन के साथ लिया जानेवाला चिखौना भर है।

इस पर आम राय है कि वर्ग और जाति में फर्क है। जाति एक ज्यादा कठोर श्रेणी है और जाति की सच्चाई की उपेक्षा नहीं की जा सकती। भारत में दलित आज भी अत्याचार के शिकार हो रहे हैं, लेकिन यह भी एक सच्चाई है कि इससे पूरा देश उद्विग्न होता है। देश में पीड़ा और अत्याचार के अनगिनत रूप हैं। फिर भी कहीं कोई स्त्री सती होती है, किसी दलित स्त्री को नंगा घुमाया जाता है, जाति तोड़कर शादी करनेवाले को कभी कोई पंचायत पत्थर से मार-मार कर खत्म कर देने की सजा सुनाती है, शिशु बलि होती है, बाल विवाह होता है, जनसंहार होता है—पूरा देश दहल जाता है और विरोध में मुखर हो उठता है। यह मध्यकालीन सामंती व्यवस्था से पिछले लगभग दो सौ सालों के लंबे ऐतिहासिक संघर्ष का नतीजा है और भारत जैसे जटिल देश के लिए दो सौ साल कम होते हैं। निःसंदेह सामंती व्यवस्था पुराने-नए वेश में अभी भी हमारे आस-पास मौजूद है। इसका मुकाबला ड्राइंग रूम में बैठे-बैठे सवर्णों के खिलाफ भावोन्माद से भरा लच्छेदार सनसनीखेज वाक्य रच देने से नहीं होगा और न गृह युद्ध के आह्वान से। भारत के जटिल और अतीत के प्रेतों से जकड़े समाज में कभी दावा नहीं किया जा सकता कि अब भविष्य में कहीं भी जनसंहार और प्रति-जनसंहार नहीं होंगे। लेकिन यह निश्चय ही कहा जा सकता है कि भारत में कभी गृह युद्ध नहीं होगा।

दो अवसरों पर यथार्थ दिखाई नहीं देता—जब आँखें करुणा की अश्रुबूंदों से नहाई हों और जब आँखों में क्रोध की गहरी लाली हो। हिंदू-मुसलमान को लड़ाने की राजनीति पंचर हो चुकी है। समाज का जातिवादी विभाजन भी अब अच्छी नजरों से नहीं देखा जाता, क्योंकि अब यह सभी महसूस करने लगे हैं कि जाति के नाम पर राजनीतिक समुदायीकरण करनेवाले सत्ता में जाने के तत्काल बाद अपनी जाति के साधारण लोगों को भूल जाते हैं। इनके लिए वे कुछ नहीं करते। वे सिर्फ प्रतीकों का झुनझुना बजाते हैं। इसलिए ऐसे सामाजिक विभाजन से मोहभंग हुआ है। सवर्णों को गाली देते-देते व्यवस्था में पहुँचते ही खुद सवर्ण बन जाना अब आम घटना है। समस्या यह है कि हिंदी क्षेत्र में इस समय विचारहीनता की राजनीतिक संस्कृति का बोलबाला है और चुनौतियों का सामना करने के लिए किसी बड़े 'विजन' का चारों तरफ अभाव है। बहुत विमर्श कर चुके, अब थोड़ा विचार भी कर लेना चाहिए।

इन दिनों दलित जीवन में आत्मसम्मान की प्रतिष्ठा, सुधार और उत्थान के नाम पर जो सक्रिय हैं, उनका एक बड़ा हिस्सा केसरियाकरण और नस्लीकरण की ही खींचतान में ज्यादा फँसा है। कहा जा सकता है कि हिंदी क्षेत्र में दलित विमर्श एक विलंबित मामला है, दलित बुद्धिजीवियों में काफी देर से मुखरता आई। लेकिन यह भी जाँचने की जरूरत है कि इसमें पहले के आंदोलन जैसी ऊँचाइयाँ कितनी

हैं और उत्तेजनात्मकता कितनी है। काँचा इलैया ने 'मैं हिंदू क्यों नहीं हूँ' में बताया है, 'भारत के इतिहास में दलित बहुजनों ने काफी मुसीबतों का सामना किया है। आधुनिक लोकतांत्रिक समाजवादी क्रांतियों ने उन्हें अपनी मुक्ति का रास्ता दिखा दिया है। उनकी मुक्ति में ही उच्च जातियों या शेष समाज की मुक्ति निहित है।' इस कथन में दलित-अवहेलना को लेकर चिंता के साथ लोकतांत्रिक-समाजवादी क्रांति का स्वप्न भी है, इसमें सिर्फ 'अपनी खैर' नहीं 'सब की खैर' की कामना है। उपर्युक्त कथन साम्राज्यवाद विरोध की ओर प्रेरित करता है और बहुराष्ट्रीय कंपनियों से आरक्षण माँगने तक सीमित नहीं है।

इसमें संदेह नहीं कि नव-उदारीकरण और नव-सामन्ती व्यवस्था से, नए साम्राज्यवाद से मुठभेड़ का नेतृत्व देने के लिए जब तक भारत के दलित और पिछड़े आगे नहीं आएँगे, आम जनता दुविधा और असहायता में रहेगी।

दलित आंदोलन किधर?

गोपेश्वर सिंह

महात्मा गांधी ने एक बार कहा था : 'मैं पुनर्जन्म नहीं चाहता, लेकिन अगर मुझे फिर जन्म लेना ही पड़े तो मैं अस्पृश्यों में ही जन्म लूँ, जिससे उनके अपमान का हिस्सेदार बन सकूँ, उनकी मुक्ति के लिए काम कर सकूँ।' उनकी उस कामना में उनका गांधीपन दीखता है। ऐसी कामना शायद ही कोई करे! यदि पुनर्जन्म का विकल्प डॉ. आंबेडकर के सामने होता, तो वे किस जाति में जन्म लेना पसंद करते? सुभाषचंद्र बोस, सरदार पटेल, राजेंद्र प्रसाद, जवाहरलाल नेहरू, जयप्रकाश नारायण, राममनोहर लोहिया, बी.टी. रणदिवे, श्रीपाद अमृत डांगे, विनोबा भावे आदि, भिन्न सामाजिक-राजनीतिक आदर्शों से अनुप्राणित, गांधी युगीन नेताओं से यह प्रश्न पूछा जाता तो उनका उत्तर क्या होता? यह एक काल्पनिक प्रश्न है। उत्तर का अनुमान भर किया जा सकता है। फिर भी मेरा मन जो अनुमान लगा पा रहा है वह यह कि इनमें से कोई भी दलित घर में जन्म लेने का विकल्प नहीं चुनता। राष्ट्रीय आंदोलन की पैदाइश ये सभी बड़े नेता, जिनकी ईमानदारी और त्याग में संदेह नहीं है, यह संकल्प तो दुहराते कि दलितों को भी मान-सम्मान मिले, दलित और ब्राह्मण में सचमुच कोई अंतर न रहे—उनके बीच रोटी-बेटी का संबंध सहज रूप से विकसित हो जाए, दलित को अछूत मानने का भाव किसी के मन में स्वप्न में भी न आए आदि-आदि, किंतु दलित घर में कोई पैदा होना नहीं चाहता। भारतीय समाज में दलित जीवन की जो भयावह पीड़ा है, वह अतुलनीय है। उसकी तुलना में दूसरा कोई दुःख दुनिया में नहीं बना। तुलना ही करनी हो तो मध्यकालीन यूरोपीय गुलामों से ही दलितों की तुलना हो सकती है या शायद उनसे भी न हो। ऐसे में महात्मा गांधी की अछूत बन कर उस जीवन की पीड़ा को प्रत्यक्ष जीने की कामना, उन्हें महानों की महानता से भी बहुत ऊपर उठा देती है। उनका गांधीपन इसी में है जो उस युग में और किसी में नहीं।

लेकिन उसी गांधी के 'हरिजन सेवा' के सारे प्रयत्न उन्हीं दलितों द्वारा संदेह

के घेरे में ला दिए गए हैं और नकार दिए गए हैं, जिनकी सेवा का व्रत वे आजाद भारत में भी निभाना चाहते थे। गांधी के दलित मुक्ति के प्रयत्नों को उन्हीं के जीवन में आंबेडकर ने चुनौती दी थी, और ठीक ही दी थी, कि भारत की आजादी में दलितों का स्थान कहाँ है? गांधी के प्रति अंधभक्ति न हो, आलोचनात्मक भाव हो, तो आंबेडकर की माँग गलत नहीं लगेगी। आजादी के इतने वर्षों बाद दलितों के प्रति गैरदलितों का जो सलूक है, उसे देखते हुए आंबेडकर का दलित प्रश्न के साथ राष्ट्रीय स्वाधीनता आंदोलन को प्रश्नांकित करना सर्वथा उचित ही था। लेकिन गांधी और आंबेडकर के दलित मुक्ति के प्रयत्न क्या परस्पर विरोधी थे? आज दलित नेता और चिंतक जिस तरह आक्रामक और अश्लील भाषा में गांधी के प्रयत्नों को खारिज कर रहे हैं, उससे तो यही लगता है। ये लोग गांधी के दलित मुक्ति के प्रयासों पर पुनर्विचार की जरूरत तक नहीं समझते, उलटे उन्हें दलित विरोधी साबित करने पर तुले हैं।

वर्ण व्यवस्था भारतीय समाज का सबसे बड़ा अभिशाप रही है। वर्ण व्यवस्था क्रम में दलितों का जो स्थान था, वह पशु से भी गया-गुजरा था। इसलिए दलित जीवन की भयावह पीड़ा ने प्राचीन काल से ही परिवर्तन के आकांक्षी और संवेदनशील समाज सुधारकों का ध्यान अपनी ओर खींचा। महावीर, बुद्ध, कबीर, विवेकानंद, गांधी आदि ने अछूतों की स्थिति को समझने की कोशिश की और उसे बदलने का संघर्ष भी किया। लेकिन वर्ण व्यवस्था की दीवार अभेद्य बनी रही। इसका प्रमुख कारण यह था कि उन महापुरुषों की चिंता के केंद्र में अन्य समस्याएँ भी थीं, दलित मुक्ति उस चिंता का एक आयाम भर था। एक दूसरा कारण यह भी था कि इनमें से कोई दलित नहीं था। इसलिए आधुनिक काल में डॉ. भीमराव आंबेडकर का प्रवेश जब एक दलित नेता और चिंतक के रूप में हुआ, तो दलित समस्या को नई भाषा और गति मिली, सीमित दायरे से निकलकर वह आंदोलन के रूप में परिणत हुई। आंबेडकर स्वयं दलित थे। दलित जीवन की वास्तविकता उनकी भोगी हुई थी—देखी, सुनी या पढ़ी हुई नहीं। वे सुशिक्षित थे। दुनिया में चलनेवाले मुक्ति संग्रामों से उनका परिचय था। वे सैद्धांतिक और व्यावहारिक दोनों स्तरों पर भारतीय वर्ण व्यवस्था की वास्तविकता को गहराई से जानते थे। दलित मुक्ति उनके आंदोलन के एजेंडे के केंद्र में थी, उनके लिए मुख्य प्रश्न थी। दलित मुक्ति के बिना ब्रिटिश हुकूमत से मुक्ति उनके लिए निरर्थक थी। इसी मुद्दे पर उनका मुख्य मतभेद गांधी और कांग्रेस से था। कम्युनिस्ट चूँकि वर्ग को महत्व देते थे और वर्ण उनके लिए महत्वहीन था, सो कम्युनिस्टों से भी उनकी दूरी बनी रही। ऐसे में दलित आंदोलन को नई भाषा और नई गति मिलनी ही थी। सही समय पर सही ढंग से दलित आंदोलन को नेतृत्व दे कर उन्होंने जो ऐतिहासिक भूमिका निभाई, उसके लिए दलित उन्हें अपना सबसे बड़ा नेता मानते हैं और सम्मान देते हैं तो ठीक

ही करते हैं। लेकिन इसके साथ जब वे दूसरे गैरदलित नेताओं के दलित मुक्ति के प्रयत्नों को पूरी तरह नकारते हैं और उनकी अपमानजनक आलोचना करते हैं, तब उन्हें यह पता नहीं होता कि वे दरअसल दलित आंदोलन को कमजोर कर रहे हैं। वे भूल जाते हैं कि दलित मुक्ति के सवाल पर उनकी सफलता सिर्फ उनकी ही नहीं है। क्या यह सच नहीं है कि आंबेडकर की स्वीकृति और सफलता के मूल में वे लोकतांत्रिक एवं आधुनिक शक्तियाँ भी थीं, जो पश्चिम के संपर्क और चुनौती के साथ राष्ट्रीय आंदोलन, समाजवादी और साम्यवादी आंदोलनों का प्रतिफल थीं? दलितों को जो अधिकार मिले, उसकी सफलता का श्रेय सिर्फ आंबेडकर को ही जाता है या उस भारतीय मानस को भी जो अछूतपन को भारतीय समाज का पाप मानने लगा था? आंबेडकर बीसवीं सदी में ही क्यों पैदा हुए थे? वे यदि पंद्रहवीं-सोलहवीं शताब्दी में पैदा होते तो क्या उन्हें वह सफलता मिलती जो बीसवीं सदी के भारतीय समाज में मिली? यदि दलितों की गुलामी के लिए भारतीय समाज जिम्मेदार है, तो उनकी मुक्ति में भी, न सही प्रत्यक्ष, परोक्ष ढंग की ही, उसकी कोई भूमिका है या नहीं? किसी वर्ग या व्यक्ति को मुक्ति कभी अकेले मिलती है क्या? दलित वर्ग में अनेक संत पहले भी पैदा हो चुके थे, ब्राह्मणवाद पर प्रहार भी कर चुके थे, जैसे सरहपाद आदि, किंतु क्या वे दलितों को वह सामाजिक अधिकार दिला सके जो उन्हें बीसवीं सदी में मिला? अनेक प्रश्न हैं जिनकी द्वंद्वात्मकता में जाने से आज का दलित नेतृत्व और चिंतन परहेज करता है, सरलीकरण का शिकार होता है और अंततः दलित आंदोलन एवं राजनीति को नुकसान पहुँचता है।

यह ठीक है कि महात्मा गांधी जन्मना दलित नहीं थे। इससे दलित समस्या से संबंधित उनके सारे प्रयत्न क्या अर्थहीन हैं? यदि ऐसा ही है, तो बुद्ध, विवेकानंद और कार्ल मार्क्स समेत दुनिया के अनेक महान लोगों के क्रांतिकारी प्रयत्नों को नकारना पड़ेगा, क्योंकि उन्होंने उस वर्ग के लिए अपने शब्द और कर्म को समर्पित किया, जिस वर्ग के वे स्वयं नहीं थे। यदि ऐसा ही हो तो ग्रीक ट्रेजडी के प्रमथ्यु नामक उस चरित्र का क्या होगा, जिसने देवता होने के बावजूद अपनी जाति को धोखा दिया था, स्वर्ग से अग्नि चुराई थी और अंधकार में भटकती मनुष्य जाति को दी थी! देवताओं ने उसकी इस गद्दारी के लिए उसे नारकीय यातनाएँ दीं। उसने उन यातनाओं को सहर्ष स्वीकार किया। उस चरित्र ने मार्क्स समेत दुनिया के न जाने कितने मुक्ति कामी लोगों को प्रभावित किया और उस वर्ग के लिए अग्नि प्रदान करने के लिए प्रेरित किया, जिस वर्ग के वे स्वयं नहीं थे। अग्नि यानी ज्ञान। ज्ञान जो मनुष्य को स्वार्थ के संकुचित धरातल से परे जा कर दूसरों के लिए मर-मिटने की आग उसके भीतर पैदा करता है। दुनिया का इतिहास ऐसे लोगों से भरा पड़ा है जो अपनी जाति-वर्ग और देश के विरुद्ध लड़ते हुए शहीद

हो गए—उनके लिए, जिनके बीच वे पैदा नहीं हुए थे। यदि हम उन सारे प्रयत्नों को नकारने लगें तो मुक्ति संघर्ष के उस इतिहास का क्या होगा, जिससे प्रेरित हो कर मनुष्य नए इतिहास के निर्माण का संघर्ष करता है और कुरबानियाँ देता है? डॉ. आंबेडकर क्या शून्य में पैदा हुए थे और दलित मुक्ति की चेतना क्या उन्हें किसी गुफा-कंदरा में अकेले तपस्या करके प्राप्त हुई थी या वे भी दलित मुक्ति के इतिहास की कोख से पैदा हुए अपने समय की जाग्रत चेतना के प्रतिनिधि स्वर भर थे? दलित मुक्ति की चेतना को उस मुकाम तक पहुँचाने में दलित महानों के साथ गैरदलित लोगों का योगदान कुछ भी नहीं था? हो सकता है कि गांधी के प्रयास में कोई कमी हो और उसके अपने अंतर्विरोध हों! अंतर्विरोध किसमें नहीं होते! क्या बाबा साहब आंबेडकर में नहीं थे?

अस्पृश्यता को महात्मा गांधी सबसे बड़ा पाप मानते थे। ऐसा पाप, जैसा दुनिया में और कहीं नहीं है। उनके लिए भारत की आजादी तब तक अर्थहीन थी, जब तक अस्पृश्यता खत्म नहीं होती। उनके शब्द हैं : 'भारत में जब तक अछूत रहेंगे तब तक स्वराज्य नहीं मिलेगा। भारत ने जो यह अपराध किया है उससे हीन कोई काम इंग्लैंड ने भी नहीं किया।' उनके अनेक स्वप्नों में से एक स्वप्न यह था कि स्वतंत्र भारत का प्रधान कोई दलित हो। उन्होंने कहा था : 'मुझे इस विचार से खुशी होगी कि कोई भंगी की लड़की, जिसका हृदय मजबूत हो, हमारा प्रथम राष्ट्रपति बने...जब तक कोई चमार अथवा भंगी भारत का राष्ट्रपति नहीं बनेगा, तब तक मुझे संतोष नहीं होगा।' देश आजाद हुआ। देर से ही सही के.आर. नारायणन भारत के राष्ट्रपति भी बने, पर अस्पृश्यता के नाम का वह पापकर्म आज भी पूरी तरह बंद नहीं है। ऐसी विडंबनापूर्ण स्थिति पर पता नहीं महात्मा गांधी की कैसी प्रतिक्रिया होती? पूरी तरह खुश तो बिलकुल नहीं होते। असल में उनके लिए अस्पृश्यता कानून से अधिक सामाजिक और संस्कारगत समस्या थी। वे मानते थे कि हिंदुओं के मन में अछूतों के प्रति भेदभाव के जो संस्कार हैं, उन्हें दूर किए बिना अस्पृश्यता की समस्या दूर नहीं होगी। इसीलिए तो वे स्वतंत्र भारत में भी हरिजन सेवा का अपना काम जारी रखना चाहते थे। दलितों को नौकरी, शिक्षा आदि क्षेत्रों में और उनमें समान होने की चेतना पैदा करना जितना जरूरी था, उतना ही जरूरी था, उस हिंदू दिमाग को ठीक करना जो दलितों के प्रति भेदभाव के पाप से भरा हुआ है। गांधी दलितों को वह अधिकार दिलाने के लिए प्रयत्नशील तो थे ही वे हिंदू दिमाग को भी ठीक करना चाहते थे। कानून तो बना, दलितों को कानूनी अधिकार भी मिले, पर दुर्भाग्यवश हिंदू दिमाग को ठीक करनेवाला वह महान शिल्पी नहीं रहा। दूसरा दुर्भाग्य यह कि उस महान व्रत को पूरा करनेवाला कोई दूसरा गांधी हमारे पास नहीं था। परिणाम जो होना था वही हुआ। दलितों को संविधान में समानता तो मिली, मगर सामाजिक स्तर पर

भेदभाव जारी रहा।

गांधी की हरिजन सेवा के व्रत को गांधीवादियों ने तो तोड़ा और छोड़ा ही, उसकी अमर्यादित भाषा में आलोचना करके दलितों ने भी उसे कम कलंकित नहीं किया। उनके 'हरिजन' शब्द पर ही आक्रामक और अश्लील भाषा में आपत्ति उठाई जाती है। ऐसा करनेवाले यह भूल जाते हैं कि 'हरिजन' शब्द के जरिए सैकड़ों अस्पृश्य जातियों को उन्होंने एक नाम दिया था। 1916 में सर्वजातीय सम्मेलन में अस्पृश्यता के खिलाफ जंग की घोषणा करते हुए उन्होंने कहा था : 'यह सिर (अपने सिर की ओर इशारा करते हुए) अस्पृश्यता निवारण के लिए समर्पित है।' छुआछूत मिटाने के लिए वे अंतर्जातीय विवाह को प्रोत्साहित करते थे। वे ऐसी किसी शादी में शामिल नहीं होते थे जिसमें एक पक्ष हरिजन न हो। वे उस मंदिर में नहीं जाते थे, जिस मंदिर में हरिजनों का प्रवेश वर्जित था। गांधी झाड़ू को क्रांति का प्रतीक मानते थे। उनके आश्रम में झाड़ू द्वारा सफाई और संडास सफाई मुख्य काम था। यह काम सबको करना पड़ता था। डॉ. आंबेडकर के विधि मंत्री बनने और संविधान सभा की प्रारूप समिति का अध्यक्ष बनने में गांधी जी की महत्वपूर्ण भूमिका थी। जवाहरलाल नेहरू को इस काम के लिए गांधी जी ने ही डॉ. आंबेडकर का नाम सुझाया था। छुआछूत की भावना के लिए उन्होंने अपनी पत्नी को भी सजा दी थी। आज उसी गांधी के बारे में कहा जा रहा है कि 'हरिजन' कह कर उन्होंने दलितों का अपमान किया। एक बार गांधी जी से पूछा गया था कि यदि अछूत 'हरिजन' हैं तो बाकी लोग क्या 'दुर्जन' हैं? गांधी जी का उत्तर था कि जब तक सवर्ण हिंदुओं के मन में छुआछूत का भाव है, तब तक वे 'हरिजन' नहीं हैं। कितनी स्पष्ट और महान अवधारणा थी हरिजन की। यह सही है कि डॉ. आंबेडकर ने दलितों के भीतर जैसी चेतना जगाई, आत्मविश्वास का जो भाव भरा, वह दूसरा कोई नहीं कर सका। गांधी सवर्णों के भीतर बैठी अस्पृश्यता की भावना से लड़ रहे थे और हिंदू मानस को पाप मुक्त बना रहे थे। दोनों एक ही काम कर रहे थे—अलग-अलग मोर्चों पर। प्रसिद्ध गांधीवादी चंद्रशेखर धर्माधिकारी ने ठीक ही कहा है : '...हरिजन उद्धार का कार्य डॉ. आंबेडकर जी ने किया और सवर्णों के मन और दिमाग से अस्पृश्यता हटाने का कार्यक्रम गांधी जी ने चलाया। ये दोनों आंदोलन परस्पर पूरक थे।'

आजादी के बाद दलितों को समानता के संवैधानिक अधिकार मिले। आरक्षण के चलते नौकरियों, विधान सभाओं और लोक सभाओं में दलितों की हिस्सेदारी बढ़ी। इससे कुछ जगहों तक पहुँचने की एक पगडंडी भर निकली, सत्ता में दलितों की व्यापक हिस्सेदारी न हुई और उनकी सामाजिक स्थिति में व्यापक परिवर्तन न हुआ, दलित मुहल्लों की सामाजिक स्थिति लगभग वैसी ही रही। उनके साथ सामाजिक भेदभाव जारी रहा। इस बीच दलितों के बीच अपना नेतृत्व उभरा। वे

अपने अधिकारों के प्रति उग्र और जागरूक हुए। लेकिन वे जितने ही उग्र और जागरूक हुए, हिंदू दिमाग उतना ही संकीर्ण हुआ। उसे लगने लगा कि आरक्षण का लाभ ले कर ये अयोग्य लोग हमारे ऊपर आने लगे हैं। दलित खेत मजदूरों ने अपने अधिकारों की बात उठाई, तो हिंदू किसानों के बीच दलित विरोध उग्र हुआ। परिणामस्वरूप 'बेलछी कांड' जैसी दलित दहन की घटनाएँ घटित होने लगीं। कवि नागार्जुन की प्रसिद्ध कविता 'हरिजन गाथा' और कथाकार मन्नू भंडारी का उपन्यास 'महाभोज' उसी 'बेलछी कांड' के रचनात्मक प्रमाण पत्र हैं। ऐसा क्यों हुआ कि आरक्षण के चलते दलितों को कम मात्रा में ही सही नौकरी तो मिली, उनमें शिक्षा का प्रतिशत भी बढ़ा, सरकारी योजनाओं के कारण, तमाम भ्रष्टाचार के बावजूद, उन योजनाओं का कुछ लाभ उनके मुहल्ले तक पहुँचा, लेकिन सामाजिक स्तर पर मौन या मुखर भेदभाव बना रहा? दलितों में ही धर्मांतरण की प्रवृत्ति क्यों अधिक है? दलित के बीच अपना नेतृत्व तो उभरा, किंतु दलित आंदोलन को क्रांतिकारी दिशा क्यों नहीं मिली? दलित राजनीति के संदर्भ में इन प्रश्नों पर विचार करना आवश्यक है।

इसका एक प्रमुख कारण आजादी के बाद गांधीवादियों की 'हरिजन सेवा' और आंबेडकरवादियों के दलित मुक्ति आंदोलन के बीच अंतराल का बढ़ते जाना है। गैरदलित नेतृत्व में दलित मुक्ति के प्रति उस निष्ठा और ईमानदारी का अभाव होता गया जो गांधी और गांधीयुग में थी। कुछ लोगों के लिए 'हरिजन सेवा' कर्मकांड भर रह गया—सामाजिक आंदोलन नहीं और कुछ के लिए दलितों का वोट लेने का एक जरिया। इस कारण गैरदलित मन को दलितों के प्रति उदार बनाने की प्रक्रिया मद्धिम पड़ती गई। दलितों में अपने सामाजिक-राजनीतिक अधिकारों के प्रति जागरूकता तो बढ़ी, किंतु गैरदलितों में दलितों के प्रति गैरबराबरी के जो सामाजिक भाव थे, वे वैसे ही बने रहे। इससे दलित और गैरदलित का मौन या मुखर टकराव बढ़ा, जिससे दलित राजनीति का दायरा अंततः दलितों तक ही सीमित होता गया, जब कि होना यह चाहिए था कि दलित मुक्ति का प्रश्न गैरदलितों के एजेंडे में भी प्रमुखता से होता।

दलित राजनीति के समक्ष दलित नेतृत्व का निषेधवादी रवैया आत्मघाती कदम साबित हो रहा है। दलित नेतृत्व ने दलितों के अधिकारों के लिए संघर्ष करनेवाले, गांधीवादी, समाजवादी और वामपंथी सामाजिक-बौद्धिक नेताओं-कार्यकर्त्ताओं को मनुवादी-ब्राह्मणवादी कह कर इतना लांछित-अपमानित किया कि उनकी सक्रियता कम हो कर उदासीनता में बदलने लगी। इससे दलित आंदोलन की धारा संकीर्ण हुई और दलित मुक्ति का प्रश्न सिर्फ दलितों का प्रश्न बनता गया। दलित नेताओं का इसमें अपना स्वार्थ था। स्वार्थ नेतृत्व और अपनी सुविधाएँ बटोरने का है। उदार तथा प्रगतिशील गैरदलित और चेतनशील दलित के बीच दूरियाँ बढ़ कर दलित

नेताओं ने भले अपना स्वार्थ साध लिया हो, अंततः उससे दलितों का ही नुकसान हुआ।

दलित राजनीति की एक बड़ी समस्या दलित और पिछड़े वर्ग के नेताओं में बहुआयामी और दूरगामी राजनीतिक दृष्टि का अभाव है। इसके कारण उनमें एकता की जगह टकराव और संघर्ष की स्थिति है। दलितों और पिछड़ों में जो जागरण आया, उससे सत्ता में भागीदारी की उनकी भूख तीव्र हुई और उनका आपसी वैमनस्य बढ़ता गया। पिछड़ों से उनके टकराव ने और सत्ता की भूख से उपजे अवसरवाद ने दलित नेतृत्व को उन सामंती और ब्राह्मणवादी शक्तियों से गठजोड़ के लिए प्रवृत्त किया, जिनके विरुद्ध संघर्ष के लिए उनका जन्म हुआ था। इसका सबसे रोचक उदाहरण उत्तर प्रदेश में बहुजन समाज पार्टी का भाजपा और कांग्रेस से गठजोड़ था और अभी हाल ही में उसके द्वारा संपन्न ब्राह्मण सम्मेलन है, जिसमें अपने चुनाव चिह्न हाथी की नई व्याख्या दलित नेताओं ने प्रस्तुत की : हाथी नहीं गणेश है, ब्रह्मा-विष्णु-महेश है। यह ब्राह्मणवाद के समक्ष दलित राजनीति का समर्पण है, जो अंततः उसकी धार को ही कमजोर करेगा।

दलितों-पिछड़ों में सवर्णीकरण की बढ़ती प्रवृत्ति भी दलित राजनीति की एक कमजोर कड़ी है। आरक्षण के जरिए नौकरियों में आए दलितों और लोक सभा-विधान सभा में प्रवेश पा चुके सांसदों, विधायकों एवं मंत्रियों में यह प्रवृत्ति आसानी से देखी जा सकती है। जिस सामंतवाद-ब्राह्मणवाद की आलोचना कर लालू प्रसाद यादव एवं मायावती सत्ता में आए थे, उस सामंतवाद-ब्राह्मणवाद की सारी प्रवृत्तियाँ उनके जीवन और आचरण में हैं। पिछड़ों-दलितों के लिए साठ प्रतिशत आरक्षण के पक्षधर डॉ. राममनोहर लोहिया को आशंका थी कि इसका लाभ यादव और कुर्मी जैसी मध्यजातियाँ ले लेंगी तथा इनका आचरण दलितों के प्रति सवर्णों जैसा होगा। बिहार में बेलछी कांड से ले कर अब तक दर्जनों दलित नर संहार की जो घटनाएँ घट चुकी हैं, उनमें से अधिकांश को अंजाम देने में इन्हीं मध्य जातियों की भूमिका है। लोहिया की आशंका सच साबित हो रही है। होना तो यह चाहिए था कि ब्राह्मणवाद के विरुद्ध पिछड़े और दलित मिल कर संघर्ष करते और वैकल्पिक समाज बनाते, लेकिन हुआ उलटा। ब्राह्मणवाद-विरोध का अर्थ अधिकांश दलित-पिछड़े नेताओं के लिए सत्ता से सवर्ण नेतृत्व को अपदस्थ कर वहाँ अपने को प्रतिष्ठित करना भर है। यह वैकल्पिक समाज निर्माण का आंदोलन भी है, यह वे नहीं सोचते। ब्राह्मणवाद चार स्तंभों पर टिका है—वर्ण व्यवस्था, पुनर्जन्म, यज्ञ और कर्मफलवाद। इन चारों प्रवृत्तियों के विरुद्ध जो चेतना और आचरण के स्तर पर सक्रिय नहीं है, उसका ब्राह्मणवाद विरोध एक दल है, जिसके भीतर उसका अपना स्वार्थ है। कहने की जरूरत नहीं कि पिछड़े-दलित वर्ग के अधिकतर नेताओं और सुविधासंपन्न लोगों की यही स्थिति है। ये नव सवर्ण हैं। दलित विचारक काँचा इलैया ने इन

मध्यजातियों को ठीक ही 'नव क्षत्रिय' कहा है, हालाँकि उसका संदर्भ आंध्र प्रदेश की रेड्डी जैसी मध्य जातियाँ हैं। पिछड़ों का नव सवर्ण या नव क्षत्रिय में रूपांतरण दलित राजनीति और चेतना के प्रसार के लिए घातक है। इसी तरह सुविधा-प्राप्त दलित वर्ग के एक हिस्से में भी सवर्णीकरण की प्रवृत्ति दिखाई पड़ती है। काँचा इलैया ने ऐसे दलितों को सावधान किया है कि इससे उन्हें कुछ नहीं मिलेगा, सिवाय खोने के।

दलित राजनीति की एक गंभीर समस्या दलितों का धर्मांतरण भी है। एक दलित बौद्ध, एक दलित ईसाई या एक दलित मुसलमान की निष्ठा और प्राथमिकता का केंद्र उसका नया धर्म बन जाता है। धर्मांतरित होते ही वह पूरी शक्ति से अपने को निष्ठावान बौद्ध, ईसाई या मुसलमान साबित करने में जुट जाता है। इससे दलित राजनीति की एकजुट शक्ति कमजोर होती है और दलित अंततः दलित ही रहता है। धर्म बदल जाने से न तो उनका मुहल्ला बदलता है न आर्थिक स्थिति और न हिंदुओं का उनके प्रति मन। धर्मांतरण के जरिए दलितों की सामाजिक स्थिति में बदलाव की यह कोशिश पहले भी विफल हो चुकी है। इतिहासकार इरफान हबीब ने एकेश्वरवादी आंदोलन के संदर्भ में कबीर पर लिखे अपने एक लेख में यह दिखलाया है कि तुर्क, अफगान और मुगलकाल में स्वेच्छया, लोभवश या दबाव से जिन निम्न जातियों ने इस्लाम स्वीकार किया, उनकी सामाजिक हैसियत मुसलमानों में भी निम्न ही बनी रही। भारत में इस्लाम को भी जातिवादी श्रेणीबद्धता का शिकार होना पड़ा। हम अपने अनुभव से भी जानते हैं कि आज भी देश में मौजूद मुसलमान धोबी, नाई, अहीर आदि जातियाँ शेख-पठान मुसलमानों के लिए भी नीच हैं, हिंदुओं के लिए भी। ऐसे ही निम्न जातीय जुलाहे थे कबीर, जिनके पूर्वज कुछ ही पीढ़ी पहले कोरी से मुसलमान बने थे और जिनके लिए हिंदुओं की 'हिंदुआई' और तुर्कों की 'तुरुकाई' में कोई अंतर नहीं था। इसलिए डॉ. आंबेडकर ने भले ही दलितों के लिए बौद्ध धर्म का रास्ता चुना हो और आज भी दलितों का धर्मांतरण जारी हो, किंतु आधुनिक दलित चिंतक किसी भी धर्म को दलितों के लिए अपर्याप्त मानते हैं। डॉ. धर्मवीर और प्रो. काँचा इलैया जैसे समकालीन दलित चिंतकों ने जोर देकर कहना शुरू किया है कि दलितों का कोई दूसरा धर्म नहीं है, उनका धर्म दलित ही है। काँचा इलैया ने अपनी प्रसिद्ध पुस्तक 'मैं हिंदू क्यों नहीं हूँ' में विस्तार से बताया है कि दलितों की जीवन-पद्धति, उनके रीति-रिवाज, देवी-देवता आदि कैसे हिंदुओं से भिन्न हैं और हिंदू धर्म-परंपरा की तुलना में कितने बेहतर हैं। उन्होंने यह भी कहा है कि दलित जीवन-पद्धति श्रमजीवी और उत्पादक वर्ग की है, जबकि हिंदुओं की शोषक वर्ग की—राष्ट्र और समाज को गुलाम बनानेवाली। उनका जोर इस बात पर है कि भारत का दलितीकरण किए बिना यानी दलित वर्ग के उत्पादक वर्ग की संस्कृति को अपनाए बिना राष्ट्र और समाज का विकास

नहीं होगा। हमारा मत है कि दलित राजनीति की दिशा सचेत रूप में यही होनी चाहिए।

दलित नेता और चिंतक ब्राह्मणवाद और सामंतवाद का विरोध तो करते हैं, लेकिन पूँजीवाद, उदारीकरण आदि के बारे में प्रायः चुप रहते हैं। पूँजीवाद और उदारीकरण का विस्तार दलितों के हित में किसी भी तरह नहीं है, यह उन्हें समझ लेना चाहिए। इस मुद्दे पर उनकी एकता गांधीवादियों, वामपंथियों और दूसरे सामाजिक संगठनों से होनी चाहिए। पूँजीवाद और उदारीकरण का फायदा, अंततः सवर्ण हिंदुओं को होगा। इसलिए उनके एजेंडे में सचेत ढंग से पूँजीवाद-उदारीकरण का विरोध शामिल होना चाहिए और इनके खिलाफ संघर्षरत लोगों और संगठनों के प्रति स्वाभाविक मैत्री का भाव होना चाहिए, जो कि अभी नहीं है।

इस संबंध में अंतिम बात। डॉ. आंबेडकर निस्संदेह दलितों के सर्वमान्य नेता हैं। दलित मुक्ति आंदोलन को उन्होंने नई ऊँचाई दी है। उनका योगदान अप्रतिम है। लेकिन आज के दलित नेतृत्व को उनका कीर्तन करते रहने की जगह उन्हें प्रस्थान बिंदु मान कर नई परिस्थिति में नई चुनौतियों के लिए तैयार होना चाहिए। नई परिस्थिति में हर आंदोलन को नई राह खुद खोजनी पड़ती है।

गांधी की गाँठ

किशन पटनायक

एक

पिछले दिनों बहुजन समाज पार्टी की महासचिव मायावती ने गांधी और गांधीवाद के विरोध में अपने जो उद्गार व्यक्त किए, उससे काफी लोग नाराज हैं। क्या वे उसी तरह नाराज हैं जिस तरह तसलीमा नसरीन से बंगलादेश के कठमुल्ले मुसलमान नाराज हैं?

समाचारों से यह स्पष्ट है कि मायावती ने गांधी की निंदा-भरी आलोचना की है; गांधी को वर्ण व्यवस्था का संरक्षक कहा है और गांधीवाद के ध्वंस की माँग की है। मायावती ने यह भी पूछा है कि क्या दलितों को 'हरिजन' कहनेवाला खुद शैतान का पुत्र था? मायावती ने कहीं भी यह नहीं कहा कि गांधी का वध (गांधी की हत्या को उचित कार्य माननेवाले हत्या की जगह 'वध' शब्द का प्रयोग करते हैं) एक उचित कार्य था। उसने यह भी नहीं कहा कि गांधीवादियों का वध बसपा के कार्यक्रम का अंग है।

इतनी आलोचना ईश्वर की भी होती है; कुरान और बाइबिल की होती है, गौतम बुद्ध, आदि शंकराचार्य और कार्ल मार्क्स की होती है। गांधी के जीवन काल में खुद आंबेडकर ने उन्हें वर्ण व्यवस्था का रक्षक कहा था। जयप्रकाश नारायण ने गांधी को पूँजीवाद का संरक्षक और प्रगति विरोधी कहा था। दोनों में फर्क यह था कि जयप्रकाश नारायण के विचार बाद में बदल गए थे। आंबेडकर के विचार वही रहे, लेकिन उनकी गांधी-विरोधी बातें कम होती गई थीं तथा कटुता समाप्त हो गई थी। आज अगर आंबेडकर के कुछ अनुयायी उनके विचारों को 1930-32 की कटुता के साथ कहना चाहते हैं, तो ऐसी कौन-सी विपत्ति आ गई जिस पर संसद और विधान सभा के शून्य काल में इतना हल्ला करना जरूरी लग रहा है?

जिन सांसदों या विधायकों ने संसद या विधान सभा के शून्य काल को मायावती के विरुद्ध मुखरित किया, उनका मानना है कि गांधी या गांधीवाद की

इतनी तीखी आलोचना करने का नैतिक अधिकार इस सुंदर तेजस्वी हरिजन महिला को नहीं है। हल्ला करनेवालों में वह पार्टी भी है, जो गांधी को राष्ट्रपिता मानने से इनकार करती है और जिसके शासन काल में सरकारी दफ्तरों से गांधी की तसवीरें हटा दी गई थीं। संसद, विधान सभा या अखबारों के जरिए हल्ला करनेवाले ये सारे लोग किसी रूप में अपने को गांधी का उत्तराधिकारी घोषित करना चाहते हैं। गांधी उनके लिए एक पवित्र, प्रातःस्मरणीय पूज्य वस्तु है।

मूर्तिपूजक समुदायों के तीर्थस्थानों में धातु की या पत्थर-निर्मित कई तरह की मूर्तियाँ पड़ी रहती हैं। कई मूर्तियों की स्पष्ट रूपरेखा भी नहीं होती, न उनका कोई संदेश होता है। गांधी भी ऐसी ही एक मूर्ति है—संदेशविहीन एक पवित्र प्रतीक। कोई कांग्रेसी मंत्री बन जाता है तो वह अपने आप गांधी का उत्तराधिकारी भी बन जाता है। जयप्रकाश नारायण जनता पार्टी के संस्थापक थे, इसलिए जनता पार्टी के नेताओं का एक संबंध गांधी से भी कायम हो गया। कोई अगर खादी पहनकर गोहत्या या शराबखोरी के प्रतिवाद में अनशन पर बैठ जाता है तो वह निःसंदेह एक गांधीवादी हो जाता है। कोई पूँजीवादी होकर गांधी का प्रतिनिधित्व करता है, तो कोई ब्राह्मणवादी हो कर गांधी का प्रतिनिधित्व कर रहा है। गांधी एक समग्र विचारधारा या समग्र कर्म का नाम नहीं है। दस-बीस प्रतीकों की एक सूची है। इनमें से किसी एक प्रतीक को चुन कर आप गांधी का प्रतिनिधित्व कर सकते हैं। आप यदि प्राकृतिक चिकित्सा केंद्र चलाते हैं, तो आप भी गांधीवादी होने का दावा कर सकते हैं।

गांधी एक जड़ता का नाम हो गया है, मगर जिसके न होने से एक केंद्र के गायब होने जैसा लगता है। इसलिए खलबली मचती है। मायावती ने बाद में अपनी बातों को नरम कर दिया, शायद झुंड के दबाव से। बाद में उसने कहा कि गांधी की नहीं, गांधीवाद की निंदा करना असली उद्देश्य था। इस स्पष्टीकरण से गांधी-भक्त और गांधीवादी दोनों ही खुश होंगे, क्योंकि गांधी अगर आलोचना से परे हो जाता है तो गांधीवादी या गांधीभक्त कहलाने का लाभ किसी-न-किसी तरह मिलता रहेगा।

दो

गांधी दुनिया के इतिहास में उन लोगों की कोटि में आता है जिन्होंने सड़कों पर लाठी-गोली और खून-खराबे की स्थितियाँ पैदा की थीं; लाखों लोगों को बेचैन और विद्रोही बनाया था; घूँघटवाली औरतों को सड़कों पर उतार दिया था। साम्राज्यवादियों में भय और ब्राह्मणवादियों में प्रतिहिंसा का आक्रोश पैदा किया था। यह गांधी किसी के लिए एक तथ्य भी हो सकता है और किसी के लिए एक कल्पना भी। गांधी की जो बेजान मूर्तिवाली प्रचलित छवि है उसका कोई सामंजस्य इस गांधी से नहीं।

भारत का पूज्य गांधी एक बूढ़ा आदमी है। चंपारण में उसकी क्या वेशभूषा थी, इसका ख्याल किसी को नहीं आता। दांडी मार्च की तसवीर भी कहीं दिखाई नहीं देती। तीन बंदरोंवाला या 'शांति, शांति' कहनेवाली मुद्रा में खड़ा या बैठा हुआ बुत सब जगह दिखाई पड़ता है। हरेक गाँव में एक ऐनकधारी निस्तेज वृद्ध व्यक्ति गांधी के रूप में दिखलाई पड़ता है। मानों जुझारू जवान आदमी गांधी नहीं हो सकता।

उत्तर प्रदेश देश का सबसे अधिक गांधी भक्तों और गांधीवादियों का प्रदेश है। सर्वोदयी गांधीवादी, जनता दलीय गांधीवादी, कांग्रेसी गांधीवादी सब प्रकार के गांधीवादी वहाँ भरे हुए हैं। मुलायम सिंह ने भी यह कहा कि उनकी सरकार गांधीवादी-लोहियावादी इत्यादि विचारों से प्रेरित है। उत्तर प्रदेश के अब तक के सभी मुख्य मंत्री (एक के बारे में हमें मालूम नहीं) गांधीभक्त थे और जो भी प्रधान मंत्री इस राज्य से हुए वे सभी गांधी भक्त ही थे। उत्तर प्रदेश गांधी भक्तों की प्रधानता का राज्य है तो देश का सबसे ब्राह्मणवादी राज्य भी। इस राज्य के ताजा इतिहास में हरिजन महिलाओं को निर्वस्त्र करने और अच्छी पोशाक पहनने के 'जुर्म' में हरिजन युवकों की पिटाई की घटनाएँ इतनी अधिक हुई हैं कि दोनों बातों को जोड़ कर यह कहा जा सकता है कि गांधीवादी राज्य ब्राह्मणवादी राज्य है। अतः गांधीवाद ब्राह्मणवाद का संरक्षक है। गांधीवादियों या गांधी भक्त समूहों के जितने भी सम्मेलन या सेमिनार गांधी की बड़ाई करने के उद्देश्य से आयोजित होते हैं, उनका कोई सर्वेक्षण करे तो पता चलेगा कि वहाँ उपस्थित लोगों में 80 फीसदी से अधिक लोग उच्च जातियों के होते हैं और यदि नेतृत्व का हिसाब किया जाए तो उसमें 95 से सौ फीसदी उच्च जातियों के लोग होंगे।

हरिजनों के ऊपर जो अमानवीय अत्याचार होते हैं उनका सक्रिय प्रतिकार करने में जाने-माने गांधी भक्त अग्रणी नहीं हैं। ऐसे प्रतिकार में सबसे आगे आंबेडकरवादी या फिर दूसरे नंबर पर लेनिनवादी रहते हैं। कर्नाटक के एक गाँव में हरिजन औरतों को एक 'धार्मिक' उत्सव के तहत नग्न हो कर चलना पड़ता था। उस प्रथा को बंद कराने में कोई गांधी भक्त या गांधीवादी समूह आगे नहीं आया। आंबेडकरवादियों ने संघर्ष करके उस घृणित प्रथा को बंद कराया (यह दूसरी बात है कि जिस दलित संगठन 'कर्नाटक राज्य दलित संघर्ष समिति' ने यह संघर्ष चलाया, वह आंबेडकरवादी होने के बावजूद गांधी-विरोधी नहीं है)। जो जितना अधिक गांधी भक्त या गांधीवादी होता है, वह उतना अधिक क्रोधविहीन भी होता है। किसी अन्याय के खिलाफ, खासकर बड़े अन्यायों के खिलाफ उसे गुस्से में नहीं पाया जाता। इस क्रोधविहीन गांधीवाद का स्रोत कहाँ तक गांधी खुद है? ऊपर हमने एक जगह कहा है कि गांधी एक जड़ता का नाम हो गया है। गांधीवादी जड़ता का सूत्र शायद इसी प्रश्न के उत्तर में मिलेगा।

मायावती का यह न जानना अत्यंत स्वाभाविक है कि गांधी ने खुद अपने वर्ग को शैतान की औलाद यानी दुर्जन कहा था—'हम दुर्जन हैं, अछूतों ने सारे श्रम करके तथा अपने हाथ गंदे करके हमें आराम और सफाई से रहने की सुविधा दी है।...यदि हम चाहें तो हम भी हरिजन बन सकते हैं; लेकिन इसके लिए हमें हरिजनों के प्रति किए गए पापों का प्रायश्चित्त करना पड़ेगा।' जब गांधी के स्वघोषित उत्तराधिकारी ही इस बात को नहीं जानते, तो मायावती का न जानना स्वाभाविक है। अप्रिय बातों को आसानी से भुला दिया जाता है। हरिजन शब्द को शाश्वत माननेवाले और दलित शब्द को अस्वीकार करनेवाले गांधी भक्तों को यह जानकारी नहीं है कि गांधी ने 'दलित' शब्द के प्रचलन के लगभग पचास-पचपन साल पहले उसे 'ज्यादा सही' शब्द कहा था—'स्वामी विवेकानंद पंचमों को दलित वर्ग कहा करते थे। इसमें कोई संदेह नहीं है कि विवेकानंद द्वारा प्रयुक्त विशेषण ज्यादा सही है। हमने उन्हें पददलित किया है और परिणामस्वरूप अपने को दबाया है।' (*यंग इंडिया,* 27 अक्टूबर, 1920)

अगर गांधी भक्त और गांधीवादी इन बातों को नहीं जानते, तो मायावती को गांधी के बारे में अज्ञानी कहना उनका पाखंड और औद्धत्य है। मायावती के लिए यह बिलकुल जरूरी नहीं कि वह गांधी और गांधीवाद में फर्क करे। गांधी भक्तों और गांधीवादियों का ब्राह्मणवाद एक तथ्य है। इसके आधार पर अगर हरिजन लड़कियाँ कहें कि गांधी मनुवादी था, तो प्रथम पाठ में मान लेना चाहिए कि गांधी मनुवादी था। बाद में जाँच होनी चाहिए कि गांधी मनुवादी था या गांधी के स्वघोषित उत्तराधिकारी मनुवादी हैं।

तीन

मधु लिमए की आशंका में दम है, मगर एक भिन्न संदर्भ में। वह कहते हैं कि गांधी की अविवेकी निंदा राष्ट्र के लिए विघटनकारी साबित हो सकती है। इससे ऐसा संकेत मिलता है कि यह एक साजिश भी हो सकती है। गांधी को बदनाम करने तथा गांधी के प्रति नफरत फैलाने की एक योजना हो सकती है। देश की एकता और बेहतरी के सार्वजनिक प्रयासों की जो स्वस्थ अवधारणाएँ बनी हुई हैं, उन्हें गांधी-विरोधी अभियान के द्वारा नष्ट करने का उद्देश्य हो सकता है। इसके बारे में सावधान होना आवश्यक है। लेकिन अगर इसका बहाना बना कर ब्राह्मणवादी गांधीवाद अपनी रक्षा कर लेता है, तो उस साजिश का मुकाबला कभी नहीं हो सकता जिसकी आशंका मधु लिमए ने प्रकट की है। निकट अतीत में ऐसा हो चुका है। जब नेहरू परिवार के कारनामों की, खासकर नेहरूवादी अर्थव्यवस्था और भ्रष्ट सरकारी उद्योगों की आलोचना की जाती थी, तब लगभग सारे प्रगतिशील समूह उन आलोचकों को सीआइए के एजेंट कहा करते थे। उसी तर्क को खींच कर एक

बड़े प्रगतिशील समूह ने आपातुकाल का समर्थन किया। मगर उस आलोचना को बदनाम करने का अंतिम परिणाम यह हुआ कि सरकारी उद्योगों की अर्थव्यवस्था इतनी अप्रिय हो गई कि आज जब सचमुच अमेरिका की ओर से आर्थिक हमला हो रहा है (और उसी नेहरू परिवार और नेहरूवादी दल के माध्यम से हो रहा है), तब सरकारी उद्योगों को बचाना मुश्किल हो गया है, क्योंकि अमेरिकी हमले से भी ज्यादा तीखा आम नागरिक का असंतोष है। आम नागरिक अब सरकारी उद्योगों से नफरत करता है। उनमें जब भी सुधार की बात उठाई जाती थी तब प्रगतिशील समूह नाराज होते थे और सरकारी उद्योगों को आलोचना से परे मान कर आलोचकों को अमेरिकी एजेंट घोषित करते थे। यदि उस वक्त की आलोचना को लांछित और अनसुना न किया गया होता, तो सरकारी उद्योगों को शायद आज यह दुर्व्यवस्था न देखनी पड़ती। अगर गांधी को भी आलोचना से परे स्थापित कर दिया जाएगा और गांधी के नाम से दुर्गंध आने लगेगी, तब गांधी के बुतों का भी वह हश्र होगा जो मार्क्स और लेनिन के बुतों का हुआ है।

हरिजन शब्द अछूतों के लिए था। जिस हद तक अछूत नहीं रह गए हैं, उस हद तक हरिजन शब्द को भी हटाना चाहिए, और अगर छिपे तथा परोक्ष ढंग से सवर्ण जातियाँ अस्पृश्यता को चलाए रखना चाहती हैं तो गांधी के द्वारा प्रयुक्त दूसरे शब्द का इस्तेमाल व्यापक होना चाहिए—सभी उच्चजातियों को दुर्जन जातियाँ कहकर पुकारना चाहिए। गांधी को माननेवाले इस अभियान को शुरू करें और कहें कि ब्राह्मण एक नंबर की दुर्जन जाति है, क्षत्रिय दूसरे नंबर की दुर्जन जाति है, बनिया तीसरे नंबर की दुर्जन जाति है, कायस्थ चौथे नम्बर की दुर्जन जाति है। गांधी भक्तों की परीक्षा गांधी की ही इस बात से हो।

यदि वे ऐसा नहीं करते हैं तो फिर नाम वह चलेगा जो नामधारी चाहेगा। दलित शब्द की विशेषता यह है कि स्वतःस्फूर्त ढंग से शिक्षित और सचेत हरिजन समूह इस शब्द के साथ जुड़ रहे हैं।

पूना समझौते की भी अभी तक गांधी भक्तों ने समीक्षा नहीं की है। यह सही है कि पूना समझौते से जो भी अच्छा या बुरा परिणाम हुआ, उसके लिए गांधी और आंबेडकर समान रूप से उत्तरदायी हैं। संभवतः उस वक्त आंबेडकर पर राष्ट्रीय आंदोलन का दबाव बहुत भारी पड़ा। आंबेडकर जिन्ना नहीं थे। उन्हें नम्र होना पड़ा, पूरी तरह नकार देना संभव नहीं था। लेकिन बाद में संविधान-निर्माण के समय वे पूना समझौते से मुकर सकते थे। अगर ऐसा उन्होंने नहीं किया तो मौजूदा संरक्षित चुनाव क्षेत्र की प्रणाली के संबंध में उनकी और गांधी की जवाबदेही बराबर की हो जाती है। आजादी मिलने के बाद या संविधान निर्माण के दिनों में आंबेडकर को भी बेहतर भविष्य की संभावनाएँ दिखाई पड़ी थीं। अगर लोकतंत्र रहेगा, शिक्षा और रोजगार का प्रसार होगा तो इसी चुनाव प्रणाली के तहत हरिजनों की स्थिति

सुधर जाएगी—उन्हें यह उम्मीद थी। मगर एक अरसे के बाद उनकी समझ में आया कि आजाद भारत का नेतृत्व शिक्षा, समाज या प्रशासन को बदलने को तैयार नहीं है। यह बात भी समझ में आ गई कि संरक्षित चुनाव क्षेत्रों का उपयोग शासक दल को मजबूत करने के लिए तो हो रहा है, लेकिन हरिजनों की स्थिति सुधारने में उसकी कोई भूमिका नहीं बन रही है।

चुनाव प्रणाली को बदलकर केवल हरिजन मतदाताओं के द्वारा ही हरिजन विधायक चुनने की पद्धति को अपनाना चाहिए या नहीं, यह एक अलग प्रश्न है। लेकिन हरिजन विधायकों को हरिजनों की समस्याओं पर कुछ करने की स्वतंत्रता है या नहीं? इस सवाल पर तो हरेक राजनीतिक दल का अपना मूल्यांकन होना चाहिए था। किसी राजनीतिक दल ने इस मूल्यांकन को गंभीरता से नहीं लिया, जबकि यह बिलकुल स्पष्ट हो गया था कि सवर्ण बनाम हरिजन सवालों पर हरिजन विधायकों को हमेशा सवर्ण के पक्ष में जाना पड़ेगा; अन्यथा अगले चुनाव में वह जीत नहीं सकेगा। हरेक संरक्षित क्षेत्र में सवर्णों की संख्या और प्रभाव चुनाव के लिए निर्णायक रहे हैं। यह सचमुच एक शर्मनाक स्थिति है कि संरक्षित क्षेत्र से चुना गया हरिजन विधायक हरिजनों का पक्ष न ले सके। आंबेडकरवादियों को छोड़ कर अगर किसी ने भी इस अस्वाभाविक और लज्जास्पद स्थिति को बदलना नहीं चाहा, तो हम क्यों नहीं कहेंगे कि सारे वामपंथी, दक्षिणपंथी और मध्यमार्गी दलों का नेतृत्व ब्राह्मणवादी है?

आंबेडकरवादियों की गलती शायद यह है कि वे इस स्थिति का सिर्फ कानूनी प्रतिकार करना चाहते हैं। वे सिर्फ चुनाव क्षेत्र की पद्धति बदलना चाहते हैं और मतदाता के स्तर पर हरिजनों को सवर्णों से अलग करना चाहते हैं। कानून में सामाजिक समूहों के लिए अलग-अलग प्रणालियाँ अपनाना लोकतंत्र के मौलिक सिद्धांतों के खिलाफ है और यह सामाजिक एकता के तत्त्व को कमजोर करनेवाला होता है जो जिस समूह का नेता बनता है वह उस समूह के लिए विशेष कानून बनवाना चाहता है। यह हमारे प्रगतिशील राजनेताओं की एक दायित्वहीन प्रवृत्ति है, एक वैचारिक अवसरवादिता है। लोहिया इस बारे में सचेत थे। उन्होंने बँटवारे और विभाजन प्रणाली के अन्याय को यथासंभव सीमित करने की कोशिश की। उनके साठ फीसदी सूत्र के पीछे यह रणनीति थी कि सामाजिक विभाजन कम-से-कम हो। औरत, पिछड़ा और दलित को एक ही राजनीतिक परिभाषा में संगठित करना उनका उद्देश्य था। योग्य सहयोगियों के अभाव में यह नहीं हो सका। चुनाव क्षेत्र की पद्धति में जो कमजोरी रह गई है, उसका सुधार कानून के द्वारा नहीं, बल्कि राजनीतिक कौशल के द्वारा करना इसका उद्देश्य था। न सिर्फ संरक्षित चुनाव क्षेत्र में, बल्कि हरेक चुनाव क्षेत्र में मतदाताओं का ध्रुवीकरण सवर्ण बनाम असवर्ण न हो कर या अमुक जाति बनाम अन्य जातियाँ न हो कर ब्राह्मणवादी बनाम गैरब्राह्मणवादी

मतदाताओं के बीच होना चाहिए। कांशीराम और मुलायम सिंह का चुनावी गठबंधन जातिवादी तथा अवसरवादी राजनीति से प्रेरित होने के बावजूद इस संभावना को उजागर करता है और इसलिए यह एक ऐतिहासिक प्रयोग माना जाना चाहिए। इस प्रयोग ने साबित किया है कि हरिजन विधायकों को अधिक सक्षम बनाने के लिए यह जरूरी नहीं है कि हरिजन मतदाताओं का अलग चुनाव मंडल हो। कानून के परिवर्तन द्वारा नहीं, बल्कि सामाजिक शक्तियों को अधिक गतिशील करके, सवर्ण बनाम असवर्ण ध्रुवीकरण को ब्राह्मणवादी बनाम गैरब्राह्मणवादी ध्रुवीकरण में बदल कर वांछित लक्ष्य को प्राप्त किया जा सकता है। ऐसी राजनीति का सबसे महत्त्वपूर्ण पहलू यह होगा कि पूना समझौता को बिना बदले सामाजिक और राजनीतिक, दोनों स्तरों पर हरिजनों को न्याय मिल सकेगा।

हम अनिच्छा से मुलायम सिंह और कांशीराम को इस बात का श्रेय दे रहे हैं कि उनका प्रयोग ऐतिहासिक था और दो धारवाला था। एक तो इससे गैरब्राह्मणवादी मतों को संगठित कर सांप्रदायिकता का मुकाबला किया गया, दूसरे, चुनाव में पिछड़ा ध्रुवीकरण स्थापित हुआ। अनिच्छा इसलिए कि सामाजिक संबंधों को सामाजिक धरातल पर बदलने की गंभीरता दोनों में नहीं है। अपनी राजनीति को भी उन्होंने कांग्रेस की राजनीति के अधीन कर लिया है, जो कि एक पूँजीवादी ब्राह्मणवादी राजनीति है। कांशीराम की राजनीतिक दृष्टि बहुत ही संकीर्ण और नकारात्मक है। 'हरिजन' शब्द पर कानूनी प्रतिबंध लगाने की माँग न सिर्फ अलोकतांत्रिक है, बल्कि एक दुरभिसंधिपूर्ण राजनीति का लक्षण है।

सहकार का सवाल

राजकिशोर

एक

अपने शुरुआती दिनों में कांग्रेस की सबसे ज्यादा आलोचना करनेवाली बहुजन समाज पार्टी को एक बार फिर उसी कांग्रेस के साथ पींगें बढ़ाते देख कर जिन्हें आश्चर्य होता है, वे इस पार्टी के चरित्र से वाकिफ नहीं हैं। या वाकिफ हैं, तो उनकी स्मृति उन्हें धोखा दे रही है। दलितों के संदर्भ में कांग्रेस की सबसे उग्र आलोचना करनेवाले डॉ. आंबेडकर थे, जिनकी बसपा पूजा करती है। उन्हें कांग्रेस से शिकायत थी कि वह अनुसूचित जातियों के लिए पर्याप्त संघर्ष नहीं कर रही है। यह बात कांग्रेस के लिए सही थी, हालाँकि गांधी जी के लिए नहीं। दरअसल कांग्रेस ने बहुत पहले ही यह तय कर लिया था कि वह राजनीतिक स्वाधीनता को अपना प्रमुख लक्ष्य बनाएगी और सामाजिक सवालों को नहीं छेड़ेगी। दूसरी बात यह थी कि इसके बावजूद दलितों में कांग्रेस की पैठ ज्यादा थी। इससे आंबेडकर को अपने कार्य में बहुत बड़ी बाधा दिखाई देती थी।

बसपा ने जब अपनी यात्रा की शुरुआत की तो कांग्रेस ही उसकी प्रमुख शत्रु थी। इसलिए कांशीराम के तत्कालीन भाषणों में कांग्रेस के प्रति उग्र गुस्सा दिखाई देता है। बाद में जब भाजपा कांग्रेस का स्थान लेने लगी तो बसपा नेताओं में यह कहने का रिवाज हो गया कि दोनों मनुवादी पार्टियाँ हैं—एक साँपनाथ है तो दूसरी नागनाथ। लेकिन सत्ता पाने के लिए बसपा ने दोनों के साथ गठजोड़ किया। कांग्रेस के साथ गठजोड़ नरसिंह राव के प्रधानमंत्रित्व के जमाने में हुआ, जो विधान सभा चुनाव होते ही टूट गया क्योंकि कांग्रेस को इतनी कम सीटें मिली थीं कि उसका साथ बसपा के लिए बोझ हो गया था। भाजपा से दो-दो बार गठजोड़ हुआ और दोनों ही बार थोड़े ही समय के बाद टूट गया। अब एक बार फिर बसपा को लग रहा है कि कांग्रेस अब भी संभावना है।

कहा जा सकता है कि मुलायम सिंह यादव की रणनीति के रू-ब-रू बहुजन समाज पार्टी की सबसे बड़ी कमजोरी यह साबित हुई कि उसके अपने विधायक पार्टी छोड़कर ऐसे भागे जैसे वहाँ प्लेग फैल गया हो। यही घटना मध्य प्रदेश में भी दुहराई गई। उनकी इस अवसरवादिता का रहस्य क्या है? तर्क के लिए पूछा जा सकता है कि अगर मायावती इतनी बुरी हैं तो इन पलायकों को उनकी बुराई पहले क्यों नहीं दिखाई दी? या दिखाई दी, तो उन्होंने पार्टी में रहते हुए ही इसका विरोध क्यों नहीं किया? ऐसे अवसरवादियों को ले कर दलित राजनीति कितनी दूर तक जा सकती है?

स्पष्टतः इस अवसरवादिता का एक बड़ा कारण यह है कि बसपा ने किसी को अपनी सदस्यता देने का कोई नियम नहीं बनाया है। यह तो अच्छी ही बात है कि अब उसे उन सवर्णों को शामिल करने से कोई एतराज नहीं रहा, जिनके बारे में एक जमाने में कहा जाता था कि इनको मारो जूते चार। किसी भी विकासशील पार्टी में यह उदारता आ ही जाती है। बसपा की समझ में यह जल्दी ही आ गया कि सिर्फ दलितों के भरोसे वह भारतीय राजनीति में कोई बहुत बड़ी भूमिका नहीं निभा सकती, तो यह ठीक ही था। लेकिन सवर्णों के साथ का भी कुछ वैचारिक आधार होना चाहिए कि नहीं? गठबंधन एक चीज है और दल में शामिल करना दूसरी चीज। उदाहरण के लिए, भाजपा एक सवर्णवादी पार्टी है। बसपा को उसके साथ गठबंधन करना चाहिए या नहीं, यह विवाद का विषय हो सकता है। इस पर परस्पर विरोधी मत हो सकते हैं और दोनों के पीछे अपना-अपना तर्क होगा। यह मान लिया जा सकता है कि मायावती ने सरकार बनाने के लिए भाजपा का साथ लिया, तो इसका उद्‌देश्य उसकी सहायता से दलित हितों का संवर्धन करना था। मायावती सरकार द्वारा ऐसे कुछ प्रयत्न किए भी गए। लेकिन ऐसे लोगों को बसपा में शामिल करने का तर्क क्या हो सकता है जिनकी दलित हितों के प्रति कोई प्रतिबद्धता नहीं है और जो सत्ता पाने के लिए कभी भी नाव बदल सकते हैं?

जब कोई पार्टी विचारधारा के बजाय संख्या को और संघर्ष के बजाय सत्ता को प्रमुखता देने लगती है, तो उसके साथ ऐसा ही होता है। पिछले पाँच-छह वर्षों में भाजपा में ऐसे अनेक लोग आए हैं जिनकी पार्टी की मूल विचारधारा के साथ कोई सहानुभूति नहीं है। फिर भी उन्होंने भाजपा को पसंद किया, क्योंकि उसके माध्यम से वे सत्ता में आ सकते थे। भाजपा की हालत खराब-से-खराब हो जाए, तब भी मुरली मनोहर जोशी और लालकृष्ण आडवाणी जैसे लोग उसका साथ नहीं छोड़ेंगे लेकिन जो लोग सत्ता की खोज में भाजपा की ओर आए हैं, वे मौसम बदलते ही पंख फड़फड़ाने लगेंगे और वहाँ चले जाएँगे जहाँ चारा है। पश्चिम बंगाल में

ऐसा ही हुआ है। कांग्रेस और कई अन्य दलों के लोग मार्क्सवादी कम्युनिस्ट पार्टी में इसलिए घुस गए कि वे सत्ता के बिना रह नहीं सकते। इनमें बहुत से असामाजिक तत्व भी हैं, जो जरूरत पड़ने पर अपनी राजनीतिक वफादारी बदलते रहते हैं। निश्चय ही बसपा में भी ऐसे अनेक तत्व थे और अब भी हैं। इसलिए उत्तर प्रदेश में मुलायम सिंह की सरकार बनने से बसपा अगर कुछ दुबली या छरहरी हो गई है तो यह उसकी कोई खास क्षति नहीं है।

बसपा को जिस चीज से ज्यादा क्षति पहुँच सकती है वह यह कि उसने दलित राजनीति का कोई एजेंडा तैयार नहीं किया। उसका एकमात्र सूत्र यह जान पड़ता है कि हमें सत्ता या सत्ता में भागीदारी चाहिए। सत्ता पाकर वह उसका करेगी क्या, यह उसे नहीं मालूम। बसपा सत्ता में आएगी तो दलितों का मनोबल ऊँचा होगा, यह इतनी सीधी-सी बात है कि इसे कोई भी समझ सकता है। लेकिन इसके साथ ही, यह जरूरी नहीं कि दलितों के कल्याण के लिए जो कानून बनाए गए हैं, उनका कड़ाई से पालन होगा, दलितों पर अत्याचार करनेवालों से सख्ती से निपटा जाएगा और दलितों की स्थिति बेहतर बनाने के लिए नए कार्यक्रम बनाए जाएँगे। कहने की जरूरत नहीं कि यदि दलित नेतृत्व के पास नए भारत का कोई नक्शा नहीं है, तो इनमें से कोई भी कार्यक्रम पूरा नहीं हो सकता।

उदाहरण के लिए इस बात को ही लिया जाए कि दलित नेतृत्व के सत्ता में होने पर दलितों के कल्याण के लिए जो विशेष कार्यक्रम बनाए गए हैं, उन पर बेहतर अमल होगा। प्रशासन के आम चरित्र में सुधार लाए बिना क्या इस उद्देश्य की पूर्ति हो सकती है? जो प्रशासन समाज के अन्य वर्गों को न्याय नहीं दे सकता, क्या वह दलितों के साथ न्याय करने में समक्ष हो सकेगा? यह तो हो नहीं सकता कि दलित-शासित राज्यों में दलितों के लिए स्वर्ग उतर आए और दूसरी जातियाँ नरक का दुख भोगें। हमें यह कभी भूलना नहीं चाहिए कि दलितों को समाज की मुख्य धारा से चाहे जितनी दूर रखा गया हो, आखिरकार समाज का वह ताना-बाना एक ही है जिससे हम सभी का जीवन नियंत्रित और संचालित होता है। एक दूसरा उदाहरण स्कूलों का लीजिए। स्कूलों का विस्तार न हो, स्कूलों में दी जानेवाली शिक्षा का स्तर उठाया न जाए, अच्छी शिक्षा दिन-प्रतिदिन महँगी होती जाए, तो यह उम्मीद कैसे की जा सकती है कि आरक्षण या किसी भी अन्य व्यवस्था से दलितों में साक्षरता और शिक्षा का स्तर सुधर जाएगा? जिस जिला अस्पताल में मरने के लिए ही रोगी भरती होते हैं, वहाँ किसी दलित को जीवन दान कैसे मिल सकता है?

यह तो हो सकता है कि दलित मुख्य मंत्री या मंत्री के परिवारी जनों और दोस्तों के लिए विशेष सुविधाएँ मुहैया कर दी जाएँ—जैसा कि मायावती और उनके

करीबियों पर पड़े छापों के दौरान सामने आए अवैध धन से प्रकट है, लेकिन क्या यही दलित एजेंडा है? आखिरकार दलित राजनीति दस-बीस दलित नेताओं के बूते पर नहीं चल सकती, उसका आधार व्यापक दलित जनता ही हो सकती है जिसे अभी भी न्याय नहीं मिल पाया है और विकास के फलों में जिसकी हिस्सेदारी न्यूनतम है। बेशक इस स्थिति में भी एक विशेष वर्ग की उन्नति के रास्ते खुले हुए हैं लेकिन ये रास्ते इसीलिए खुले हुए हैं कि भारतीय राज्य का चरित्र नागरिक-विरोधी है और जो लूट सकता है, उसे लूटने की छूट है। जहाँ अराजकता होती है वहाँ शक्तिशाली वर्ग को ही अंततः फायदा पहुँचता है। लेकिन भारत की स्थिति को पूरी तरह अराजक भी नहीं कहा जा सकता।

यहाँ एक व्यवस्थित अराजकता है, जिसमें व्यवस्था उनके लिए है जो विशेषाधिकार-संपन्न वर्ग के सदस्य हैं और अराजकता उनके लिए, जिनकी मदद के लिए राज्य को आगे आना चाहिए। लेकिन यह इसलिए संभव नहीं है कि ऐसा करने से विशेषाधिकार-संपन्न वर्ग के सुख-सुविधाओं में कटौती हो सकती है। ऐसी स्थिति में दलित एजेंडे का एक सूत्र यह होना चाहिए कि जहाँ-जहाँ दलित होने के नाते उनके साथ अन्याय हो रहा है, वहाँ न्याय किया जाए और जो व्यवस्थाएँ सभी के जीवन को प्रभावित करती हैं (और इस सभी में दलित भी शामिल हैं) उन व्यवस्थाओं को जम कर सुधारा जाए। लेकिन ऐसा लगता है कि दलित राजनीति, दलितों को सत्ता दो, इस एक सूत्र से आगे बढ़ना ही नहीं चाहती।

यह स्वयं दलित राजनीति के लिए खतरे की बात है, क्योंकि भारत की जनसंख्या में दलितों का जो प्रतिशत है उसे देखते हुए दलित कभी भी अपने बल-बूते सत्ता में नहीं आ सकते। उनके सांसदों और विधायकों की संख्या चाहे जितनी हो जाए, वे विपक्ष में ही रहेंगे। वैसे विपक्ष में रहते हुए भी दलित अपनी माँगों के लिए आवाज बुलंद कर सकते हैं और उन्हें मनवाने के लिए संघर्ष कर सकते हैं। लेकिन यह लंबा और दुरूह रास्ता है। इस बीहड़ रास्ते पर चलना सभी के लिए आसान नहीं है। फिर लोकतंत्र में सत्ता भी परिवर्तन का एक बड़ा औजार होती है। इसलिए अपने आपको इस औजार से दूर रखना बुद्धिमानी नहीं है। लेकिन लोकतांत्रिक सत्ता की अपनी अनिवार्यताएँ हैं। सत्ता के इस तंत्र में कोई तभी शामिल हो सकता है जब वह ज्यादा-से-ज्यादा लोगों और वर्गों को साथ ले कर चल सके। इसलिए बसपा को सत्ता या सत्ता में हिस्सेदारी चाहिए तो उसे दूसरे राजनीतिक दलों के साथ सहकार करना ही होगा।

यह सहकार किस तरह का होगा? जाहिर है, यह उस तरह का नहीं हो सकता जिस तरह का उत्तर प्रदेश में बसपा और भाजपा के बीच दो बार हो चुका है। दोनों ही बार छल और अविश्वास का तत्व था, इसलिए कोई भी सहकार ज्यादा समय तक नहीं चल सका। बसपा और भाजपा दोनों ने ही अचूक और प्रचुर अवसरवाद का परिचय दिया इसलिए उनका साथ जल्द ही खत्म हो गया। स्मरणीय है कि दूसरे दलों के साथ ऐसी कोई मजबूरी नहीं है कि वे बसपा को साथ ले कर चलें। यह बसपा की राजनीतिक विवशता है कि वह दूसरे दलों को साथ ले कर चले। इसलिए बसपा को ही खेल के उत्तम नियम बनाने होंगे और अपने आचरण से यह साबित करना होगा कि वह दूसरे दलों से बेहतर है। इसके बावजूद दूसरे दल छल करते हैं और बसपा को उसका प्राप्य नहीं देते, तो वे स्वयं जनता की निगाह में अविश्वसनीय बनेंगे और बसपा का जनाधार मजबूत होगा। तब उसके साथ ऐसे गैरदलित भी आ सकते हैं जो सचमुच देश का भला चाहते हैं और ऐसी पार्टी में उन दलितों के लिए कोई खास जगह नहीं होगी, जिन्हें बेपेंदी का लोटा कहा जा सकता है और जो हमेशा सत्ता के दाएँ रहना पसंद करते हैं। कहने का आशय यह है कि अवसरवाद और सत्तावाद में दलित राजनीति का कोई भविष्य नहीं है। उसका भविष्य तो एक बेहतर और स्वस्थ राजनीति में ही है जो न केवल दलित अस्मिता की रक्षा करेगी, बल्कि भारतीय समाज के दूसरे वर्गों को भी बेहतर भविष्य का विश्वसनीय आश्वासन देगी।

दो

समय को पलटते समय नहीं लगता। वह समय गुजरे अभी ज्यादा वक्त नहीं हुआ था जब इंदिरा गांधी की राजनीतिक सफलता का रहस्य इस त्रिकोण में खोजा जाता था : ब्राह्मण, दलित और मुसलमान। बताते हैं कि राजपूत कांग्रेस के खिलाफ थे, पिछड़ी जातियों की उनसे नहीं बनती थी और बनिए भी उनसे प्रसन्न नहीं रहते थे। लेकिन दलितों और मुसलमानों पर उनकी पकड़ लगातार बनी रही। ब्राह्मण वे स्वयं थीं और ब्राह्मण वर्ग का विशेष खयाल रखती थीं। अब इस बदले हुए समय में यह ऐतिहासिक काम बहुजन समाज पार्टी की नेता मायावती के कंधों पर आ पड़ा है कि वे ब्राह्मणों का आह्वान करें और उन्हें अपने साथ लेने की कोशिश करें। यह प्रक्रिया राज्यों के राज्य उत्तर प्रदेश से शुरू हुई है, तो यह स्वाभाविक ही है क्योंकि यहाँ ब्राह्मणों का प्रतिशत काफी अधिक है और विडंबना देखिए कि वे राजनीतिक रूप से अनाथ होते जा रहे हैं।

कांग्रेस ही उनकी मूल और असली पार्टी थी और ऐसा लगता नहीं कि उत्तर प्रदेश में कांग्रेस के दिन जल्दी फिरने वाले हैं। यही बात भाजपा के बारे में भी कही जा सकती है, जिसने पिछले कुछ वर्षों में ब्राह्मणों और अन्य ऊँची जातियों को

आकर्षित किया था। ऐसी स्थिति में, अपना जनाधार व्यापक बनाने के लिए मायावती की खोजी नजर इस असहाय वर्ग तक पहुँच गई, तो इसकी तारीफ ही होनी चाहिए। लोकतंत्र में कोई भी वर्ग हमेशा के लिए उपेक्षित नहीं रह सकता। अपनी वर्चस्वशील स्थिति के कारण ब्राह्मण इस देश में हमेशा वास्तविक लोकतंत्र के विरुद्ध काम करता रहा है। अब उसे लोकतंत्र को धन्यवाद देना चाहिए कि इसकी द्वंद्वात्मकता के कारण कहीं से तो उसकी माँग पैदा हो रही है।

9 जून, 2005 को लखनऊ में हुआ ब्राह्मण महासम्मेलन, जिसमें बसपा के चुनाव चिह्न हाथी को गणेश ही नहीं, ब्रह्मा, विष्णु और महेश बताया गया, कई महीनों से चलाई जा रही एक सचेत राजनीतिक प्रक्रिया का शीर्ष था। इस प्रक्रिया के तहत अनेक जिलों में ब्राह्मण समाज की बैठकें आयोजित की गई थीं। प्रत्येक बैठक में यह आयासपूर्वक स्पष्ट किया जाता था कि बसपा को ब्राह्मणों से कोई चिढ़ नहीं है; वह तो सिर्फ ब्राह्मणवाद के खिलाफ है। बसपा नेताओं द्वारा 'मनुवादी' शब्द का प्रयोग किसी जाति विशेष के लिए नहीं किया जाता (कोई कह सकता है कि मनु स्वयं भी ब्राह्मण नहीं था)। जो दलितों को और पिछड़ी जातियों को तिरस्कार की दृष्टि से देखता है, वही मनुवादी है।

इसलिए ब्राह्मण समाज का वह हिस्सा, जो मनुवाद की क्षुद्र संकीर्णताओं से ऊपर उठ चुका है या ऊपर उठने को तैयार है, बहुजन समाज पार्टी में दाखिल होने का स्वाभाविक रूप से हकदार है। इस तरह ब्राह्मणों को मनाया जाता रहा कि वे बसपा को सिर्फ दलितों की या ब्राह्मण-विरोधी पार्टी न समझें। इस प्रक्रिया का दूसरा पक्ष था, प्रत्येक जिले में ऐसी समितियों की स्थापना करना जिनमें ब्राह्मणों और दलितों का सामंजस्यपूर्ण सह-अस्तित्व हो। इन समितियों के गठन में ब्राह्मण वर्ग की परंपरागत प्रतिष्ठा का पूरा ध्यान रखा जाता था। व्यावहारिक स्तर पर इसका अर्थ यह था कि इन समितियों का अध्यक्ष ब्राह्मण को और सचिव दलित को बनाया जाता था। आशय यह था कि ब्राह्मण समाज अगर मायावती को अपना नेता मान ले, तो पार्टी के निचले स्तरों पर वे दलितों से ऊपर रहने का सुख पा सकते हैं।

शायद ही कोई दलितवादी पार्टी अपने सामान्य दलितों के आत्मगौरव की इतनी बड़ी कुरबानी कर ब्राह्मण-दलित एकता की बुनियाद को मजबूत करने का साहस करे। इस तरह जो पार्टी अभी हाल तक सामाजिक विभेद की बुनियाद पर संघर्ष की राजनीति करती रही है, वह अब सामाजिक सद्भाव के नाम पर उससे बड़ी राजनीति करने की तैयारी कर रही है। यह बसपा की राजनीति में एक युगांतरकारी मोड़ है, जिसने अनेक लोगों को विस्मित और बहुतों के विनोद भाव को जाग्रत कर दिया है।

प्रश्न सिर्फ इतना है कि क्या यह वोट जुगाड़ने की एक सामयिक रणनीति बनकर रह जाएगी या सामाजिक सद्भाव की राजनीति करने की कुछ दूरगामी योजना भी है? यह प्रश्न उठाना इसलिए जरूरी जान पड़ता है कि बसपा इसके पहले पिछड़ी जातियों और मुसलमानों को सत्ता के अपने जुलूस में शामिल करने की कोशिश कर चुकी है। जातिवादी आधार पर सोचनेवाले विद्वानों का मानना रहा है कि अगर दलित, पिछड़ी जातियाँ और मुसलमान एक हो जाएँ, तो न केवल सारी सत्ता उन्हीं की है, बल्कि वे जबरदस्त सामाजिक परिवर्तन कर सकते हैं। बिहार में लालू प्रसाद की चमत्कारपूर्ण सफलता का श्रेय इसी तीन-सूत्री राजनीति को दिया जाता है। लेकिन मुश्किल यह है कि जो बिहार में संभव हुआ, वह उत्तर प्रदेश में असंभव बना रहा।

बसपा से पहले मुसलमानों का प्रेम भंग हुआ, फिर उन पिछड़ी जातियों का जो मुलायम सिंह से असंतुष्ट होने के परिणामस्वरूप किसी नई राजनीतिक सीढ़ी की तलाश में थीं। ब्राह्मणों के जुड़ाव का हश्र इससे भिन्न होगा, यह मानने का कोई आधार फिलहाल दिखाई नहीं पड़ता। व्यक्ति ही नहीं, राजनीतिक दल भी अपने अतीत से परखे जाते हैं। दूसरी ओर, यह कहना भी गलत नहीं होगा कि बसपा का यह नया कदम उसके राजनीतिक चिंतन की विशदता से नहीं, उसके राजनीतिक अनुभवों की कटुता से निकला है। अतीत में बसपा ने उत्तर प्रदेश की सभी प्रमुख पार्टियों के साथ मिलकर सत्ता पाने की कोशिश की है। पहले उसने मुलायम सिंह यादव की समाजवादी पार्टी से हाथ मिलाया। भाजपा के साथ वह दो-दो बार हुई। यहाँ तक कि मरती हुई कांग्रेस के साथ भी उसने चुनाव गठबंधन किया।

लेकिन उसका कोई भी राजनीतिक समीकरण टिकाऊ साबित नहीं हुआ। कांग्रेस से उसका गठबंधन चुनाव के तत्काल बाद ही टूट गया, जबकि सपा और भाजपा के साथ मिल कर उसने सरकारें बनाईं। ये सरकारें चल नहीं सकीं और अधबीच में ही टूट गईं। ऐसा क्यों हुआ? क्या इसके लिए दूसरी पार्टियाँ ही जिम्मेदार थीं या बसपा का अपना आचरण भी कहीं दोषी था? इससे भी बड़ा प्रश्न यह है कि क्या ये राजनीतिक समीकरण राज्य और देश में कोई नई राजनीति शुरू करने के लिए बनाए गए थे या इनके पीछे सिर्फ सत्ता पर कब्जा करने की भूख थी? अगर कामना सिर्फ सत्ता की थी, तो संबंधों का चरित्र अवसरवादी होना अवश्यंभावी था। अनेक राजनीतिक चिंतकों ने यह लक्षित किया है कि बसपा देश की सबसे ज्यादा अवसरवादी पार्टी है।

अवसरवाद की समस्या यह है कि वह ज्यादा दिन तक नहीं चलता। यही कारण है कि लगभग डेढ़ दशक की बहुविध सक्रियताओं के बाद बसपा आज अपने

को अकेली और सबसे अलग-थलग पा रही है। ब्राह्मण समुदाय के साथ सद्‌भाव का नया रिश्ता बनाकर वह अपने इस अलग-थलगपन को तोड़ना चाहती है। स्मरणीय है कि दलित राजनीति के प्रणेता डॉ. भीमराव आंबेडकर इस कटु तथ्य को अच्छी तरह समझते थे कि अगर उन्हें दलित हितों की वास्तविक राजनीति करनी है, तो किसी भी अन्य दल के साथ उनकी पटरी नहीं बैठ सकती। कारण, आंबेडकर ने पाया कि अन्य सभी दल सवर्ण-प्रधान थे और दलितों को उनका हक न देने के मामले में सभी की नीति एक जैसी थी। उस जमाने में कांग्रेस देश की सबसे बड़ी पार्टी थी और महात्मा गांधी देश के सबसे बड़े नेता। इसलिए आंबेडकर ने कांग्रेस और गांधी की दलित नीति का 'परदाफाश' करने की दिशा में सबसे अधिक दिलचस्पी दिखाई।

कम्युनिस्टों को भी उन्होंने नहीं बख्शा। लेकिन पराधीन भारत में आंबेडकर चुनाव की राजनीति में कांग्रेस को पराजित नहीं कर सके। दलित आंबेडकर की निष्ठा का सम्मान करते थे और वोट कांग्रेस को देते थे। इस कटु अनुभव से सबक ले कर ही आंबेडकर ने आजादी के बाद दलितों की अलग पार्टी न बना कर इंडिपेंडेंट लेबर पार्टी और रिपब्लिकन पार्टी बनाई। लेबर पार्टी यानी मजदूरों की पार्टी और रिपब्लिकन पार्टी यानी लोकतंत्र के आदर्शों में विश्वास करनेवाली पार्टी। जाहिर है, ऐसी पार्टी तभी सफल हो सकती है जब उसका सामाजिक आधार बहुत व्यापक हो। पर दुर्भाग्य से आंबेडकर ने दलित नेता की अपनी पुरानी प्रतिबद्धता बनाए रखी। उनकी दोनों ही पार्टियाँ मुख्यतः दलितों की ही पार्टियाँ थीं। लेबर पार्टी को पहले आम चुनाव में मुँह की खानी पड़ी। स्वयं आंबेडकर कांग्रेस की सहायता से ही संसद में पहुँच सके और देश के पहले कानून मंत्री बने। रिपब्लिकन पार्टी भी बहुत दूर तक न जा सकी।

कायदे से बसपा को जो आंबेडकर का नाम सबसे ज्यादा लेती है, इस पृष्ठभूमि को समझकर ही अपने नए राजनीतिक अभियान की शुरुआत करनी चाहिए थी। लेकिन इसके लिए एक असाधारण दृष्टि और व्यापक उदारता की जरूरत थी। इसकी बजाय मनुवाद को गालियाँ देना आसान था, क्योंकि इससे सनसनी फैलती थी। बसपा ने सनसनी का रास्ता अपनाया। इसका एक अच्छा नतीजा यह निकला कि दलितों में चेतना पैदा हुई, आक्रामकता आई और वे संगठित होने लगे। बसपा की ओर सभी का ध्यान आकर्षित हुआ और कांशीराम और मायावती के रूप में लोगों ने एक नए ढंग के नेतृत्व का साक्षात्कार किया। लेकिन उग्र आक्रामकता की यह जाति-आधारित राजनीति, अपने उज्ज्वल रूप में, सतत विपक्ष की राजनीति ही हो सकती थी।

इसकी स्वाभाविक माँग यह थी कि प्रतिपक्ष की राजनीति को तब तक प्रज्वलित रखो, जब तक समाज में समरसता न आ जाए। मुश्किल यह है कि सतत विपक्ष की राजनीति एक भावुक स्वप्न है। जो राजनीति में आता है, उसे सत्ता भी चाहिए। इसमें कोई हर्ज भी नहीं है, क्योंकि सत्ता में रह कर बहुत-से ऐसे काम किए जा सकते हैं जो विपक्ष में बैठ कर नहीं किए जा सकते। इसके अलावा, राजनीति का काम सिर्फ जातियों का समीकरण दुरुस्त करना नहीं, बल्कि राज्य और समाज का आर्थिक पुनर्निर्माण करना भी है। आखिर समाज का आर्थिक ढाँचा बदलेगा, तभी दलितों को पूर्ण सामाजिक न्याय मिल सकेगा।

सत्ता की राजनीति की दूसरी विवशता यह है कि आप किसी एक समुदाय को अपने साथ ले कर नहीं चल सकते। आपको एक व्यापक गठबंधन तैयार करना होता है, जैसा कि कांग्रेस ने एक समय किया था। इस दृष्टि से देखा जाए, तो बहुजन समाज पार्टी की अवधारणा ठीक ही थी। अपने नाम के अनुरूप उसे दलितों, पिछड़ी जातियों और अल्पसंख्यकों का महासंघ बनना था। इसमें क्या संदेह है कि भारतीय समाज का बहुजन यही है। लेकिन दुर्भाग्य से बसपा अपने नाम को सार्थक नहीं कर सकी। वह दलितों की पार्टी बन कर रह गई। उसने पिछड़ी जातियों और अल्पसंख्यकों को आकर्षित जरूर किया, पर उनके साथ उचित व्यवहार नहीं हुआ। उन्हें पार्टी के संगठन में कोई महत्व भी नहीं मिला।

सच पूछा जाए, तो महत्व सामान्य दलितों को भी नहीं मिला। बसपा का शीर्ष नेतृत्व दलितों के साथ इस तरह का सलूक करता है जैसे वह दीन-हीन प्रजा हो और उसे समानता का कोई अधिकार न हो। बसपा के उत्थान और पतन के बीज इसी में छिपे हुए हैं। अब जबकि बसपा ने भारतीय समाज के व्यापक यथार्थ का साक्षात्कार करना शुरू कर दिया है, यह कामना क्यों न की जाए कि वह अपने जनाधार को सचमुच व्यापक बनाएगी। इस दिशा में सबसे पहला प्रश्न यही उठता है, सिर्फ ब्राह्मण ही क्यों? महज ब्राह्मण-दलित एकता कितनी दूर तक जा सकती है? क्या अन्य जातियों को इस एकता के घेरे में लाना आवश्यक नहीं है? फिर, अल्पसंख्यकों ने क्या बिगाड़ा है? क्या उन्हें छोड़ कर कोई पार्टी आगे जा सकती है? इससे भी बड़ा मामला यह है कि आप सिर्फ जातीय एकता कायम करेंगे या सभी जातियों अर्थात समग्र समाज के उत्थान के लिए कोई एकीकृत कार्यक्रम भी बनाएँगे? आखिर विभिन्न जातियाँ एक मंच पर आएँगी, तो वे करेंगी क्या? क्या वे वर्तमान राजनीतिक-आर्थिक कार्यक्रम को ही आगे बढ़ाएँगे?

भारतीय राजनीति में मंडल, दलित और हिंदूवादी राजनीति के उभार और क्षय के बाद एक नया शून्य उभरा है। इस शून्य को या तो वामपंथी पार्टियाँ भर सकती

हैं या बसपा जैसी पार्टी, जिसकी आरंभिक ऊर्जा अभी काफी मात्रा में बची हुई है। वामपंथी पार्टियाँ इस शून्य के प्रति सचेत भर हुई हैं, पर नया कार्यक्रम बसपा ने बनाया है। दोनों को ही बहुत आगे जाने की जरूरत है। जाति और वर्ग के सवालों को एक-दूसरे से जोड़ने और राष्ट्र निर्माण का समग्र कार्यक्रम बनाने से ही वह रसायन हाथ लगेगा जो भारतीय राजनीति को उसका स्वास्थ्य लौटा सकता है। जब तक ऐसा नहीं होता, किसी भी नए समीकरण के बारे में शक बना रहेगा।

दलितों के नाम पर

अंशुमाली रस्तोगी

एक

स्वार्थवश, हमने दलित राजनीति को मायावती और कांशीराम के इर्द-गिर्द ही रख कर उसे व्यक्ति-केंद्रित कर दिया है। दलित राजनीति पर चल रही सारी कवायदें और बहस कांशीराम से शुरू हो कर मायावती पर आ कर समाप्त हो जाती हैं। यहाँ कभी उस दलित का जिक्र नहीं होता जिसके नाम पर दलित पार्टियाँ वोट माँगती हैं, जिनके सामाजिक और आर्थिक सम्मान-अधिकार की बातें की जाती हैं और सत्ता हासिल होते ही जिन्हें हाशिए पर डाल दिया जाता है। ऐसा क्यों हुआ? इसके कारण क्या रहे? क्यों दलित राजनीति में सामान्य दलित हाशिए पर चला गया? क्यों दलित नेता दलित राजनीति की दिशा-दशा तय नहीं कर पाए? यह विवेचन ही यहाँ वांछित है।

इस वास्तविकता को शायद दलित पार्टियाँ स्वीकार न करें कि दलित राजनीति में आज भी सामान्य दलित का न तो कोई स्थान है न ही भूमिका। वो हाशिए पर है, क्योंकि दलित पार्टियों ने उसका उपयोग अपने 'वोट-बैंक' के रूप में तो किया, परंतु उसमें सामाजिक, राजनीतिक या आर्थिक जागरूकता जगाने का प्रयास कभी नहीं किया गया। इसके पीछे शायद यह कारण भी रहा हो कि अगर कल को यही दलित सीना तान कर अपने अधिकार और सम्मान की बात दलित नेताओं से कहता है तब उनके पास इन्हें ना करने का क्या विकल्प रह जाएगा? इसलिए जहाँ तक हो सके, दलितों को अपने अभावों-त्रासदियों में ही जीने दो। गौर तलब है, आज दलित जितना शोषित सवर्ण समाज से है उससे कहीं ज्यादा अपनों से भी है। ऐसा नहीं है कि ये तमाम दलित नेता एक रात में ही बादशाह बन बैठे हैं, इसके लिए उन्होंने संघर्ष अवश्य किया है, लेकिन एक स्तरीय पद या सम्मान प्राप्त कर वे अब सब कुछ, अपना संघर्ष, अपना आंदोलन, भुला चुके हैं, क्योंकि सत्ता मद ने उन्हें खुद से भी दूर कर दिया है।

आखिर इस हकीकत से कैसे इनकार किया जा सकता है कि जो भेद या असमानताएँ ब्राह्मणों ने वर्ण और जाति के आधार पर समाज में फैला रखी हैं, यही प्रवृत्ति अब दलितों में भी पनपने लगी है। यहाँ भी जाति के आधार पर चीजें तय होती हैं और एक प्रकार का जातिगत भेदभाव आकार लेता है। यह असर जितना सामाजिक है उतना ही राजनीतिक भी। ध्यान रहे डॉ. आंबेडकर ने हमेशा जाति और वर्णविहीन समाज की स्थापना पर जोर दिया था। उनका स्पष्ट मानना था, 'जाति और वर्णविहीन समाज का स्वीकार ही दलितों को सामाजिक और राजनीतिक स्तर पर मदद पहुँचा सकता है।' पर लगता नहीं कि दलित नेताओं ने डॉ. आंबेडकर के कथन को स्वीकार किया। दलित राजनीति में जिस तेजी से आपसी संघर्ष और जाति का वर्चस्व बढ़ रहा है, उसने दलितों का अहित तो किया ही है, साथ ही डॉ. आंबेडकर के समता और समानता के सिद्धांत की भी धज्जियाँ उड़ा दी हैं। 'दलित हित' के नाम पर राजनीतिक रोटियाँ सेंकनेवाले नेताओं को एहसास तक न होगा कि आज भी भारत के अनेक राज्यों-प्रदेशों में ऐसे कितने ही दलित परिवार हैं जो अशिक्षा, शोषण, अपमान और सामाजिक विद्रूपताओं की चक्की में पिस कर अपना सब कुछ खाक करने को मजबूर हैं। अधिकार, स्वतंत्रता, समानता, न्याय आदि क्या होता है, इससे वे अनभिज्ञ हैं। समाज के बड़े तबके का नजरिया आज भी दलितों के प्रति ठीक वैसा ही है जैसा सदियों पहले था। कैसे इनकार किया जा सकता है, इस सभ्य (?) कहे जानेवाले समाज में अब दलित शोषण या उत्पीड़न की घटनाएँ नहीं होती हैं? एक मंदिर से ले कर राजनीतिक मंच तक सभी जगह आम या सामान्य दलित की उपस्थिति आज भी वर्जित है।

दरअसल, दलित राजनेता दलित राजनीति को जिस दिशा में ले जाना चाहते हैं उसमें समानता और बंधुत्व की भावना कम, अपने स्वार्थ ज्यादा हैं। जबकि डॉ. आंबेडकर का राजनीतिक एप्रोच 'समाज जोड़ो' का पक्षधर था, 'समाज तोड़ो' का नहीं। दलित नेताओं ने अपने समाज को जोड़ने का कार्य कम तोड़ने का कार्य अधिक किया। अब अगर दलित नेता यह समझते हैं कि आम दलितों के बीच जा कर वे सहभोज कर लेंगे या उन्हें अपनी सभाओं-रैलियों में आमंत्रित कर लेंगे, तो इससे वे सीधे दलित समाज और उसके हितों से सीधे जुड़ जाएँगे, असल में यह धारणा ही बेबुनियाद है। ऐसा कर आप दलितों या उनके हितों से नहीं जुड़ रहे हैं आप उन्हें लुभा रहे हैं अपनी सत्ता और वोटों की खातिर। क्योंकि सभाओं और रैलियों में जुटनेवाली भीड़ सिर्फ नेता से परिचित होती है, उसकी संकीर्ण राजनीति या स्वार्थों से नहीं। आखिर ऐसा क्यों है कि नेताओं का यह वर्ग सिर्फ महाभोज या समारोह इत्यादि में तो आम दलित के साथ होता है, परंतु आपस में शादी-ब्याह की इज्जत एक-दूसरे को नहीं देता? आम राजनीतिक स्तर पर तो रोटी का संबंध उनसे बनाना चाहते हैं परंतु बेटी के संबंध या स्वीकार पर कन्नी

काट जाते हैं। इसे भी एक किस्म का सामाजिक भेदभाव कहा-माना जा सकता है। और आगे चल कर इसी भेदभाव या प्रपंच की पुनर्वृत्ति हमें राजनीतिक स्तर पर होती हुई दिखाई पड़ती है। जब तक आप उन्हें सामाजिक स्तर पर स्वीकार करने का समर्थन नहीं करेंगे, फिर कैसे उन्हें राजनीति में समान जगह दे पाएँगे। दलित राजनीति का दूसरा विद्रूप यह रहा कि इसमें दलित पर निरंतर ही हमले, उनका शोषण तथा राजनीतिक अधिकारों पर कभी कोई दुख प्रकट नहीं किया गया, न ही, अपवादों को छोड़कर, कभी बहस या चर्चा के केंद्र में लाया गया। दलितों के शोषण और अधिकारों का बार-बार जिक्र इसलिए करना पड़ रहा है क्योंकि डॉ. आंबेडकर ने दलित राजनीति का पहला कर्त्तव्य अपने समाज के लोगों का हित साधन ही बताया था। यहाँ हित तो दूर, उनका अस्तित्व ही खतरे में है।

अगर राजनीतिक कारगुजारी की बाजीगरी में न फँसें, तो दलितों पर होनेवाले हमलों का प्रतिशत किसी भी सूरत में कम नहीं हुआ है। इस प्रकार की सबसे अधिक खबरें राजस्थान, उत्तर प्रदेश, बिहार, मध्य प्रदेश आदि जगहों से अकसर ही सुनने-पढ़ने को मिल जाती हैं। खासकर, गाँव-देहातों में रह रहे दलितों पर ठाकुरों का कहर आज भी कम नहीं हुआ है। राष्ट्रीय अपराध रिकार्ड ब्यूरो के अनुसार 28 राज्यों और सात केंद्र शासित प्रदेशों में 2000-02 के दौरान दलितों के प्रति गंभीर अपराधों में खासा वृद्धि हुई है। सन् 2000 में इनकी संख्या जहाँ 1498 थी तो सन् 2002 में बढ़ कर यह 3600 के पार पहुँच गई। इसमें पहला स्थान मध्य प्रदेश का है। यहाँ कुल 995 घटनाएँ घटित हुईं। दूसरे स्थान पर राजस्थान है, जहाँ 795 घटनाएँ हुईं। तीसरा स्थान उड़ीसा का है जहाँ 299 घटनाएँ हुईं। रिपोर्ट में यह भी बताया गया है कि सन् 2001 के दौरान दलित महिलाओं के प्रति 579 घटनाएँ दर्ज की गईं। इसमें सबसे ज्यादा मध्य प्रदेश में 238 तथा दूसरा स्थान छत्तीसगढ़ और तीसरा महाराष्ट्र का रहा। हाल में अभी दो मामले ऐसे सामने आए हैं, जिनमें पहला मंगलौर क्षेत्र के नजर पुरा गाँव का है जहाँ पंचायत के आदेश पर एक दलित युवक व उसकी पत्नी को छत से लटकाकर सरियों से सरेआम बुरी तरह पीटा गया। पंचायत ने उनके सामाजिक बहिष्कार का फरमान जारी करते हुए दोनों का मुँह काला कर गाँव में घुमाने का निर्देश दिया। दूसरी घटना बिहार के पूर्णिया जिले के दमौली पासवान टोला गाँव की है, जिसमें एक दलित महिला को उसका सिर गंजा कर और चेहरे पर कालिख पोत तथा निर्वस्त्र कर सरेआम घुमाया गया। इस दलित महिला की गलती सिर्फ इतनी भर थी कि उसने सवर्ण जाति के लोगों के यहाँ काम करने से मना कर दिया था। ये और इस जैसी तमाम घटनाएँ हमारे समाज में होती रहती हैं; जिसमें कुछ तो समाचार पत्र में स्थान पा जाती हैं तो कुछ का उल्लेख तक नहीं होता। ऐसा नहीं है कि ये तमाम खबरें दलित नेताओं तक नहीं पहुँचतीं। सब पहुँचती हैं, परंतु उन्हें ये त्रासद खबरें

आकर्षित इसलिए नहीं करतीं, क्योंकि उनके सरोकार व्यक्ति से ज्यादा सत्ता से जुड़े होते हैं। सत्ता उनके लिए महत्वपूर्ण है, दलितों का शोषण या उत्पीड़न नहीं। स्थिति तो यहाँ तक गंभीर है कि दलित शोषण से जुड़े मुद्दों पर कोई खास बहस या गंभीर विचार-विमर्श हमारी संसद तक में नहीं होता। अभी पिछले दिनों हरियाणा के झज्जर इलाके में पाँच दलितों को बेरहमी से मार डालने की खबर ने कितना दलित नेताओं और राजनीति को व्यग्र किया या वे कितना खुल कर हिंदू हत्यारों के विरुद्ध आगे आए? शायद अब तक तो वे उक्त घटना को विस्मृत भी कर चुके होंगे। दलित नेताओं का एक तरफ तो दावा आम दलित को सीधा राजनीति से जोड़ने का होता है, मगर दूसरी तरफ वे कितना दलितों के हितों के प्रति चिंतित हैं, आसानी से समझा जा सकता है।

डॉ. आंबेडकर ने दलित राजनीति का जो स्वरूप निर्धारित किया था उसमें उनका कहना था, 'दलित वर्गों के लोग अपने सामाजिक-आर्थिक और राजनीतिक उत्थान के लिए तथाकथित सवर्णों की दया-भावना पर निर्भर न रह कर स्वयं संघर्ष कर स्वावलंबी, स्वाभिमानी और आत्मनिर्भर बनने का प्रयास करें।' मगर अफसोस समय के साथ-साथ दलित राजनीति में डॉ. आंबेडकर का योगदान, उनका कथन और संघर्ष हाशिए पर डाल दिया गया है। डॉ. आंबेडकर एक ऐसे व्यक्ति थे जिन्होंने समाज के साथ-साथ राजनीति में भी दलितों की समान भागीदारी के प्रश्न को प्रमुखता से उठाया था।

दलित राजनीति में आम दलित एक बड़ा रोल निभाता है। नेताओं के योगदान से कहीं ज्यादा बड़ा योगदान आम दलित का दलित राजनीति में है। पर अकसर ऐसा प्रतीत होता है कि उनका योगदान किन्हीं संकटों के बीच उलझ कर रह गया है। यह संकट सामाजिक से अधिक राजनीतिक है। असल में, दलित नेताओं ने जब से गठबंधन के धर्म को निभाना शुरू किया, तब से आम दलित के समक्ष यह समस्या सबसे बड़ी आन खड़ी हुई कि वो किसे स्वीकारें और किसे छोड़ दें। इसका प्रभाव यह हुआ दलित अपनों के बीच से ही दो खेमों में बँटता चला गया। छोटे-छोटे दल बनने लगे और उसी हिसाब से एक-दूसरे के हित और स्वार्थ तय होने लगे। इस बिखराव का सबसे ज्यादा फायदा उठाया ब्राह्मणवादी दलों-संगठनों ने। साफ-सी बात है, अब तक बसपा और भाजपा के दो दफा हुए राजनीतिक गठबंधन का लाभ सबसे अधिक भाजपा ने उठाया और आज तक उठा रही है। अब यह बात अलहदा है कि मायावती भले ही उन्हें मनुवादी कह कर गाली देतीं फिरें, मगर उनके दिल में पुनः गठबंधन की आस अभी भी जवान है। इस सबके बावजूद मूल प्रश्न तो यही है कि दलित राजनीति में सामान्य दलित अगर अपनी उपस्थिति दर्ज करवाए तो कैसे?

आप उन्हें जाति और वर्ण के आधार पर बाँट रहे हैं, फिर अपेक्षा करते हैं

प्रत्येक दलित हमारे साथ, हमसे बना कर चले। फिलहाल क्षुद्र स्वार्थों के चलते यह संभव नहीं। दलितों की आवाज को सुनने के लिए उन्हीं के समाज में से लोगों को आगे आना होगा। राजनीति में उनकी उपस्थिति उतनी ही महत्वपूर्ण है जितना एक दलित नेता को बड़ा पद मिलना। सदियों से हाशिए पर पड़े इस वर्ग को अगर अपने ही लोगों से उपेक्षा और अस्वीकार मिलेगा, फिर ये उम्मीद किससे कर सकेंगे? दलितों के नाम सिर्फ वोट की राजनीति कहीं-न-कहीं डॉ. आंबेडकर के मिशन को पीछे छोड़ती है। संघर्ष और आंदोलन करने की भावना या क्षमता को, जो अब धीरे-धीरे कर सुस्त-सी पड़ने लगी है, उसे दलितों के भीतर पुनः पैदा करना होगा। दलित राजनीति में आम या सामान्य दलित की भागीदारी तब ही स्थापित हो पाएगी, जब उसे अपने ही घर में सामान्य मान्यता मिलने लगेगी।

दो

कभी डॉ. आंबेडकर ने दलित राजनीति के भीतर दलितों को स्वावलंबी और आत्मनिर्भर बनाने की बात कही थी, मगर दलित नेताओं ने कुर्सी और शोहरत की खातिर दलित राजनीति को तो नुकसान पहुँचाया ही, साथ ही दलितों को भी दिग्भ्रमित किया। वर्तमान में दलित राजनीति के साथ सिर्फ 'दलित' शब्द ही जुड़ा रह गया है, बाकी उसके समस्त प्रारूप और सिद्धांत को अवसरवादी मायावती ने अवसरवादिता का शिकार बना दिया है। दलित राजनीति पूर्णतः दिशाहीन और दिग्भ्रमित हो चुकी है। आखिर ऐसा क्यों हुआ, आइए देखते हैं। इसके लिए हमें थोड़ा पीछे भी लौटना पड़ेगा।

डॉ. आंबेडकर के बाद बसपा सुप्रिमो कांशीराम ने दलितों के बीच क्रांतिकारी भूमिका निभाई। उन्होंने सामाजिक आंदोलन की धारा को तेज कर दलितों को मुख्य धारा में लाने का भरसक प्रयास किया। इस प्रयास में वे सफल भी रहे। कांशीराम ने दलितों के सामाजिक और राजनीतिक विकास के लिए राष्ट्रवादी ताकतों से अनेकों लड़ाइयाँ लड़ीं। और इन लड़ाइयों को एक दिशा प्रदान करने तथा दलितों को मंच देने के लिए उन्होंने 6 दिसंबर, 1978 को बामसेफ तथा 6 दिसंबर, 1981 को डी-एस 4 का गठन किया। इन मंचों से कांशीराम ने न सिर्फ राजनीतिक चुनाव लड़े, बल्कि दलितों को उनके अधिकार, स्वतंत्रता प्रदान करने के लिए संघर्ष भी किया। उस वक्त कांशीराम का दलितों के सम्मान/अधिकारों के प्रति संघर्ष ब्राह्मणवादी ताकतों के लिए चुनौती बन कर उभर रहा था। कांशीराम ने 14 अप्रैल 1984 को बहुजन समाज पार्टी (बसपा) का गठन कर उसे पूर्णतः राजनीतिक दल में तब्दील कर दिया। इसी आधार पर उन्होंने अगला (1984) विधान सभा चुनाव लड़ा और भारी जीत भी हासिल की। कांशीराम की जीत और दलितों के बीच उनके बढ़ते जनाधार को देख कर एहसास होता था कि डॉ. आंबेडकर के बाद कांशीराम

ही उनके उत्तराधिकार के रूप में स्वीकार किए जा सकते हैं। डॉ. आंबेडकर की भाँति ही कांशीराम भी वर्ग संघर्ष से ज्यादा जाति संघर्ष के विरोधी थे। उनका कहना था, 'गरीब ब्राह्मण भी चमार के हाथ का छुआ पानी नहीं पीते। दोनों ही गरीब हैं, लेकिन उनके बीच जाति की खाई है, जो गरीब गरीब को एक नहीं होने देती। इसलिए मैं कभी वर्ग संघर्ष का पक्षधर नहीं रहा। मैं तो जाति संघर्ष चाहता हूँ।' दलित राजनीति में वर्ग और जाति संघर्ष के अंतर्द्वंद्व काफी समस्याएँ पैदा करते रहे हैं।

कांशीराम ने दलित राजनीति की शुरुआत उस दौर में की थी, जब समूचा तंत्र कांग्रेस और ब्राह्मणवादी दलों के हाथ था। दलितों की आवाज और स्वतंत्रता पर ब्राह्मणों का कब्जा था। कांशीराम के आंदोलन की मुख्य उपलब्धि दलितों को उनका अधिकार अपने वोट के रूप में सजग बनाने की रही। दलित अपने वोट का इस्तेमाल सही रूप में करें, यह कांशीराम ने ही उन्हें समझाया। अब तक कांग्रेस जैसे बड़े राजनीतिक दल ही दलितों के वोट को चंद भैंसों के बल पर खरीद लिया करते थे। चूँकि तब दलितों में इतनी समझ, अपने वोट के प्रति, विकसित नहीं थी इसलिए यह समझौता आसानी से हो जाता था। साथ ही पिछड़े वर्ग में राजनीतिक चेतना पैदा करने का श्रेय भी कांशीराम को ही जाता है। वो कांशीराम ही थे जिन्होंने पूना पैक्ट के 50 साल पूरे होने पर सन् 1982 में 'पूना पैक्ट धिक्कार' दिवस मना कर देश भर में इसके खिलाफ रैलियाँ आयोजित की थीं। किसान, मजदूर, दलित सभी के सम्मान और अधिकारों के प्रति कांशीराम ने संघर्ष किया था। यह दौर 80 के दशक का था, जब कांशीराम दलितों के सम्माननीय नेता बनकर उभरे थे।

अफसोस, सत्ता के नशे से कांशीराम भी ज्यादा समय तक दूर न रह सके, वे भी उसमें डूबते चले गए। कभी जिन ब्राह्मणवादी ताकतों के खिलाफ कांशीराम मुस्तैदी से लड़े थे अब उन्हीं से समझौते कर गठबंधन धर्म को निभा रहे थे। यह दौर 90 के दशक का था, जब कांशीराम अपना उदारवादी मुखौटा उतार अवसरवादी मुखौटा पहन चुके थे। बसपा ने पहला गठबंधन धर्म उत्तर प्रदेश में सपा के साथ मिलकर निभाया था। तब कुछ उम्मीदें जागीं थीं शायद दलितों और गरीबों का कुछ भला होगा, परंतु सभी कुछ हवा में ही रहा जमीनी हकीकत इस कदर कड़वी और खराब थी, अंततः इस मेल-जोल को दोनों ही पार्टियों द्वारा समाप्त करना पड़ा। फिर तो आगे भी भाजपा से राजनीतिक समझौते-सौदे हुए, मगर सब-के-सब अफसल। इन समझौतों का सीधा-सा मकसद पूरी तरह से सत्ता का स्वाद चखना था, इसमें किसी प्रकार की कोई दलित के प्रति संवेदना नहीं थी। वैसे, कंवल भारती ने अपनी पुस्तक 'कांशीराम के दो चेहरे' में काफी विस्तार से कांशीराम और बसपा के उत्थान-पतन पर कई गंभीर और महत्वपूर्ण टिप्पणियाँ की हैं। इसी पुस्तक में

कंवल भारती ने कांशीराम पर टिप्पणी करते हुए लिखा है, 'वह (कांशीराम) अब न पुनर्मूल्यांकन की स्थिति में हैं और न कुछ दे सकने की स्थिति में हैं।'

दरअसल, बसपा का 'सत्यानाश' करने में कांशीराम के बाद मायावती का ही नाम आता है। कांशीराम के लिए मायावती का दलित राजनीति में बना (?) रहना कितना जरूरी था, इसे कंवल भारती के इन वाक्यों से समझा जा सकता है, 'उनकी (कांशीराम) सारी राजनीति मायावती तक केंद्रित है और मायावती के पार की उनकी सारी राजनीतिक दृष्टियों का लोप हो चुका है।' उसी का परिणाम है आज मायावती ने दलित राजनीति को इस कदर भटका दिया है कि आनेवाले सालों तक उसे कोई सार्थक दिशा मिलेगी, कहा नहीं जा सकता।

मायावती बसपा और दलित राजनीति में शुरू से ही एक विवादास्पद व्यक्तित्व रही हैं—कभी अपनी गैर-जिम्मेदाराना टिप्पणियों से तो कभी राजनीतिक समझौतों से। दलित राजनीति या दलित आंदोलन को दिशा देने में कभी उनका कोई योगदान रहा हो, ऐसा कुछ देखने-सुनने को नहीं मिलता। मायावती ने लोकतंत्र में हमेशा हैसियत को प्रमुख माना है सिद्धांतों को नहीं। हालाँकि कांशीराम की तरह मायावती ने भी डॉ. आंबेडकर के अधूरे सपनों को पूरा करने तथा दलितों को सामाजिक और राजनीतिक अधिकार-सम्मान दिलवाने का संकल्प अवश्य लिया था, मगर वे अपने इस संकल्प को कहाँ तक पूरा कर पाईं, शायद समझाने की आवश्यकता नहीं। मायावती ने बसपा में रह कर एक भी लड़ाई दलितों के हित में लड़ी हो या अपने मुख्यमंत्रित्व काल में दलित समाज के लिए कुछ उपयोग किया हो, ऐसा कुछ भी कहीं नजर नहीं आता।

इधर, मायावती मुश्किलों और दुर्श्चिताओं के दौर से गुजर रही हैं। उनकी मुश्किल है ताज कॉरीडोर मामले में सीबीआई जाँच के आदेश तथा दुर्श्चिता है अगर जाँच या मामले सही साबित हुए तो उनका और उनके 'दलित एजेंडे' का क्या होगा? ताज प्रकरण मायावती के लिए गले की हड्डी बन गया है, जो न निगलते बन रहा है न उगलते। हालाँकि मायावती ने तमाम आरोपों से इनकार किया है, उन्हें अपने खिलाफ साजिश करार दिया है, यहाँ तक कि सीबीआई को 'मनुवादी जाँच एजेंसी' तक करार दिया है, मगर उनके इनकार में कितनी हकीकत है और कितना फसाना, इसे पूरा देश जानता है। इस मामले से वे इस तरह खिसियाई हुई हैं कि आनन-फानन में उन्होंने कांग्रेस में समर्थन वापसी की धमकी तक दे डाली। दरअसल, मायावती को थोड़ी खुशफहमी है कि यह सरकार उनके समर्थन पर चल रही है। इस सरकार में अगर मायावती शामिल न भी हों तो कांग्रेस को कोई खास फर्क पड़नेवाला नहीं है। फिर भी, मजबूरी है गठबंधन धर्म को निभाने की। भ्रष्टाचार की जितनी काली दास्तानें अन्य पार्टियों के आला नेताओं से जुड़ी हैं उनमें मायावती का नाम शामिल हो जाना अचरज इसलिए भी नहीं पैदा करता

क्योंकि इस देश को अब आदत पड़ चुकी है घोटालों और भ्रष्टाचार को झेलने की। लेकिन दलित आंदोलन के लिए मायावती के ये कुकृत्य गंभीर हैं, क्योंकि उसकी संवेदनाएँ डॉ. आंबेडकर के संघर्ष और सिद्धांत से जुड़ी हैं। डॉ. आंबेडकर ने जिस पूँजीवादी व्यवस्था/राज की तीखी आलोचना की थी, मायावती ने उसी से समझौता कर समूचे दलित समाज को शर्म सार किया है। अगर मायावती स्वयं को इतना ही पाक-साफ मानती हैं, तो गतदिनों आयकर विभाग द्वारा उनके माँ-बाप तथा नाते-रिश्तेदारों के मकानों पर मारे गए छापे क्या यह समझाने के लिए काफी नहीं कि भ्रष्टाचार की गंदगी में मायावती ने खुद को भी 'गंदा' कर लिया है? आपने सिर्फ दलित राजनीति के बल पर करोड़ों की संपत्ति बनाई, उसका खुल कर दुरुपयोग किया, मगर उस निरीह दलित की ओर आपका ध्यान कभी नहीं गया जिसे दो वक्त तो क्या एक वक्त की रोटी भी नसीब हो जाए, तो थोड़ा है। यह कैसी दलित राजनीति और काहे का दलित संघर्ष है जहाँ पैसे और शोहरत के आगे सब कुछ बकवास है। बसपा का झंडा थामे यह वही मायावती हैं, जिन्होंने 1996 में मुरादाबाद में अपनी सभा में बसपाइयों को 'भेड़-बकरियाँ' कहा था। अब अंतर ही कहाँ रह जाता है मायावती और ब्राह्मणों द्वारा दलितों को गाली देने में। आप जिस समाज का नेतृत्व करने का दम भरती हैं उसे सरेराह गाली देना कितना बेहूदा है, शायद मायावती को इसका एहसास नहीं।

यह सच्चाई थोड़ी कड़वी अवश्य है कि मायावती दलित राजनीति और समाज के लिए एक 'अभिशाप' बन कर उभरी हैं। जितनी सहजता से, अपने शासनकाल में, उन्होंने दलित शोषण पर मौन साधे रखा वैसे ही डॉ. आंबेडकर के अपमान पर स्तब्ध बनी रहीं। एक कथित हिंदू नेता द्वारा खुले आम डॉ. आंबेडकर को मुस्लिम विरोधी करार देने को मायावती ने इतनी सहजता से स्वीकारा जैसे कुछ कहा ही न गया हो। लगभग यही मौन उन्होंने गुजरात दंगों के दौरान साधे रखा था। तब लगने लगा था कि मायावती का पूरा समर्थन बर्बर हिंदुत्ववादियों के साथ है। सत्ता की असीम चाह उन्हें हर बार अनैतिकता का विरोध करने से रोकती रही। जिस समझौता राजनीति को कांशीराम ने खुला समर्थन दिया था, मायावती ने उसे बसपा के लिए जरूरी बना दिया है।

फिर उन आयोजनों को कैसे भुलाया जा सकता है जिसमें अपने जन्मदिन पर उन्होंने 75 लाख रुपए स्वाहा किए तथा निंदा-धिक्कार और पर्दाफाश रैलियाँ निकालीं। एक मजदूर को दिन भर की मजदूरी 75 रुपए भी नहीं मिलती, मगर मायावती अपने जन्मदिन पर 75 लाख रुपए खर्च कर देती हैं। इन रैलियों का सीधा-सा उद्देश्य भीड़ जुटाना होता है उनकी परेशानियाँ-दिक्कतें जानना नहीं। कौन नहीं जानता, सिर्फ पैसे के बल पर भीड़ का यह समाज शास्त्र रचा जाता है। प्रायः अफसोस इस बात का भी रहता है कि जिस समाज के संघर्ष और हितों

को मायावती ने सिर्फ 'सत्ता, चाह' की खातिर बेतरतीब भुनाया है, उसका अंधसमर्थन भी उन्हें हासिल है। यह अंधसमर्थन हासिल होता है उन्हें उन चाटुकारों से, जिनका उद्देश्य ही नेताओं की चाकरी करना और अपना उल्लू सीधा करना होता है। इस काम में जितना शातिर नेता का पिछलग्गू होता है, उसी रास्ते अब हमारे कथित लेखक-साहित्यकार भी चल निकले हैं। चाहतें उनकी भी यही हैं किसी तरह सत्ता-सुख से यश और धन कमाया जाए। फिर मायावती के कितने प्रेमी दलित लेखक-साहित्यकार हैं, शायद समझाने की जरूरत नहीं।

मायावती ने ब्राह्मणों को अपना सबसे पहला शत्रु बताया है। बहुजन समाज पार्टी का नारा भी यही है, *ठाकुर बनिया, ब्राह्मण चोर, बाकी सारे डीएस फोर, तिलक, तराजू और तलवार इनको मारो जूते चार।* पर, आज अचानक मायावती को क्या हुआ कि वे अब दलित-ब्राह्मण गठजोड़-सम्मेलन की बातें करने लगीं! आश्चर्य तो यह है कि मायावती ने इसे दलितों के भीतर बड़ा 'क्रांतिकारी कदम' बताया है। वैसे, अपनी तथाकथित क्रांतिकारिता का परिचय पहले भी सपा और भाजपा के साथ हुए गठबंधन में दे चुकी हैं। ऐसे बेमेल और अतार्किक सम्मेलन भले ही ब्राह्मणों का कुछ 'भला' कर दें, परंतु दलितों को इससे कोई लाभ नहीं होगा। तुष्टिकरण की राजनीति में इसे अवसरवादी कदम ही माना जाएगा। दलित-ब्राह्मण सम्मेलन को करा कर मायावती अपने जहन में अगर यह मुगालता पाले हुई हैं कि अगले चुनावों में उन्हें ब्राह्मण-वोट आसानी से हासिल हो जाएगा, तो यह कभी भी संभव नहीं। ब्राह्मण कभी भी दलितों का सगा नहीं हो सकता। इसका व्यावहारिक और व्यक्तिगत तौर पर कड़वा अनुभव मायावती को हो चुका है।

इस गठबंधन के निहितार्थ मायावती ने यह नहीं सोचा कि वे जिस वर्ग को अपना सगा बनाने जा रही हैं, वह वर्ग हमेशा से दलितों के सम्मान, स्वतंत्रता और अधिकारों का घोर विरोधी रहा है। कैसे भूल जाती हैं मायावती राष्ट्रवादियों के राज में दलित उत्पीड़न-शोषण की खबरें/घटनाएँ। ये वही घोर सांप्रदायिकतावादी ताकतें हैं जिन्होंने गुजरात में सैकड़ों अल्पसंख्यकों को जलवाया, पादरी स्टेंस को उनके मासूम बच्चों के साथ जिंदा आग में दफन कर दिया गया, झज्जर में दलितों को मार डाला गया, डॉ. आंबेडकर को अपमानित किया गया, लखनऊ में साड़ियाँ बाँटने को लेकर मची भगदड़ में अनेकों दलित महिलाओं को अपनी जान की कीमत चुकानी पड़ी, कैसे आँखें मूँदी जा सकती हैं सुनामी लहरों के कहर से जिंदा बचे दलित परिवारों के साथ किए गए भेदभावपूर्ण व्यवहार से। निरंतर ब्राह्मणवादी संगठनों-ताकतों की मंशा रही है दलितों को दबाने, उनका इस्तेमाल की फिर भी मायावती दलित-ब्राह्मण सम्मेलन कर गुलामी के बंधनों में जबरदस्ती जकड़ना चाहती हैं।

तमाम आरोपों-प्रत्यारोपों से घिरी दलित राजनीति उस मुकाम पर खड़ी है जहाँ

सिर्फ भटकाव और भटकाव ही है, दिशा-दशा कुछ भी नहीं। दलितों के हित-संरक्षण के नाम पर सिर्फ वोट-बैंक की राजनीति करनेवाली मायावती बेशक दलितों को लूट सकती हैं उन्हें अधिकार, स्वतंत्रता और सम्मान नहीं दिला सकतीं। दलित राजनीति दिशाहीन है। इसे तब तक कोई दिशा नहीं मिल सकती, जब तक मायावती सरीखे दलगत और अवसरवादी नेता इससे अलग नहीं हो जाते। इसके साथ-साथ इसे वर्ण और जाति के बंधनों से मुक्त करने की भी आवश्यकता है। दलित राजनीति का यह सबसे बड़ा दुर्भाग्य कहा जाएगा कि अब इसमें आंदोलन नहीं होते। रैलियाँ महज दलितों को बेवकूफ बनाने के लिए नेताओं द्वारा आयोजित की जाती हैं।

इस ठहरी हुई हताश और दिग्भ्रमित दलित राजनीति को 'मायावादी शोषकों' से छुटकारा दिलाना नितांत जरूरी है, नहीं तो आगे चल कर इसका भी वही हश्र हो सकता है जैसा आज कांशीराम का है, असहाय और गुमनाम-सा एक व्यक्ति जो जिंदगी और मौत के बीच संघर्ष कर रहा है।

चुनौती का स्वरूप

सच्चिदानंद सिन्हा

आज देश की दलित राजनीति एक दोराहे पर खड़ी है। मायावती के नेतृत्व में बसपा का दलितों की सबसे बड़ी पार्टी के रूप में उभरना, पिछले चुनावों में इसकी हैसियत का उतार-चढ़ाव और महाराष्ट्र के चुनाव में लगा झटका, ये सारे परिप्रेक्ष्य के पुनःपरीक्षण की माँग करते हैं। महाराष्ट्र के चुनाव ने बहुत कुछ बसपा की सीमाओं को उजागर कर दिया है। एक बात स्पष्ट है कि दलित अकेले अपनी संख्या के बल विधान सभा या लोक सभा की कोई सीट नहीं जीत सकते। महाराष्ट्र के कुछ क्षेत्रों में दलित मतदाता राष्ट्रीय औसत से अधिक 20 प्रतिशत तक थे। इसके बावजूद बसपा किसी भी सीट पर विजयी नहीं हो पाई। महाराष्ट्र के चुनावों से पहले मायावती इतनी आशावान थीं कि उन्होंने बार-बार यह कहा था कि महाराष्ट्र में उनके समर्थन के बगैर कोई भी सरकार नहीं बन सकती। फिर भी बसपा का एक भी सीट नहीं ले पाना अचरज में डालनेवाली बात नहीं है।

30 या 40 फीसदी तक मतदाता के समर्थन से कोई दल तभी जीत सकता है जब बाकी दलों के 60 या 70 फीसदी मतदाता कई छोटे हिस्सों में बिखरे हों। ऐसा संयोग बिरले ही होता है और ऐसे ही संयोग से बसपा सिर्फ दलितों के वोट से जीतती है। अगर उत्तर प्रदेश या दूसरी जगहों पर बसपा बड़ी संख्या में जीतती रही, तो उसका कारण दूसरी जातियों और अल्पसंख्यकों का समर्थन जुटा पाना रहा है। दलित समाज की जगह 'बहुजन समाज' का नारा ऐसा ही व्यापक वोट बैंक तैयार करने की दृष्टि से अपनाया गया था। लेकिन गैर-दलितों का वोट प्रायः तात्कालिक या स्थानीय स्थितियों के कारण मिलता है और इन्हीं कारणों से खिसक भी जाता है। मायावती ने इसी मजबूरी के कारण महाराष्ट्र में कई सवर्णों को पार्टी का टिकट दिया था। यह दलील देते हुए कि वे सिर्फ मनुवादी सवर्णों के विरुद्ध हैं। अगर यही है तो बसपा और कई वामपंथी दलों का भेद समाप्त हो जाएगा जो घोषित रूप से मनुवाद के विरोधी हैं। फिर बसपा का बहुजन समाज इनसे भिन्न कैसे है?

पिछले चुनावों के निराशाजनक नतीजों के दबाव में बसपा ने 2005 के जनवरी महीने से सवर्ण जातियों को जोड़ने का नया अभियान शुरू किया है। इसकी शुरुआत ब्राह्मणों को बसपा के साथ जोड़ने के आयोजनों से हुई है। यह ज्ञातव्य है कि अपने आक्रामक ब्राह्मण-विरोधी दौर में बसपा के लोगों का एक नारा हुआ करता था—*तिलक, तराजू और तलवार, इनको मारो जूते चार।* अब इस नारे को भुला दिया गया है। इस नई नीति के तहत 20 जनवरी, 2005 को इलाहाबाद में बसपा के बैनर तले 'ब्राह्मण जोड़ो' सम्मेलन का आयोजन हुआ, और इस सम्मेलन में बड़े पैमाने पर ब्राह्मणों की भागीदारी हुई। अब नियोजित ढंग से ब्राह्मणों को बसपा का सदस्य बनाया जा रहा है। यह साफ देखा जा सकता है कि यह एक नीतिहीन समझौता है, जिसका उद्देश्य सिर्फ चुनावों में अपने सीटों को बढ़ाना है। एक तरह से यह चुनावी लाभ के लिए इंदिरा गांधी द्वारा अपनाई गई जातीय गठजोड़ की नीति की पुनरावृत्ति का प्रयास है। चुनावों में इंदिरा गांधी के मतों का आधार था ब्राह्मण, दलित और मुसलमानों का गठजोड़। अल्पसंख्यकों को जोड़ने का प्रयास तो बसपा शुरू से ही करती थी और बामसेफ—जिसके नेता कांशीराम एक तरह से बसपा के संस्थापक थे—तो अल्पसंख्यकों को ले कर चलता ही था। मायावती शायद सोचती हैं कि अगर बसपा, ब्राह्मणों को जोड़ पाती है, तो फिर एक वैसा ही मजबूत जातीय गठबंधन बन पाएगा। हाँ, यह फर्क जरूर होगा कि पुराने गठबंधन को सिर के बल खड़ा कर दिया जाएगा। यानी जहाँ पुराने गठबंधन के शीर्ष पर इंदिरा गांधी थीं, जो एक ब्राह्मण थीं, नए गठबंधन के शीर्ष पर एक दलित, मायावती, होंगी। अगर ब्राह्मण मायावती को उनकी तमाम ब्राह्मणवाद विरोधी मान्यताओं के साथ नेता के रूप में कबूल कर लेते हैं, तो सामाजिक दृष्टि से यह भी एक प्रगति ही होगी। लेकिन सभी जातीय गठबंधनों की तरह यह भी आर्थिक नीतियों में जड़ता का शिकार होगी, क्योंकि सभी ब्राह्मणों का कोई एक वर्ग नहीं होता, और जो ब्राह्मण नेता इस गठबंधन से उभरेंगे, वे या तो संपन्न वर्ग के होंगे या संपन्न वर्गों की राजनीति करेंगे। इससे आम दलितों को कोई लाभ नहीं होगा जो प्रायः सबसे गरीब वर्ग से आते हैं। बाकी गरीबों के लिए भी इस गठबंधन के पास कोई नीति नहीं होगी, क्योंकि बसपा ने कभी ऐसी कोई समग्र अर्थनीति बनाने का प्रयास नहीं किया, जो आर्थिक रूप से पिछड़े लोगों के जीवन को बदल सके।

बसपा की दुविधा इस हकीकत से पैदा होती है कि अगर आप जातीय आधार पर अपना वोट बैंक बनाना चाहते हैं तो जातीय व्यवस्था को तोड़नेवाली नीतियों को किसी प्रतिबद्धता से ले कर नहीं चल सकते। किसी वर्ण और जातिविहीन समाज में बहुजन समाज का अर्थ होगा वह पूरा बहुसंख्य समाज, जो आर्थिक दृष्टि से शोषित और गरीब है। आज भी, दरअसल, बहुजन समाज यही है, लेकिन जाति व्यवस्था के कारण यह खंडित है। इसलिए राजनीति में इसे जातीय उन्माद में फँसा कर वैसे दलों के साथ बाँध दिया जाता है जो संपन्न वर्गों का हित साधते हैं।

जातीय विभाजन की इस फाँस को दलित ही तोड़ सकते हैं—अगर उसके नेतृत्व में इसके लिए संकल्प हो। सवर्ण जातियों में भी बहुसंख्य गरीब ही हैं, पर इनका एक खासा हिस्सा अमीर भी है। ये अमीर लोग अपने वर्ग हित में जातीय विभाजन को बरकरार रखना चाहते हैं, ताकि राजनीति में अपनी जाति के गरीब लोगों का समर्थन बनाए रख सकें। इसका सबसे स्पष्ट उदाहरण बिहार के नक्सली आंदोलन के कुछ नतीजों में देखा जा सकता है। दरअसल, यह आंदोलन भूमिहीनों की जमीन की भूख को केंद्र में रख कर भूमिपतियों के खिलाफ संघर्ष के रूप में शुरू हुआ। लेकिन जमीनी हकीकत यह भी है कि सारे भारत में दलित लगभग बिना अपवाद के भूमिहीन हैं। इसलिए भूमि पर अधिकार का कोई भी संघर्ष दलितों का, और कुछ सवर्ण भूमिपतियों के खिलाफ दिखाई देता है।

चूँकि नक्सली संघर्ष का चरित्र हिंसक है, भूमिपति जो प्रायः सवर्ण हैं, संघर्ष में मारे जाते हैं (सवर्ण में यहाँ दलित को छोड़ अगड़े-पिछड़े सभी जाति के लोगों को रखा गया है)। इसके बाद संघर्ष का स्वरूप भूमिपति और भूमिहीन का होने की बजाय विशेष जाति के सवर्णों और दलितों के बीच का बन जाता है। इस तरह कुर्मी-बहुल इलाकों में, जहाँ कुर्मी सवर्णों के खिलाफ संघर्ष शुरू हुआ, किसान सेना के नाम से कुर्मी लोग नक्सलियों के खिलाफ संगठित हो गए। जहाँ यादवों से संघर्ष हुआ, लोरिक सेना बन गई। इसी तरह भूमिहारों की ब्रह्मर्षि सेना या रणवीर सेना और राजपूतों की कुँवर सेना बन गई। चूँकि नक्सली आंदोलन भी अपने आक्रमण में बिना भेदभाव के पूरे के पूरे गाँव के सभी किसानों को समेटने लगा था, इन जातीय सेनाओं को जाति के अधिकतर सदस्यों का समर्थन मिला। इसीलिए इन संघर्षों में प्रायः जाति विशेष के पूरे के पूरे गाँव के सफाए का अभियान दिखाई देता है। प्रतिशोध के रूप में दलितों के गाँवों पर सवर्णों का आक्रमण होता है। इस तरह आर्थिक संघर्ष का रूपांतरण जातीय संघर्ष में हो जाता है।

1940 और 50 के दशक में कम्युनिस्ट पार्टी की किसान सभा और सोशलिस्ट पार्टी की किसान पंचायत और खेत मजदूर पंचायत के संघर्षों में भी ज्यादातर लोग दलित और पिछड़े ही थे। ये संघर्ष भी पूरी तरह अहिंसक नहीं थे (लेकिन ये घोषित रूप से हिंसक नहीं थे और इनमें वैयक्तिक हत्याओं का निषेध था)। इसलिए इन आंदोलनों के क्रम में जातीय विभाजन कमजोर भी पड़ा, क्योंकि सभी जाति के किसान कार्यकर्ता साथ उठने-बैठने, खाने-पीने लगे। अगर संघर्ष ऐसे आर्थिक मुद्दों पर होता है जिनमें आर्थिक समूह एक जातीय समूह के रूप में चिह्नित नहीं हो तो यह संभावना बन सकती है कि जातीय विभाजन धूमिल हो जाएगा। औद्योगिक क्षेत्रों में आर्थिक मुद्दों पर संघर्षों में जैसे ट्रेड यूनियनों के संघर्षों में श्रमिकों का जातीय विभाजन शायद ही दिखाई देता है।

मिले-जुले संघर्ष के ऐसे दूसरे क्षेत्र भी तलाशे जा सकते हैं, जहाँ आर्थिक मुद्दे पर मिले-जुले संघर्षों में जातीय विभाजन गौण हो जाए।

राज्य व्यवस्था की आर्थिक नीतियों में तो इसकी भरपूर गुंजाइश है कि बिना भेदभाव के सभी जातियों के गरीब लोगों की हालत सुधारी जा सके। इस तरह की नीति सभी लोगों को रोजगार देने की, सभी लोगों के लिए अच्छी शिक्षा और स्वास्थ्य सेवा उपलब्ध कराने आदि की हो सकती है। आज शिक्षा और स्वास्थ्य सेवाओं की यह स्थिति है कि गरीब लोग चाहे किसी भी जाति के हों, वे अच्छी शिक्षा और उचित उपचार से वंचित नहीं रहते हैं।

कानून के जरिए दलितों को भेदभाव से बचाने के जो प्रावधान किए गए हैं उनसे आगे बढ़ कर कुछ करने की बहुत गुंजाइश नहीं। असली समस्या इन कानूनों को सभी जगह लागू करने की है और, उससे भी बढ़ कर सवर्णों के वैसे सोच और व्यवहार में परिवर्तन करने की है जो परंपराओं के चलते रूढ़ हो गया है। व्यवहार में भेदभाव बनाए रखने में एक बड़ा कारण दलितों की घोर दरिद्रता है। यह भाव कि दलित हीन हैं, उनकी दयनीय आर्थिक स्थिति से सबल होता है। गरीबी के कारण उनके लिबास फटे और गंदे होंगे, प्रायः घर की जगह झोंपड़ी होगी। भोजन ऐसा होगा जो संपन्न वर्ग अपने पशुओं को खिलाते हैं। इन सबसे परंपरा से मिला यह भाव मजबूत होता है कि दलित वास्तव में औरों से हेय हैं।

इसी की प्रतिक्रिया है कि जिस भी दलित के लिए संभव होता है, वह अपनी आर्थिक हैसियत के हिसाब से ज्यादा कीमती लिबास धारण करने की कोशिश करता है। ऐसा करना बुद्धिसंगत है, क्योंकि इससे कोई देख कर यह नहीं कह सकता कि वह दलित है। दलित नेताओं में ताम-झाम की प्रवृत्ति भी यह दिखाने के लिए होती है कि वे सवर्ण नेताओं से किसी अर्थ में कम नहीं हैं। अब स्थिति यह है कि जब तक बहुसंख्य दलित आर्थिक दृष्टि से समाज के हाशिए पर होंगे, उन्हें समाज में न्यायपूर्ण दर्जा दिलाना मुश्किल है। इसीलिए आम दलितों को वाजिब सम्मान दिलाने के लिए उनकी आर्थिक स्थिति को इस स्तर तक लाना होगा कि उनमें और दूसरे सवर्णों में कोई फर्क न हो।

इसलिए दलितों को उचित सम्मान दिलाने का रास्ता उनका आर्थिक उन्नयन ही है। यह विचार कुछ दलित बुद्धिजीवियों के इस सोच से बिलकुल अलग है कि दलितों की समाज में दूसरों से बराबरी का अर्थ है थोड़े-से दलितों का पूँजीपति हो जाना और उनके पास भी साज-सामान, बँगले और दरबान का हो जाना। खुल

कर यह बात वे भले ही न कहते हों, लेकिन व्यवहार में देश के अधिकतर दलित नेता रहन-सहन में सवर्णों के संपन्न लोगों की नकल करने की कोशिश करते हैं। शायद ही कोई दलित नेता हो जो यह संकल्प लेता हो कि उपलब्ध होने पर भी रहन-सहन में वह तब तक उन सुविधाओं को नहीं अपनाएगा जब तक उसका पूरा समाज वैसी सुविधाएँ प्राप्त नहीं कर लेता।

यहाँ पर एक बात स्पष्ट हो जाती है। आर्थिक सुधार से दलितों को पूरे समाज से काट कर ऊपर नहीं लाया जा सकता। उनकी हैसियत में यह परिवर्तन तभी होगा जब समाज के दूसरी जातियों के गरीबों के साथ मिल कर वे समाज के पूरे ढाँचे को बदलने के लिए तैयार हों। अब भारत की स्थिति को देखते हुए यह दावे के साथ कहा जा सकता है कि समाज के आर्थिक ढाँचे में ऐसा बदलाव कि गरीब-अमीर का भेद खत्म कर सभी को एक श्रेष्ठ मानवीय जीवन दिया जा सके, सिर्फ दलितों के नेतृत्व में संभव है। देश का दलित समाज ही वर्गीय दृष्टि से समाज के उस धरातल पर खड़ा है जहाँ समाज के आमूल परिवर्तन में उसे कुछ भी गँवाना नहीं और कार्ल मार्क्स के सर्वहारा की तरह संपूर्ण संसार उसके विजय अभियान के लिए खुला है। इस अभियान में वह अपने साथ सवर्णों के गरीबों को भी शामिल करेगा जिनकी हालत भी मौजूदा व्यवस्था में बद से बदतर होती जा रही है।

शुरू में कहा गया था कि दलित राजनीति एक दोराहे पर खड़ी है। इसका आशय यह दिखाना था कि चाहे तो दलितों को जैसा ऊपर कहा गया है, देश के तमाम गरीब लोगों को साथ ले कर समाज के आर्थिक ढाँचे को बदलने में अपनी शक्ति लगानी होगी या दलित नेता दलितों की शक्ति के सहारे विभिन्न राजनीतिक समूहों के सत्ता के खेल में एक या दूसरे के पलड़े को भारी करने में पासंग की भूमिका अदा करेंगे। इस सहायता के लिए ये राजनीतिक समूह या दल इन नेताओं को समय-समय पर गद्दी में हिस्सेदारी दिलाते रहेंगे।

मगर आम दलितों की स्थिति में कोई परिवर्तन नहीं होगा, क्योंकि ऐसे राजनीतिक समूहों के पास समाज परिवर्तन की कोई ऐसी दृष्टि नहीं जिससे गरीबों की स्थिति में तेजी से परिवर्तन हो। उत्तर प्रदेश में बसपा की राजनीतिक पैंतरेबाजी का कुल नतीजा दलितों की दृष्टि से शून्य ही रहा है। यह आज दलितों के लिए भी चुनौती है। उन्होंने पिछले दिनों देश के चर्चित दलित नेताओं का रवैया देख लिया है। उन्हें इन नेताओं पर दबाव बनाना होगा कि वे समाज के आर्थिक ढाँचे को बदलने की दिशा में पहल करें। सवर्णों द्वारा अतीत में किए गए अन्याय की व्यथा-कथा कह कर भावनाओं को उभारने से न तो आज का भेदभाव मिटनेवाला है और न उनकी स्थिति बेहतर होनेवाली है।

दलित मुक्ति के रास्ते

राकेश कुमार

लोकतांत्रिक समाजों में राजनीति को सामाजिक विषमता और आर्थिक शोषण से मुक्ति पाने के सशक्त माध्यम के रूप में जाना जाता है। लोकतंत्र, एक राजनीतिक व्यवस्था के रूप में मनुष्य को समता, स्वतंत्रता और बंधुत्व के अधिकार प्रदान करने का दावा करता है। और लोकतंत्र को जनता का, जनता के लिए और जनता द्वारा शासन कहा जाता है परंतु प्रश्न यह उठता है कि यह लोकतंत्र किस जनता की बात कर रहा है? यानी वह समाज कौन-सा है जो लोकतंत्र का भोक्ता, कर्त्ता और निर्माता होगा? कहने का तात्पर्य यह है कि लोकतंत्र में राजनीतिक व्यवस्था में भागीदारी ही नहीं, बल्कि समाज के उस वर्ग की पहचान आवश्यक है जो लोकतंत्र को नियंत्रित करने की ताकत रखता है। कहना न होगा कि भारतीय समाज में आज़ादी के बाद आए, लोकतंत्र को नियंत्रित करने की ताकत, परंपरागत रूप से शासकीय अभिजात्य अथवा सवर्ण प्रभु वर्ग के हाथ में रही है, जिसने प्राचीन काल से ही अपनी सत्ता को बनाए रखने के लिए निजी और सामाजिक शुचिता तथा पूर्वजन्म कर्म फलवाद पर आधारित वर्ण व्यवस्था का सहारा लिया है। वर्ण व्यवस्था के माध्यम से ब्राह्मणों ने सामाजिक सत्ता से ले कर राजनीतिक सत्ता तक का वितरण इस प्रकार किया कि समाज का बहुसंख्यक हिस्सा मानवीय गरिमा और मनुष्य के रूप में जीने तक के अधिकार से वंचित कर दिया गया। वर्णाश्रम व्यवस्था में जाति व्यवस्था के जरिए दलितों के सामाजिक, आर्थिक, सांस्कृतिक और राजनीतिक शोषण को धार्मिक, मानवीय और नैतिक ठहराया गया। इसलिए आज जब हम वर्ण व्यवस्था विरोधी राजनीति की बात करते हैं तो उसका अर्थ मात्र चुनावी दलगत राजनीति मात्र से नहीं लगाया जाना चाहिए, बल्कि उसे सामाजिक क्रांति के लिए आर्थिक, सामाजिक, सांस्कृतिक और ठेठ राजनीतिक मोर्चे पर लड़ी जानेवाली लड़ाई के रूप में देखने की आवश्यकता होगी। इसलिए इन सभी मोर्चों पर दलित राजनीति की चर्चा अपेक्षित है।

चूँकि दलित समाज का बहुसंख्यक आज भी गाँवों में रहता है, इसलिए सबसे पहले ग्रामीण भारतीय समाज को समझने की आवश्यकता है जिसके लिए भारत कृषि संबंधों की समझ होना आवश्यक है। गाँवों या कस्बों में जाति व्यवस्था आज भी अपने घृणिततम रूपों में जीवित है। बेगार, बँधुआ मजदूरी से ले कर सिर पर मैला उठाने तक की अकल्पनीय सीमा तक यह फैला हुआ है। ग्रामीण समाज में भू-स्वामित्व, सामाजिक प्रभुता की स्थापना का प्राथमिक आधार है। प्रो. एम.एन. श्रीनिवासन ग्रामीण समाज में असमान भूमि वितरण पर टिप्पणी करते हुए लिखते हैं, 'आम तौर पर भारत के देहातों में भू-स्वामित्व का रूप ऐसा है कि कृषि योग्य भूमि का अधिकांश भाग थोड़े से भू-स्वामियों के हाथों में केंद्रित है जबकि बहुसंख्यक लोगों के पास भूमि या तो बहुत कम है या बिलकुल नहीं है।' (*आधुनिक भारत में सामाजिक परिवर्तन*, पृष्ठ 25) ग्रामीण श्रमजीवी वर्ग इसी वजह से 'उच्च जातियों' के शोषण का शिकार बन जाता है। इसके साथ-साथ पुराने ढंग के कृषि संबंध, ऐसी जड़ रूढ़िवादी सामाजिक-सांस्कृतिक व्यवस्था को बनाए रखते हैं, जिसमें भू स्वामी जातिवादी श्रेष्ठता के दंभ में अन्याय और अत्याचार की सभी सीमाएँ लाँघ जाता है, और इसके विरोध में दलित समुदाय जब आवाज उठाता है तो उसके विरोध को दबाने के लिए दलित बस्तियों में आग लगा दी जाती है, औरतों के साथ बलात्कार किया जाता है या फिर हाथ-पाँव बाँध कर जिंदा ही नदियों में मरने के लिए फेंक दिया जाता है। यह है उस जाति व्यवस्था का व्यावहारिक रूप, जिसे सनातन धर्म ने शताब्दियों के अर्जित ज्ञान से निर्मित किया है।

यहीं यह प्रश्न भी उठता है कि ऐसे समाज में जातिवाद के कोढ़ को दूर करने में राज्य की क्या जिम्मेदारी बनती है? क्या राज्य, कानून के जरिए यथास्थिति में परिवर्तन ला सकता है? परंतु तथ्य यह है कि संविधान प्रदत्त सुरक्षा और राज्य सरकारों द्वारा बनाए गए अस्पृश्यता निरोधी कानूनों के बावजूद, जातिवाद समाप्त नहीं हुआ है, बल्कि ग्रामीण समाज में जातिवाद लोकतंत्र की जड़ों को खोखला कर रहा है। आजादी के आंदोलन के समय में ही दलित चिंतक डॉ. भीमराव आंबेडकर देख पा रहे थे कि स्वाधीन भारत में भी दलितों का 'भाग्योदय' नहीं हो पा रहा है। इसलिए उन्होंने स्वाधीनता आंदोलन के समय में ही दलितों की सामाजिक-आर्थिक मुक्ति के लिए संघर्ष करना प्रारंभ कर दिया था। उन्होंने कांग्रेस के सवर्ण नेतृत्व को दलितों की समस्या के प्रति संवेदनशील बनाने का प्रयास किया। जातिवादी अस्पृश्यता के कारण होनेवाले अन्याय को रोकने तथा शासन में उनके उचित प्रतिनिधित्व की व्यवस्था सुनिश्चित करने के लिए दलितों/अस्पृश्यों के लिए अलग चुनाव क्षेत्रों की माँग उनके इसी संघर्ष का हिस्सा थी, जिसे सफलता नहीं मिली। बाद में जब नवस्वाधीन भारत का संविधान बना, तब डॉ. आंबेडकर ने सकारात्मक भेदभाव या आरक्षण की व्यवस्था के माध्यम से दलितों के आर्थिक

स्वावलंबन का रास्ता प्रशस्त किया। परंतु जल्द ही यह स्पष्ट हो गया कि राज्य को नियंत्रित करनेवाला सवर्ण-सामंती वर्ग इस मार्ग को सुगम नहीं रहने देना चाहता। वास्तव में आजादी के बाद लोकतंत्र के लाभों को दलित समुदाय तक पहुँचाने के लिए यह आवश्यक था कि भूमि सुधारों की व्यवस्था लागू की जाती, ताकि भूमिहीन दलितों को ज़मींदारों, शक्तिशाली भू-स्वामियों के शोषण से मुक्ति मिलती, और ग्रामीण शक्ति संतुलन में परिवर्तन आता, परंतु भूमि-सुधार मात्र कागजों पर ही किए गए, जिससे दलित-समुदाय अपने अधिकारों से वंचित ही रहा। सरकार ने दलितों को स्थानीय स्वशासन के अंतर्गत प्रतिनिधित्व देने के लिए पंचायत और सहकारिता के नाम पर महज खानापूरी ही की। इनमें प्रभुत्व संपन्न सवर्ण जातियों की ठकुराई लाठी और बंदूकों के जरिए बदस्तूर कायम रही और नतीजा वही निकला जो प्रभुत्व संपन्न जातियों को अपेक्षित था। यही हाल राज्य व संसदीय चुनावों का भी रहा। कहने का तात्पर्य यह है कि सत्ता के चरित्र में अंतर नहीं आया, जिसके कारण आर्थिक यथास्थिति बनी रही और दलित समाज आर्थिक विपन्नता के साथ-साथ सामाजिक पिछड़ेपन का भी शिकार बना रहा।

सदियों की दासता और सामाजिक बहिष्कार की वजह से दलितों में अंधविश्वास, भाग्यवाद, पुनर्जन्म के पाप, कर्मफलवाद तथा कर्मकांड घर कर गए। ब्राह्मणवादी व्यवस्था ने दलित समुदाय में सांस्कृतिक कुंठा को भर दिया है। इसलिए यह कहना अनुचित न होगा कि सनातन धर्म हजारों सालों की सभ्यता के नीचे दलित समुदाय की क्षत-विक्षत मनुष्यता अभी भी कराह रही है। वर्णाश्रम व्यवस्था की वजह से जैविक रूप से मानवीय शरीर का होना, मनुष्य माने जाने के लिए काफी नहीं रहा, बल्कि इसने मनुष्यता को अर्जित मूल्य बना दिया। एक ऐसा मूल्य जिसको प्राप्त करने की योग्यता निर्धारित करने का अधिकार सवर्ण प्रभु वर्ग के पास था, जिसने मनुष्यता को अर्जित करने के लिए शिक्षा, ज्ञान, जाति व्यवस्था में उच्च पद स्थान और पूर्व जन्म के कर्म-फल के साथ श्रम की किस्म को अनिवार्य योग्यता घोषित कर दिया। जाहिर है कि सामाजिक रूप से बहिष्कृत दलित समुदाय के लिए मनुष्यता को अर्जित करना असंभव हो गया। वे अस्पृश्य, घृणित और अस्वीकृत, किंतु अनिवार्य बन गए। दलितों की लड़ाई, वास्तव में, छीन ली गई मनुष्यता को पुनः प्राप्त करने की लड़ाई है। दलित समुदाय को अभीष्ट और धर्मसत्ता द्वारा स्वीकृत मनुष्यता के बीच की खाई को पाटने का अधिकार सवर्ण प्रभु वर्ग ने अपने हाथों से कभी निकलने नहीं दिया। उन्होंने धर्म शास्त्रों के माध्यम से इस खाई को न सिर्फ बरकरार रखा, अपितु उसे बढ़ाने के प्रयास भी किए जाते रहे। इन ग्रंथों ने मनुष्य (ब्राह्मणादि सवर्ण वर्ग) और मनुष्येतर (दलित वर्ग) के बीच समाज को बाँट कर रखा। इसलिए दलितों का संघर्ष मात्र आर्थिक मोर्चे पर रोजी-रोटी के लिए ही नहीं है, वह मनुष्य के रूप में जीने के अधिकार को पाने

का प्रयास है।

डॉ. आंबेडकर ने जब मंदिरों में अछूतों के प्रवेश के लिए आंदोलन चलाया तो हिंदुत्ववादी चिंतक विनायक दामोदर सावरकर ने अछूतों के लिए अलग मंदिर बनाने का प्रस्ताव रखा। इसका कड़ा विरोध करते हुए डॉ. आंबेडकर ने कहा था, 'नए मंदिर की कल्पना सुंदर है, पर अस्पृश्यता दूर करने के उपाय के रूप में यदि वह अस्तित्व में आएगा तो उससे अस्पृश्यता दूर नहीं होगी। अस्पृश्यों को यदि मंदिर में जाना है, तो उन्हें केवल स्पृश्यों के समान अपना हक जताना है। अलग व्यवस्था करने से यदि अस्पृश्य लोग स्पृश्य होते तो अछूत मातंग, चमार बस्तियाँ अनादिकाल से आज तक अलग रही हैं, पर उसका परिणाम क्या हुआ?' (*दलित साहित्य का सौंदर्यशास्त्र,* शरण कुमार लिंबाले, पृष्ठ 84) तो डॉ. आंबेडकर 'अछूतों' के लिए अलग व्यवस्था के खिलाफ थे, परंतु प्रतीत होता है कि आजादी के बाद भी विनायक दामोदर सावरकर के मानसपुत्र इसी मुहिम में जुटे हुए हैं, इसीलिए देश की राजधानी दिल्ली में सरकारी सहायता से वाल्मीकि चौपाल, लोद चौपाल, हरिजन चौपालों का निर्माण किया जाता है, ताकि 'सामाजिक समरसता' बनी रहे। आज 'सामाजिक समरसता' का बने रहना मनु पुत्रों के लिए जीवित रहने का मूल-मंत्र बन चुका है प्रमाण यह है कि हिंदुत्ववादी शक्तियों ने दलितों आदिवासियों तथा अन्य पिछड़ी जातियों को 'गर्व से कहो हम हिंदू हैं' का पाठ पढ़ाना शुरू कर दिया है। इस पाठ के जरिए वे दोहरा लाभ उठाना चाहते हैं। वे एक तरफ मंडल कमीशन की रिपोर्ट की स्वीकृति के बाद बने पिछड़ी जातियों के सामाजिक-राजनीतिक समीकरणों से उपजी ताकत को तोड़ना चाहते हैं, वहीं दूसरी ओर सत्ता प्राप्ति के लिए देश में सांप्रदायिक ध्रुवीकरण कर अपनी शक्ति बढ़ाना चाहते हैं। मार्च 2002 में हिंदुत्व की प्रयोगशाला, गुजरात में संघ परिवार के संगठनों ने ठीक ऐसा ही किया। गुजरात के दंगों में दलित समुदाय का इस्तेमाल 'हिंदू अस्मिता' की 'दलित-चेतना' पर विजय के रूप में प्रचारित किया गया। ऐसा कर, फासिस्ट मनुपुत्रों ने जातिवाद और सांप्रदायिकता के विरोध की धार को कुंद करने का षड्यंत्र रचा है। सच्चाई यह है कि सवर्ण संघ संप्रदाय को अपने सांस्कृतिक राष्ट्रवाद के एजेंडे को पूरा करने के लिए दलितों की जरूरत है, इसीलिए वे पिछड़ों, दलितों में हिंदू धर्म की अलख जगाने का प्रयास कर रहे हैं, पर याद रहे कि संघ परिवार ने, जो स्वयं को हिंदू धर्म का रक्षक कहता है, ने आज तक दलितों पर हुए अत्याचारों के लिए उनसे माफी नहीं माँगी है। वे आज भी दलितों के अपने अधिकार माँगने को कलियुग के दुष्प्रभाव की संज्ञा देते हैं। और उसी सतयुग की पुनःस्थापना का दिवास्वप्न देखते हैं, जहाँ वर्ण व्यवस्था अपना खोया गौरव पुनः प्राप्त कर लेगी, जहाँ दलित फिर से शूद्र बन कर अन्य वर्णों की सेवा में लग जाएँगे। वस्तुतः धार्मिक रूढ़िवाद से दलितों में आई सामाजिक जागृति की चेतना

को दबाने का प्रयास किया जा रहा है। यह विडंबना नहीं तो और क्या है कि दलित बस्तियों में सामंती राम के मंदिर तो होंगे, परंतु श्रमजीवी क्रांतिकारी कबीर और रैदास के नहीं। दलितों में कबीर और रैदास के संदेशों को पहुँचाने का कोई जरिया नहीं है। इसलिए इन बस्तियों में पंडों की दुकानें चलती रहती हैं।

भारतीय समाज की जाति व्यवस्था और परजीवी ब्राह्मणों की जीवनी शक्ति अद्‌भुत है। ब्राह्मणों ने समाज को इतना अधिक ब्राह्मणवादी बना दिया है कि दलित भी इससे बच नहीं सके हैं। भारत में प्रत्येक निम्न जाति अपने से नीचे की जाति खोज ही लेती है, जिसके साथ वे उसी प्रकार का व्यवहार करते हैं, जिस प्रकार ब्राह्मण शूद्र के साथ करता है। यानी रोटी और बेटी के संबंध की बात तो दूर, एक-दूसरे के घर का पानी तक पीने में परहेज बरता जाता है। इतना ही नहीं, दलितों का अपने अल्पसंख्यक दलित भाइयों के साथ भी कोई दोस्ताना रवैया नहीं रहा है। ब्राह्मणवादी हिंदू धर्म एक साथ बेहद कठोर और बेहद लचीला है। लचीला इस अर्थ में कि वह संस्थाबद्ध धर्म में इस बात की छूट देता है कि आप करोड़ों देवी-देवताओं में से किसी की भी पूजा-अर्चना कर सकते हैं। वह इस अर्थ में भी बेहद लचीला है कि हिंदू धर्म की जड़ता और उसके अन्याय का विरोध करनेवाले बुद्ध, महावीर और कबीर तक को गोद ले सकता है और इन महापुरुषों को देवता बना देता है। वहीं जाति व्यवस्था के रूप में सामाजिक पद सोपानों की शृंखला को कठोरता से बनाए रखता है। कहने का तात्पर्य यह है कि हिंदू धर्म में आप अपना आराध्य देव बदल सकते हैं, पर अपनी जाति नहीं। आप जीवन भर जातिवादी उत्पीड़न और अपमान को चुपचाप पीते रहें, तो ठीक, नहीं तो परिणाम घातक ही होते हैं। गाँव में आज भी दलित दूलहा ठाकुर के घर के आगे से घोड़ी पर चला जाए, तो चप्पलों से पिटता है। ढंग से कपड़े पहन ले, उसकी अक्ल ठिकाने लगाने के लिए सौ तरीके उनके पास हैं; और कहीं 'फिल्मी' प्रभाव में दलित लड़का ऊँची जाति की लड़की से प्रेम कर बैठे तो पंचायत उसे सरेआम फाँसी पर लटकाने का आदेश दे सकती है। कहना न होगा कि इक्कीसवीं सदी के भारत में आज भी मरी हुई गाय का मूल्य, जिंदा दलितों से कहीं ज्यादा है। उन्मादी भीड़ उन्हें कहीं भी घेर कर मार सकती है—सड़क पर भी और थाने में भी। हरियाणा के झज्जर जिले की घटना अभी ताजा ही है। तमाम तकनीकी विकास और आधुनिक चेतना के प्रसार के बावजूद दिल्ली जैसे महानगर के पुराने हिस्से में अभी भी वाल्मीकि बाड़ा, जाटव गली, धोबी मुहल्ले बने हुए हैं। इस प्रकार महानगरों के तेज रफ्तार जीवन में जाति व्यवस्था शरीर के एक क्रियाहीन अंग की भाँति लटक रही है।

तो वस्तुस्थिति यह है कि आजादी के बरसों बाद भी देश की दलित जनता की पाँच हजार साल पुरानी सभ्यता से मुक्ति की प्रतीक्षा है। इस मुक्ति के लिए सभी मोर्चों पर संघर्ष करना होगा। सामाजिक स्तर पर शिक्षा का प्रसार और

जागरूकता की गहन आवश्यकता है, परंतु यह शिक्षा मात्र साक्षरों की भीड़ तैयार करनेवाली न हो, अपितु पाउलो फ्रेरे की शिक्षा पद्धति की तरह, वह 'विवेकीकरण' की प्रक्रिया को तेज करे ताकि उत्पीड़क और उत्पीड़ित दोनों ही 'अमानुषीकरण' से मुक्त हो सकें। ऐसा इसलिए जरूरी है कि शिक्षा संस्थानों में भी जातिवादी अहंकार से भरा वर्ग कुंडली मारे बैठा हुआ है। जो दलित बच्चों को सरकारी विद्यालयों में मिड-डे मील में खराब और बासी खाना परोसने के साथ-साथ उनमें शिक्षा के प्रसार को रोके हुए है। शिक्षा के बाद, दूसरा काम समाज-सुधार का है। दलितों को अपने समाज के सुधार के लिए कार्यक्रम बनाने पड़ेंगे क्योंकि दलित समाज भी जातिवाद से घिरा हुआ है। जातिवाद के विरुद्ध यह संघर्ष दो स्तरों पर होगा, एक तरफ दलित समाज से बाहर का संघर्ष तथा दूसरे स्तर पर दलितों के अपने भीतर समाज में जाति विरोधी संघर्ष, जिसमें दलितों के मध्य भी अंतर्जातीय विवाह और प्रीति भोज के जरिए बंधुत्व की भावना का विकास करना प्रमुख होगा। इससे किसी को यह कहने का मौका नहीं मिलेगा कि आप स्वयं जातिवादी हैं। दूसरे, दलित समुदाय एकजुट भी हो सकेगा। दलितों में एकता न होने का कारण यह है कि दलितों की विभिन्न जातियों के आर्थिक हित भी एक-दूसरे के सामने खड़े हो जाते हैं, जिससे दलित समुदाय के भीतर सामाजिक-आर्थिक प्रभुत्व संपन्न जातियाँ आजादी के लाभों का अपहरण कर स्वयं उत्पीड़क बन बैठती हैं। संभवतः यहीं से वह प्रक्रिया शुरू होती है जिसे प्रो. एम.एन. श्रीनिवासन ने 'संस्कृतिकरण' कहा था दलित समुदाय को इसके प्रति सचेत रहना होगा।

दलित मुक्ति का सांस्कृतिक रास्ता हीनता बोध की ग्रंथि से मुक्ति से प्रारंभ होता है। जातिवादी गुलामी से मुक्ति चेतना और अपने अस्तित्व में दृढ़ आत्मसम्मान की भावना का संचार करना, वह आधार हो सकता है जहाँ दलितों को अपनी जाति न छिपानी पड़े। दलितों को अपने सांस्कृतिक आदर्शों का निर्माण करना होगा। कबीर, रैदास, जैसे संत, ज्योतिबा फुले और आंबेडकर जैसे सामाजिक क्रांति योद्धाओं से दलित समाज प्रेरणा ले सकता है। ये हैं दलित समाज के आदर्श। अन्याय की संस्कृति के बरक्स समता की संस्कृति की निर्मिति करना एक प्राथमिक कार्य है जिसमें साहित्य एक महती भूमिका निभा सकता है। दलित चेतना से युक्त यथार्थवादी साहित्य आज एक सामाजिक आवश्यकता है। आज दलित आत्मकथाएँ, दलित साहित्य की संपदा हैं। ये साहित्य को उन बीहड़ क्षेत्रों में ले जा रही हैं जहाँ साहित्य जाता न था। यह साहित्य, आक्रोश, विद्रोह और आक्रामक जातीय चेतना का साहित्य है। मराठी में नारायण सुर्वे, बाबूराव बगूल, यशवंत मनोहर, नामदेव ढसाल, दया पवार, शरण कुमार लिंबाले और अन्य तथा हिंदी में ओमप्रकाश वाल्मीकि, मोहनदास नैमिशराय, जयप्रकाश कर्दम, सूरजपाल चौहान जैसे अनेक साहित्यकार, साहित्य में दलितों का सामाजिक-सांस्कृतिक इतिहास रच रहे हैं। दलित लेखन में यह माना जा रहा

है कि दलित ही दलित लेखन कर सकता है, तो यह विचार सैद्धांतिक रूप से गलत नहीं है। दलित साहित्यकार ओमप्रकाश वाल्मीकि मानते हैं कि यह ठीक है कि घोड़े पर लिखने के लिए घोड़ा बनने की आवश्यकता नहीं है, पर यह प्रश्न भी उठाते हैं कि घोड़े की भूख, उस पर पड़नेवाली मार, और उसकी यंत्रणा को कौन अभिव्यक्ति देगा? (*दलित साहित्य का सौंदर्यशास्त्र,* ओमप्रकाश वाल्मीकि, पृष्ठ 36)

मतलब यह है कि प्रश्न स्वानुभूति और सहानुभूति का है। प्रश्न यह भी है कि हम समाज के एक उपेक्षित वर्ग को अभिव्यक्ति के अधिकार से क्यों वंचित रखना चाहते हैं? क्या दलितों को अपने जीवनानुभव लिखने का अधिकार नहीं है? अवश्य है और यह अधिकार उन्हें मिलना ही चाहिए। वास्तव में दलित लेखन उस जातीय अस्मिता की लड़ाई लड़ रहा है जो मुख्य धारा के साहित्य में नहीं थी। दलित साहित्य की दलित चेतना एक संघर्षशील चेतना है इसलिए वह आक्रामक और कटु भी है। परंतु साहित्य के माध्यम से दलित अधिकारों की राजनीति करते समय अपने मित्रों और शत्रुओं की पहचान क्या आवश्यक नहीं है? क्या हिंदी की साहित्यिक परंपरा सभी कुछ रूढ़िवादी, ब्राह्मणवादी और यथास्थितिवादी ही है; या फिर सर्वनकार की झोंक में हम साहित्य के प्रगतिशील जनवादी, विकसनशील का भी तिरस्कार कर देंगे। हाल ही में प्रेमचंद की 'रंगभूमि' को ले कर एक दलित संगठन द्वारा किए गए, तर्कहीन विरोध को इस संदर्भ में देखा जा सकता है। इसलिए जहाँ एक ओर सवर्ण मानसिकता के खोखले साहित्य का तिरस्कार आवश्यक है, वहीं यह भी ध्यान में रखना होगा कि कहीं दलित चेतना स्वयं जातिवादी चेतना न बन जाए क्योंकि दलित चेतना का उद्देश्य जाति निर्मूलन है।

आज के समय में दलित मुक्ति का राजनीतिक रास्ता दलित समुदाय की सर्वाधिक ठोस और दृश्यमान अभिव्यक्ति है। दलित समुदाय के एक व्यक्ति का देश के सर्वोच्च संवैधानिक पद पर पहुँचना और दलित समुदाय की एक महिला का हिंदी प्रदेश के एक बड़े राज्य के मुख्य मंत्री के पद पर आसीन होना पिछले दशक के बदले हुए राजनीतिक परिदृश्य का सूचक है। देश की आजादी के बाद दलित चेतना का ऐसा प्रदर्शन इससे पहले नहीं हुआ था। दलित राजनीति, जिसका प्रारंभिक रूप हमें डॉ. आंबेडकर के नेतृत्व में चले आंदोलनों में दिखाई देता है आज एक नए दौर में पहुँच चुकी है। आज कोई भी राजनीतिक दल दलितों की उपेक्षा खुले तौर पर नहीं कर सकता। उत्तर प्रदेश में जब बहुजन समाज पार्टी ने सत्ता सँभाली थी तब इसे दलित राजनीति के नए युग की तरह देखा जा रहा था। एक दलित महिला के मुख्य मंत्री बनने से यह आशा की जा रही थी कि अब जातिवाद के विरुद्ध एक नए आंदोलन का सूत्रपात होगा, परंतु डॉ. आंबेडकर के नाम पर भव्य उद्यान बनवाने के अतिरिक्त दलित उत्थान की दिशा में कोई महत्वपूर्ण

कार्य नहीं हो सका। आश्चर्य की बात यह थी कि बाद में मायावती ने धुर दक्षिणपंथी भाजपा का समर्थन लेना स्वीकार किया, जबकि उत्तर प्रदेश ही नहीं, संपूर्ण देश भर में जातिवादी वर्ण व्यवस्था के जरिए दलितों के और सांस्कृतिक राष्ट्रवाद के जरिए अल्पसंख्यकों के अलगाव की व्यवस्था भी यही पार्टी कर रही थी।

आज स्थिति यह है कि बसपा में दलित ही नहीं, सवर्ण भी पार्टी के उच्च पदों पर आसीन हैं। जहाँ एक ओर उत्तर भारत के प्रमुख दलित राजनीतिक दल में ये बदलाव आए हैं वहीं सामाजिक अन्याय और आर्थिक विषमता का विरोध करनेवाले वामपंथी दलों से दलित नेतृत्व एक दूरी बना कर रखता है। वास्तविकता यह है कि अपने प्रगतिशील सोच और क्रांतिकारी कार्यक्रमों के बावजूद वामपंथी दल हिंदी क्षेत्र में अदृश्य ही है। क्या इसका कारण वर्ण संघर्ष और वर्ग संघर्ष के मुद्दे पर दलितों और वामपंथियों के बीच का मतभेद नहीं है? मार्क्सवादियों का एक वर्ग यह मानता है कि भारत में वर्ग और वर्ण एक ही हैं, अतः जातिवाद से लड़ने के लिए अलग संघर्ष की आवश्यकता नहीं है। पर ऐसा होता तो वर्ग संघर्ष आसान हो जाता। परंतु भारतीय समाज में वर्ण एक बड़ी सच्चाई है, जिससे आँखें नहीं चुराई जा सकतीं। मार्क्सवादी समझ यह थी कि औद्योगिक समाज में आर्थिक विकास के जरिए सर्वहारा को एकजुट कर क्रांति की जा सकती है और वैश्विक अनुभवों से इसे प्रमाणित भी किया गया। परंतु भारत में भले ही उद्योग के भीतर मजदूर एक-दूसरे के साथ मिलकर सत्ता-प्रतिष्ठान से लड़ रहा हो, पर उद्योग से बाहर वह अपने जातीय समाज के व्यवहारों और परंपराओं की जकड़न से मुक्त नहीं है। उद्योग से बाहर आते ही निजी जीवन में जाति हावी हो जाती है। जाति वर्ग संघर्ष को तोड़नेवाली प्रवृत्ति है। अतः मार्क्सवादी वामपंथी दलों को वर्ण व्यवस्था से लड़ते हुए वर्ग संघर्ष के लिए नए औजारों, नए हथियारों की आवश्यकता है। इसी प्रकार दलित राजनीतिक नेतृत्व को भी सामाजिक परिवर्तन के लिए मुक्त जनवादी मोर्चा बनाने की आवश्यकता है। आज दलित नेतृत्व भी एकजुट नहीं है। अनुसूचित जाति जनजाति के लिए राजनीति करनेवाले और अन्य पिछड़ी जातियों की राजनीति करनेवाले दल एक-दूसरे के आमने-सामने हैं, जिनमें सत्ता के लिए कड़ा संघर्ष है। इस स्थिति का लाभ हमेशा ही यथास्थितिवादियों ने उठाया है।

यह तो तय है कि दलितों को तात्कालिक रूप से सत्ता हस्तगत करने के मोह से बचना होगा, क्योंकि सत्ता की ताकत के जरिए समाज नहीं बदलता। 'सत्ता प्राप्ति' दलितों के उन अनेक लक्ष्यों में एक होना चाहिए, जिनके जरिए सामाजिक परिवर्तन लाया जा सकता है। ये अन्य लक्ष्य हैं आर्थिक मोर्चे पर दलितों के आर्थिक स्वावलंबन के लिए वास्तविक भूमि सुधार जैसे प्रयास, सामाजिक मोर्चे पर शिक्षा को महत्व और रूढ़िवादी अंधविश्वासों से मुक्ति पाना, सांस्कृतिक मोर्चे पर दलित

सांस्कृतिक आदर्शों की स्थापना और दलित संस्कृति के निर्माण के प्रयास करना। तथा राजनीतिक मोर्चे पर व्यापक जनवादी आंदोलन में प्रगतिशील वामपंथियों और जाति तोड़नेवाले लोहियावादी समाजवादियों को शामिल करना। आशा यही है कि इन लक्ष्यों की प्राप्ति के साथ ही सामाजिक क्रांति के जरिए वह दिन आएगा जब भारत वास्तविक रूप से मुक्त समता आधारित प्रगतिशील राष्ट्र बन जाएगा।

●●●